徐州工程学院学术著作出版基金资助出版

百家文库

地域文史纵横
DiYu WenShi ZongHeng

蒋成德 著

中国书籍出版社
China Book Press

图书在版编目（CIP）数据

地域文史纵横/蒋成德著．—北京：中国书籍出版社，2018.10
ISBN 978-7-5068-7045-0

Ⅰ.①地… Ⅱ.①蒋… Ⅲ.①名人—生平事迹—徐州
Ⅳ.①K820.853.3

中国版本图书馆 CIP 数据核字（2018）第 239926 号

地域文史纵横

蒋成德　著

责任编辑	张　文
责任印制	孙马飞　马　芝
封面设计	中联华文
出版发行	中国书籍出版社
地　　址	北京市丰台区三路居路 97 号（邮编：100073）
电　　话	（010）52257143（总编室）　（010）52257140（发行部）
电子邮箱	eo@chinabp.com.cn
经　　销	全国新华书店
印　　刷	三河市华东印刷有限公司
开　　本	710 毫米×1000 毫米　1/16
字　　数	287 千字
印　　张	15.5
版　　次	2019 年 1 月第 1 版　2019 年 1 月第 1 次印刷
书　　号	ISBN 978-7-5068-7045-0
定　　价	68.00 元

版权所有　翻印必究

前 言

徐州是历史文化名城,也是历史上人文荟萃之地。既有本土的名人,更吸引了无数外籍名人。以陈师道为例,他是中国文学史上一位重要的诗人,是北宋时期江西诗派的宗主之一,又是徐州地方上的伟大诗人。他交游的师友如曾巩、苏轼、黄庭坚、秦观、晁补之、张耒等人,都是北宋中后叶的著名人物。而游历活动于徐州的萨都剌、郁达夫、盛成、臧克家等也都是中国文学史上的名人。特别是美国将军史迪威与徐州更有着非常密切的关系。因而挖掘梳理徐州历史上的这些名人,对继承历史遗产、弘扬传统文化、拓展地域研究,实在有着十分重要的意义。

由此意图界定,本书自然分为两大部分,即古代与现代。古代写了徐州诗人陈师道与其师友的交谊,和元代回族诗人萨都剌与徐州的关系。关于陈师道着重写他与其师友曾巩、苏轼以及苏门弟子黄庭坚、秦观、晁补之、张耒的交游,借此观照北宋中叶的文人状况与文化人相互之间的情谊,这对今天的人际关系是一面很好的镜子。关于萨都剌则考证了他与徐州的关系,以及写徐州的诗词的创作年代。现代的写了郁达夫、盛成、臧克家,对这三位中国现代文学史上的著名作家,着重聚焦于抗日战争初期,在徐州会战时,他们到徐州劳军的业绩,和报道徐州会战战况的事迹。至于中国将军黄樵松与美国将军史迪威,也都与徐州会战这段历史有关。黄樵松的《台儿庄祝捷歌》是将军的诗,很少为人提及,是十分难得之作;史迪威的台儿庄之行,则成就了日后美国的经济援华,当然也成就了他自己。书分古今,而内容则完全围绕着徐州这个中心地域展开,是一部缩微的地域性文史著作。

范围古今,实在太宽太大,必须有所侧重,故本书研究的侧重点表现在:

一是其基础性。陈师道虽是一代大家,但无论是中国文学史,还是徐州地方文化史,对其关注得都很不够,而研究也相对较少,远不及其师曾(巩)苏(轼)之盛,亦不及苏门四学士之受关注。虽然史称黄(庭坚)陈(师道),二宗并举,但与黄庭坚相比,对陈师道的研究就差得太远了。故从交谊的角度,以系年的方法,勾勒其与曾、苏、黄、秦、晁、张这些北宋史上的大家的关系,以凸显其在文学史上的实际地位,还一个真正的陈师道于读者的面前。这样的研究虽是基础性的,却是目前很少有人去做的,因而可以毫不夸张地说,这样的基础性研究是无可替代的。

二是其地域性。中国现代文学史上著名的诗人作家郁达夫、盛成、臧克家与中国现代战争史上的著名将军黄樵松、史迪威,他们的籍贯都不在徐州,或浙江(郁达夫),或江苏仪征(盛成),或山东(臧克家),或河南(黄樵松),甚或国外(史迪威,美国),但都因一场战争而汇集于徐州。徐州成为他们活动的舞台。因而,研究这些外籍来的人物,其思想,其行为,其创作,是一种独特的地域性的视角,能给予人比较新颖的认识。这种历史人物的地域性研究可以弥补整体性、宏观性研究的某些不足。

三是其文史性。徐州会战是中国现代战争史上的辉煌一役。中国现代文学史上著名的诗人作家,他们投笔从戎,把战争的正义性,把中国人民伟大的抗战精神,或用文字记载了下来,或用诗词歌唱了出来,或用报告报道了出来,既鼓舞了中国人民抗战必胜的决心,也让全世界人民看到了日本法西斯强盗侵略中国的罪行。因而,郁达夫、盛成、臧克家、黄樵松所写有关徐州会战的诗文,反映的是中国历史上最伟大最壮烈的民族战争,所留下的则是迥异于陈师道、萨都剌有关徐州的诗文。它是关于战争的,但本书并不研究这场战争本身,而是从文史的角度,研究这些反映战争的诗、文、报告文学的文学性,特别是揭示文化人在炮火硝烟的战场上的精神状态。

由于本书的内容并非是某一个作家的专门研究,或某一个问题的单项研究,而是以地域为中心,上下古今展开,所以呈现出内容在一定程度上的多层面性。如:文化与历史层面。本书既研究了以诗人作家为主体的文学,又研究了诗人、作家活动的历史;既写了古代的文学的历史,又写了现代战争的文学,是文学与历史的有机结合。战争与文化层面。徐州会战是中国现代抗日战争史上最辉煌的一章,它的胜利打破了日本军队不可战胜的神话,中国现代的诗人作家与将军由此而创作的诗文、报告文学是对这场民族战争最直接最动人的记录,留存至今而成了最为宝贵的战争文化的遗产(如郁达夫、黄樵松的诗词,盛成的《徐州慰劳报告》,臧克家的《津浦北线血战记》),值得很好继承与研究。文人与军人层面。历史即是人的活动。在这里则是由文化人与军人组成的活动。文化人的前线劳军,与军人对自身参与的战争的诗的抒发,共同谱写了中国历史与文化的辉煌篇章。古今与中外层面。本书有一个主题,即是以徐州地域为中心的历史与文化。但笔触所及有古代的(陈师道、萨都剌),有现代的(郁达夫、盛成、臧克家等);有中国的,也有外国的(史迪威)。这种古今与中外的结合,大大拓展了研究的视阈。

为适应内容上的多层面性,所以在方法上也注意到了多点、多向与多样性的结合。

一是一地与多域的结合。本书虽然以徐州地方为一个点,但并不局限于这个点,而是由此多域展开。从籍贯上说,只有陈师道是徐州本土的,曾巩、黄庭坚是江西的;苏轼是四川的;晁补之、臧克家是山东的;黄樵松是河南的;秦观、张耒、盛成虽是江苏的,但却是徐州之外高邮、淮阴与仪征的。而萨都剌不仅是异地的,还是回族的作家;至于史迪威则更是国外的了。这些来自全国各地乃至国外的诗人、作家与军人,都与徐州人或以徐州为中心展开其文化活动与军事活动。

二是纵向与横向的结合。本书立足一地,纵向从宋、元直接过渡到现代,横向则写了陈师道与同时代人的关系。

三是系年与考论的结合。本书在研究方法上根据研究的实际情况与需要,把系年(年谱、年表)的方法与考证、赏论的方法综合起来使用,避免方法的单一化。而系年(年谱、年表)也只及相关的人事,并不流水账式地全面铺开,以避免研究的呆板化。

目 录
CONTENTS

前 言 ………………………………………………………………… 1

第一章　徐州诗人陈师道与其师友 ……………………………… 1
绪　论 ……………………………………………………………… 1
第一节　陈师道与曾巩 …………………………………………… 5
　一、陈师道与曾巩交往系年 …………………………………… 5
　二、陈师道论曾巩 ……………………………………………… 24
　三、宋元明清各家论陈、曾之关系 …………………………… 25
第二节　陈师道与苏轼 …………………………………………… 32
　一、陈师道与苏轼交往系年 …………………………………… 32
　二、陈师道论苏轼 ……………………………………………… 66
　三、宋元明清各家论陈、苏之关系 …………………………… 69
第三节　陈师道与黄庭坚 ………………………………………… 74
　一、陈师道与黄庭坚交往系年 ………………………………… 74
　二、陈师道论黄庭坚 …………………………………………… 92
　三、宋元明清各家论陈、黄之关系 …………………………… 94
第四节　陈师道与秦观 …………………………………………… 102
　一、陈师道与秦观交往系年 …………………………………… 102
　二、陈师道论秦观 ……………………………………………… 111
　三、宋元明清各家论陈、秦之关系 …………………………… 112
第五节　陈师道与晁补之 ………………………………………… 118
　一、陈师道与晁补之交往系年 ………………………………… 118

二、陈师道论晁补之 ……………………………………………… 128
　　三、宋元明清各家论陈、晁之关系 ……………………………… 129
　第六节　陈师道与张耒 ……………………………………………… 132
　　一、陈师道与张耒交往系年 ……………………………………… 132
　　二、陈师道论张耒 ………………………………………………… 139
　　三、宋元明清各家论陈、张之关系 ……………………………… 140

第二章　元代回族诗人萨都剌与徐州 ………………………………… 144
　第一节　萨都剌其人 ………………………………………………… 144
　第二节　萨都剌过徐州考 …………………………………………… 145
　　一、萨都剌往返南北与途经徐州的可能 ………………………… 145
　　二、萨都剌经过徐州，可以考定的有两次 ……………………… 146
　第三节　萨都剌过徐州诗词作年考 ………………………………… 149
　　一、《登歌风台》《过洪》与《黄楼歌》 ………………………… 149
　　二、《沛尉蒋景山沛簿赵伯颜送予金沟月夜别去有怀》 ……… 150
　　三、《彭城杂咏呈廉公亮金事七首》与《木兰花慢·彭城怀古》 … 150
　　四、小结 …………………………………………………………… 151
　第四节　萨都剌在徐州诗史上的地位 ……………………………… 151

第三章　郁达夫与徐州 ………………………………………………… 153
　第一节　千里劳军此一行 …………………………………………… 153
　　一、郁达夫年谱（表）所记徐州劳军之简、误与矛盾，并作考辨 … 153
　　二、郁达夫徐州劳军的日程活动 ………………………………… 156
　　三、郁达夫徐州劳军的功绩与影响 ……………………………… 165
　第二节　郁达夫写徐州的诗 ………………………………………… 166
　　一、过徐州 ………………………………………………………… 167
　　二、住徐州 ………………………………………………………… 170
　　三、写徐州 ………………………………………………………… 173

第四章　盛成与徐州 …………………………………………………… 174
　第一节　"徐州真不愧为东方马德里" …………………………… 174
　　一、盛成与其徐州劳军 …………………………………………… 174
　　二、盛成徐州劳军实录 …………………………………………… 175

  三、盛成徐州劳军的功绩 ·· 184
 第二节 一首大气磅礴的诗《保卫大徐州》 ····················· 187
 第三节 盛成与其《徐州慰劳报告》 ································ 190
  一、盛成先生的传奇色彩 ·· 190
  二、《徐州慰劳报告》的传奇性 ·································· 190
  三、《徐州慰劳报告》的价值 ····································· 192
 第四节 《盛成台儿庄纪事》之《前线通讯》非盛成所作 ······ 196
  一、盛成在1938年4月初没有去徐州 ························ 196
  二、《前线通讯》是盛成为自己写作而收集的材料 ·········· 198
  三、《前线通讯》的原作者是臧克家 ···························· 199

第五章 臧克家与徐州 ·· 202
 第一节 "我要去从军，到徐州" ······································ 202
 第二节 《保卫大徐州》 ··· 204
 第三节 《津浦北线血战记》 ·· 208

第六章 黄樵松将军与徐州 ·· 214
 第一节 黄樵松与台儿庄战役 ·· 214
 第二节 黄樵松的《台儿庄祝捷歌》 ··································· 214

第七章 史迪威将军与徐州 ·· 218
 第一节 徐州任务 ··· 218
 第二节 徐州考察 ··· 222
 第三节 徐州私行 ··· 223

第八章 关于徐州《动员日报》 ····································· 229
 第一节 徐州《动员日报》小考 ··· 229
 第二节 硕果幸存唯此章 ··· 231

主要参考文献 ·· 233

后 记 ·· 236

第一章

徐州诗人陈师道与其师友

绪 论

陈师道(1052—1101)是北宋时期的著名诗人,文学大家,在中国文学史上占有重要地位。他与其师曾巩(1019—1083)、亦师亦友之苏轼(1036—1101)以及苏氏门人"四学士"黄庭坚(1045—1105)、秦观(1049—1100)、晁补之(1053—1110)、张耒(1054—1114)一直保持十分密切而友好的关系。

陈师道最服膺的是曾巩,终生师事之而执弟子礼,所谓"平生子曾子,白首得重论"(《送河间令》)。陈师道像孔子的弟子称孔子那样尊称曾巩为"夫子"。早在16岁时,陈师道即以文谒曾巩,"曾大器之"(魏衍《彭城陈先生集记》),遂受业于曾。虽然有人质疑陈师道见曾巩的时间过早,但这对陈师道事曾之义毫无影响。陈师道亦非仅仅是文学于曾,更主要的还是在对"王氏之学"的倾向上的一致性。早年,曾巩与王安石善,王拜相执政后,推行新法,多有弊端,曾巩诚告王"结交谓无嫌,忠告期有补",然结果却是"直道诇非难,尽言竟多迕"(《过介甫归偶成》)。最后也就渐渐疏远了王,并且在王安石当朝时,曾巩一直自择外补。陈师道不喜王学,故亦不应科举。其《送邢居实序》即说:"王氏之学,如脱埏耳。案其形模而出之,不待修饰而成器矣。求为桓璧彝鼎,其可得乎?"此正是陈师道与曾巩精神相通之处。而曾巩对这个门人,也很提携。不仅奇其文,盛称其《黄楼铭》"如秦石",还让陈师道为其父曾易占作《神道碑》;更辟其为实录检讨,以期与己一起共事,合编《五朝国史》。曾两荐之,皆为朝廷以布衣难之而未果。事虽未成,而情实已在。故曾巩逝世后,陈师道悲痛欲绝,作《妾妇吟》曰:"有声当彻天,有泪当彻泉。"哀恸之情真可谓感天动地,以致欲"杀身以相从"。又作《挽南丰先生》曰:"丘原无起日,江汉有东流。"由此可见陈师道对其师的尊崇。故人谓有陈之挽诗,"他人诗皆可废矣"(方回《瀛奎律髓》卷四十九)。

对苏轼,陈师道敬而事之,尊称"大苏"。陈、苏之间,有几个重要的节段是始识于徐州,再会于京师,相处于颍州。陈师道对苏轼在文学上的成就、文坛上的地位当然是自不待言的,故当苏轼为徐守时,陈师道与其兄陈师仲即去拜访,遂结下情谊。苏轼亦非常器重陈师道的才华,特让他为黄楼作铭。在颍州时,又欲揽其门下为弟子。陈师道为不背其师曾巩而只自称为"客",时苏轼为颍守,是陈师道的上司,而陈师道又是因苏轼之荐而为徐州教授、颍州教授的。但陈师道不因此而屈己,作《观充国文忠公家六一堂图书》曰"向来一瓣香,敬为曾南丰",陈师道一直呼曾巩为"南丰先生",或曰"子曾子"。苏轼知后,亦不勉强,不生气,不因己有恩于陈而使之屈。此亦可见苏轼心胸之阔大,襟怀之宽广。也正因为陈师道有此气节,才更为苏轼所欣赏。故苏轼作荐状不仅称道其"文词高古,度越流辈",更赏识其"苟非其人,义不往见"(《荐布衣陈师道状》)。所谓"苟非其人,义不往见"即是指其不俯首低眉于权贵。苏轼《与李方叔书》即曰:"陈履常居都下逾年,未尝一至贵人之门,章子厚欲一见,终不可得。"赞誉之情溢于言表。陈师道虽未拜轼为师,然实际上还是心仪之而崇拜有加,作诗赞曰:"一代不数人,百年能几见。"(《送苏公之杭州》)陈师道对苏轼更主要的还是在精神上的相通,主要表现在两人对王安石"新学"之所非。苏轼言:"文字之衰,未有如今日者也。其源实出于王氏。王氏之文,未必不善也,而患在于好使人同己。自孔子不能使人同,颜渊之仁,子路之勇,不能以相移。而王氏欲以其学同天下!地之美者,同于生物,不同于所生。惟荒瘠斥卤之地,弥望皆黄茅白苇,此则王氏之同也。"(《答张文潜县丞书》)陈师道则言:"探囊一试黄昏汤,一洗十年新学肠。老生塞口不敢尝,向来狂杀今尚狂,请公别试囊中方。"(《赠二苏公》)诗中所言"一洗十年新学肠",即是指王安石的"新学",这与苏轼所言"王氏欲以其学同天下",正相一致,故余嘉锡《四库提要辨证》卷二十二云:"新学之行,始于熙宁八年之颁《三经新义》,至是已十年有余,朝廷犹用以取士,一时文体,务为剽窃穿凿。后山之所甚恶也,故为二苏言之。"前引陈师道的《送邢居实序》所说"王氏之学,如脱堑耳",也是一个意思。由此可见陈、苏二人见解相同,两心相通。故当苏轼知杭州经应天(今商丘)时,陈师道托疾私行,从徐州前往应天见苏,直把苏送至宿而归,而自身则因此受到弹劾移至颍州。后来,更因受苏牵连为元祐余党,"罢官六年",以致"内无一钱之入,艰难困苦,无所不有,沟壑之忧,近在朝夕"(陈师道《与鲁直书》)。尽管如此,陈师道亦并不后悔。陈师道深知苏轼的性格,而劝其"为朝重慎"(《上苏公书》),劝其早休以免祸(《寄侍读苏尚书》:"经国向来须老手,有怀何必到壶头。遥知丹地开黄卷,解记清波没白鸥。");苏轼远谪儋州后,陈师道作《怀远》诗以表达对苏轼的思念。听闻苏轼去世后,又特记下"太学生为苏举哀"事。综观陈师道与苏轼之关系,形是门客,其实超之,当在亦师亦友之间。

陈师道与苏轼的门人"四学士"黄庭坚、秦观、晁补之、张耒的关系因是同辈也就更其相投。在这四人中,陈师道与黄庭坚最为亲近。陈师道文学于曾巩,而诗则学于黄庭坚。在识黄之前,陈师道虽作诗"数以千计"而不知"师法",识黄之后,则"尽焚其稿而学焉"(陈师道《答秦觏书》),并称"吾此一瓣香,须为山谷道人烧也"(朱弁《风月堂诗话》卷上),更尊称黄庭坚为"黄公"或"豫章公"。到晚岁,陈师道对贬谪到涪州的黄庭坚十分关切,在《与鲁直书》中一连十几问:"迩来起居何如?不至乏绝否?何以自存?有相恤者否?令子能慰意否?风土不甚恶否?平居有谁相从?有可与语否?仕者不相陵否?何以遣日,亦著文否?近有人传《谒金门》词,读之爽然,便如侍语,不知此生能复相从如前日否?"所问多是日常起居,虽是琐事,却更见真情。清人赵骏烈即盛赞陈师道不独从黄学诗,以黄为师,尤其是佩服黄庭坚不叛东坡的凛然之节:"夫涪翁与米元章、李伯时同为东坡友,后米与李皆叛坡,而彼独为坡远谪,濒死不悔,大节凛然,照耀千古,后山之所模范者在是,独诗乎哉!"(《陈后山集》卷首)黄庭坚对陈师道亦十分推重,亲切地称其为"吾友"或"陈侯",盛赞陈师道的"文章似扬马,咳唾落明珠"(《和邢惇夫秋怀十首》之九),"方驾于翰墨之场,亦望而可畏者也"(《题苏子由黄楼赋草》)。郑重推荐秦观弟秦觏向陈师道学文,其《与秦少章觏书》曰:"庭坚心醉于《诗》与《楚词》,似若有得,然终在古人后。至于论议文字,今日乃当付之少游及晁、张、无己,足下可从此四君子一二问之。"在《与欧阳元老》书中,则更是对陈师道推崇备至,称"陈履常正字,此天下士也",在《答王子飞书》中不仅称"陈履常正字,天下士也",还嘱咐他如"公有意于学者,不可不往扫斯人之门"。在陈师道去世后,黄庭坚伤感无比,既叹息"文星已宵坠"(《杂简》),更"恐斯文之将坠"(《与徐师川书》)。所以,在文学史上也一直是"黄陈"并称,或"陈黄"共举,两人还都是江西诗派之二宗。之所以能如此,主要还是两人在精神气质上相投契。(宋)魏了翁即道出了两人本是"宁死无辱"之"一等人":"山谷黄公之文,先正矩公称许者众矣。……其间如后山,不予王氏,不见章厚,于邢、赵姻娅也,亦未尝假以词色;褚无副衣,匦焕匦安,宁死无辱,则山谷一等人也。张文潜之诗曰:'黄郎萧萧日下鹤,陈子峭峭霜中竹。'是其为可传真在此而不在彼矣。"(《鹤山先生大全文集》卷五十三)黄、陈二人情谊深厚,习性相投,旨趣契合,惺惺相惜。自宋神宗元丰七年两人相遇,一直到生命的最后,二十年间,相知相交,互有诗文书信往来,或赠答,或唱和,或陈师道为山谷母写《铭》,或黄庭坚为后山祖作《书》;尤其是在各自被贬或罢官之时,还千里问询,互道珍重,感情十分纯真诚挚,毫无文人相轻之习。黄、陈二人交谊甚笃,互相推重,实为文坛之佳话。

陈师道与秦观、晁补之、张耒都是皇祐年间生人,年纪相仿,秦略长于陈,陈又略长于晁、张,故其相处融洽。陈师道称秦为"杰士"(陈师道《秦少游字序》),秦观称陈师道为"高士"(邹浩《送郭照赴徐州司里序》);陈师道为秦母作《先夫人行状》,秦观则为陈父作《墓志铭》,可见两人非同寻常之关系。尤其是秦观深知陈师道之为人,不仅赞"其文妙绝当世",更仰慕其以"行义称焉"(邹浩《送郭照赴徐州司里序》)。故当傅尧俞欲见陈师道请秦为介时,秦观说:"师道非持刺字,俛颜色,伺候乎公卿之门者,殆难致也。"若不深知其为人,是断不能为此语的。所以,邹浩说:"少游不妄人物,其言二公所以待履常者如此。"(《送郭照赴徐州司里序》)而晁补之、张耒两人敬佩陈师道之节操,认为陈师道其人"孝弟忠信,闻于乡闾。学知圣人之意,文有作者之风。怀其所能,深耻自售,恬淡寡欲,不干有司,随亲京师,身给劳事,蛙生其釜,愠不见色。"两人特联名向朝廷推荐陈师道为太学录,曰:"方朝廷振起滞才,风劝多士,谓如师道一介,亦当褒采不遗,伏睹太学录五员,系差学生。见今有阙。师道虽不在学籍,而经行词艺,宜充此选。某等职预考察,不敢蔽而不陈。伏乞选差师道充太学录。倘不任职,某等同其罪罚。谨具申国子监,乞誊申礼部施行。"(晁补之《太学博士正录荐布衣陈师道状》)两人甘冒"罪罚"之险,举荐一个白衣之士,这在今天是不可想象的。荐状虽存于晁集而实为两人之合撰(冒广生之说)。黄庭坚对二人之荐举,也称赞不已:"吾闻举逸民,故得天下喜。两公阵堂堂,此士可摩垒。"(《奉和文潜赠无咎篇末多见及以既见君子云胡不喜为韵》)虽然,陈师道婉拒其荐,却是深感二人之情谊的。当晁补之赴贬所经徐州时,陈师道与其"相从数日,颇见言色"(《与鲁直书》)。两人还互为对方之母作《墓志铭》或《挽词》。陈师道在颍州时,作《送叔弼寄秦张》,诗后曰"因声督张秦,书来不应缓",诗送欧阳叔弼,而又心怀张耒,希望张耒能像过去给他写《与陈三书》一样时常来书。张耒大约比陈师道小两岁,故有时以家中的排行昵称其"陈三",但更尊称其为"陈夫子",或因陈师道官于彭泽而比之以高洁之陶渊明称其为"彭泽令"。

综观陈师道与曾巩、苏轼、黄庭坚、秦观、晁补之、张耒的交往,情之深,谊之厚,实已超越亲情,胜若父子与兄弟。这般情谊之交,在文学史上并不多见;放在今天,更其难得,这对人际关系不啻是一剂清凉散。

陈师道在与其师友交往的过程中,同时还与曾巩的弟弟曾肇、苏轼的弟弟苏辙及其子苏迨、黄庭坚的弟弟黄叔达、秦观的弟弟秦觏、晁补之的弟弟晁无斁等亦有来往,时有诗歌唱和,有的如曾肇对陈师道还有大帮助。为反映陈师道与其师友的交谊,本书亦略及这些人,以勾勒其全貌。

本书主要采用系年的方式,同时采录陈师道对其师友以及宋元明清以来各家对陈师道与其师友的相关论述,以揭示陈师道与其师友的交往之迹与交谊之情,以再现世间的人情之美,伦理之美;以让今人感受到古人的那种难能可贵的温暖之爱。并对一些疑误,如陈师道的生年,陈师道见曾巩以及陈师道见秦观的时间等等,以按语的形式,或采旧说,或立新说,进行必要的辨证。

第一节 陈师道与曾巩

一、陈师道与曾巩交往系年

宋真宗天禧三年己未(1019年)

曾巩生,一岁,字子固,北宋建昌军南丰县(今江西南丰)人。据《南丰县志·序》:"南丰,盱水之上游。初,隶抚。宋割抚之南城县置建昌军,遂隶建昌。壮哉,县也。称为江右最,人物有曾子固,文章名天下,而南丰益以重。"①

父曾易占,时年四十一岁,以文章有名,为抚州宜黄、临川二县尉。曾巩五岁时随父在临川读书,年十二即能文。林希《曾巩墓志》曰:"十二岁能文,语已惊人,日草数千言。"②其弟曾肇《亡兄曾巩行状》亦曰:"年十有二,日试六论,援笔而成,辞甚伟也。"③十六岁时,随父在江苏如皋任所,为学甚勤。曾巩《学舍记》自述:"予幼则从先生受书,然是时,方乐与家人童子嬉戏上下,未知好也。十六七时,窥六经之言与古今文章,有过人者,知好之,则于是锐意欲与之并。"④十八岁时已有文名。曾肇《亡兄曾巩行状》曰:"未冠,名闻四方。"⑤曾巩二十岁时得欧阳修文章,口诵而心记之,其后又屡受欧阳修指点提携,文章日进,二十四岁时即以文章名天下。庆历七年(1047年),其父病卒,曾巩葬父后,即在南丰居父忧。

仁宗皇祐四年壬辰(1052年)

曾巩三十四岁,与其兄应进士试未中,仍居南丰。

陈师道生,一岁,字履常,一字无己,号后山。陈师道《御书记》曰:"臣生于皇

---

① 转引自李震:《曾巩年谱》,1页,苏州,苏州大学出版社,1997。
② 曾巩:《曾巩集》,下册,798页,北京,中华书局,1984。
③ 曾巩:《曾巩集》,下册,791页,北京,中华书局,1984。
④ 曾巩:《曾巩集》,上册,284页,北京,中华书局,1984。
⑤ 曾巩:《曾巩集》,下册,791页,北京,中华书局,1984。

祐四年。"①陈师道的出生地或在徐州,或在其父任上雍丘(今河南杞县)。陈师道出生时,其父陈琪为雍丘主簿。

按:关于陈师道的生年,在现今各种文学史、人物词典中,大都说陈师道生于皇祐五年癸巳(1053年),这大约是从魏衍的《彭城陈先生集记》中所说"年十六,谒南丰先生曾公巩"而加以推测的,如(元)方回《桐江续集》卷第三十二之《唐师善月心诗集序》即说:"陈后山生于皇祐五年癸巳。……后山年十六已见知于曾南丰。"②后人受此影响甚大,多持此说。如清人杨希闵著《曾文定公年谱》亦说"无己皇祐五年生"③。今之《中国文学大辞典》以及钱锺书的《宋诗选注》、朱东润主编的《中国历代文学作品选》、吴文治的《中国文学史大事年表》、游国恩、章培恒、袁行霈各自主编的《中国文学史》、社科院文学研究所的《中国文学史》《宋代文学史》还有《剑桥中国文学史》等都把陈师道的生年写作1053年。然这是不对的,因为陈师道在《御书记》中明说自己是"生于皇祐四年",即1052年。除此之外,试考之相关诗文亦可得到证明。晁补之在《答陈履常秀才谑赠》诗中说:"男儿三十四方身,布衣不化京洛尘。"④此诗作于元丰四年,即1081年,逆推至皇祐四年(1052年),正好三十年,是年,陈师道恰好三十岁,所以,晁补之才说他"男儿三十四方身"。又张耒的《与陈三书》说他"年过三十为布衣"⑤,具体"年过三十""过"了多少,张耒没有说。此书写于元祐元年,即1086年,那么陈师道应为35岁,这在他与晁补之于此年(即元祐元年)合撰的《太学博士正录荐布衣陈师道状》中又得到了证明:"伏见徐州布衣陈师道,年三十五"⑥,这里即明说他是"年三十五"。故从陈师道的自述与他人的诗文,皆可证明陈师道是生于皇祐四年,即1052年。

神宗熙宁元年戊申(1068年)

曾巩五十岁,居京师开封。曾巩自嘉祐二年丁酉(1057年),与其弟曾布(字子宣)俱中进士第。同科苏轼、苏辙、程颢、张载等亦中进士。《南丰县志》卷第九:"嘉祐二年丁酉章衡榜(进士):曾巩、曾牟、曾布、曾阜。"⑦次年,曾巩为太平州司

---

① 陈师道:《后山居士文集》,下册,710—711页,上海,上海古籍出版社,1984。
② 方回:《桐江续集》卷三十二,四库全书影印本。
③ 转引自李震:《曾巩年谱》,240页,苏州,苏州大学出版社,1997。
④ 《全宋诗》,第一九册,卷一一二九,12813页,北京,北京大学出版社,1995。
⑤ 张耒:《张耒集》,下册,848页,北京,中华书局,1990。
⑥ 晁补之:《太学博士正录荐布衣陈师道状》,见《全宋文》一二五册,卷二七一四,349页,上海辞书出版社,安徽教育出版社,2006。
⑦ 转引自李震:《曾巩年谱》,173—174页,苏州,苏州大学出版社,1997。

法参军。从庆历至嘉祐初,曾巩文名已播天下二十余年。林希《曾巩墓志》曰:"由庆历至嘉祐初,公之声名在天下二十余年,虽穷阎绝缴之人,得其文手抄口诵,惟恐不及,谓公在朝廷久矣。而公方以乡贡中进士第,为太平州司法参军。"①嘉祐五年庚子(1060年),冬,因欧阳修举充馆职,被召编校史馆书籍。欧阳修《举章望之曾巩王回等充馆职状》曰:"太平州司法参军曾巩,自为进士,已有时名。其所为文章,流布远迩,志节高爽,自守不回。……其章望之、曾巩、王回,臣今保举,堪充馆阁职任。"②自嘉祐五年在京师开封编校史馆书籍,至今年,又为集贤校理,兼判官告院。

是年,陈师道来谒。

陈师道十七岁。嘉祐八年癸卯(1063年),陈师道十二岁时,随父在冀州(今河北冀州市)任所,时其父为冀州度支使(亦称观察支使),陈师道《后山谈丛》曰:"嘉祐末,先人为冀州度支使。"③后又随父至汧阳。《先君行状》曰:"复为冀州观察支使。治平二年,迁大理寺臣,知陇州汧阳县。"当其父以国子博士通判绛州,待次于雍丘时,陈师道得间至京师开封,拜谒曾巩。雍丘距开封不足五十(华)里,曾巩名播天下,师道乃慕名而谒。《先君行状》即曰:"神宗即位,加太子中舍。以殿中丞通判金州,以国子博士通判绛州,待次于雍丘。"④故魏衍《彭城陈先生集记》曰:"先生姓陈,讳师道,字履常,一字无己,彭城人。……年十六,谒南丰先生曾公巩,曾大器之,遂业于门。"⑤魏言十六,乃足岁,虚龄十七。

陈师道在其诗文中亦屡言其见曾巩事。

陈师道《答晁深之书》曰:"始仆以文见曾南丰,辱赐以教曰:'爱子以诚,不知言之尽也。'仆行方内,才得此尔。"⑥

又《送邢居实序》曰:"吾始得生,年十五六,识度气志已如成人,有其质也。如木之始生,玉之始斲。顾其所成就何如耳?生可不勉乎。……吾年如生时,见子曾子于江汉之间,献其说余十万言,高自誉道,子曾子不以为狂,而报书曰:'持之以厚。'吾之不失其身,子曾子之赐也。"⑦

---

① 曾巩:《曾巩集》,下册,798页,北京,中华书局,1984。
② 李震编:《曾巩资料汇编》,上册,12页,北京,中华书局,2009。
③ 陈师道:《后山谈丛》,载朱易安等主编《全宋笔记》,第2编,第6册,101页,郑州,大象出版社,2006。
④ 陈师道:《后山居士文集》,下册,832页,上海,上海古籍出版社,1984。
⑤ 冒广生补笺:《后山诗注补笺》,上册,2页,北京,中华书局,1995。
⑥ 陈师道:《后山居士文集》,下册,546—547页,上海,上海古籍出版社,1984。
⑦ 陈师道:《后山居士文集》,下册,728—731页,上海,上海古籍出版社,1984。

又《答江端礼书》曰："仆之不敏,勤无成能,惟于修文略有师法,愧无异闻,虚辱盛意。若曰:量子以为教,如医之量药以当病,如工之量材以当用,子曾子盖能之矣,仆非其任也。嗟乎,子之不逢夫子也,与仆游者众矣,莫有问焉,子何问之下耶?嗟乎,夫子之失子也,尚幸来临,愿言其详。"①

他人对此事的记述则有:

谢克家《后山居士集序》:"彭城后山居士陈无己师道,苦节励志,自其少时,早以文谒南丰曾舍人。曾一见奇之,许其必以文著,时人未之知也。"②谢克家乃陈师道的姨甥③,比陈师道小十一岁,曾从其游。谢言"其少时",当知其实。

方回《桐江续集》卷第三十二之《唐师善月心诗集序》:"陈后山生于皇祐五年癸巳。……后山年十六已见知于曾南丰。"④方为元人,其说本自魏衍。

黄宗羲《宋元学案》卷四:"陈师道,字履常,一字无己,彭城人。好学苦志,年十六,以文谒曾子固,大奇之,许以文著时,留受业焉。"⑤黄为清人,其说本自谢克家与《宋史》本传。

关于陈师道谒见曾巩的时间,有两种不同的说法。一是熙宁元年说。以魏衍为代表。魏为其师撰《彭城陈先生集记》言其"年十六,谒南丰先生曾公巩,曾大器之,遂业于门"⑥。魏言十六,乃是足岁,虚龄十七。陈师道自述"臣生于皇祐四年(1052年)",自皇祐四年后推十六年即神宗熙宁元年(1068年)。陈兆鼎的《陈后山年谱》即持此说。二是熙宁八年说。杨希闵《曾文定公年谱》云:"魏衍《彭城陈先生集记》谓无己年十六谒南丰。考无己皇祐五年生,十六为熙宁元年,南丰是时官京师,恐无由谒见。至七年,南丰知襄州,无己年二十二,谒见于江汉之间,情事较合,魏记恐误。"⑦此说以陈师道《送邢居实序》有"见子曾子于江汉之间"一语为据。郑骞的《陈后山年谱》认为杨谱"其说极是"。但杨说证据不足,郑为之补考曰:"后山去年(即熙宁七年——引者注)在金州,而《先君事状》云,其父罢金州任后,'以国子博士通判绛州,待次于雍丘',熙宁九年四月卒于其地。据此推测其时间,后山随父离金州当在本年或去年下半年。此行有两途可循:其一,自金州北去,至长安,东出潼关,经洛阳而至开封。其二,自金州沿汉水南下,至襄州,经邓

---

① 陈师道:《后山居士文集》,下册,540页,上海,上海古籍出版社,1984。
② 陈师道:《后山居士文集》,上册,2页,上海,上海古籍出版社,1984。
③ 郑骞:《陈后山年谱》,42页,台北,联经出版事业公司,1984。
④ 方回:《桐江续集》卷三十二,四库全书影印本。
⑤ 黄宗羲:《宋元学案》,第1册,216页,北京,中华书局,1986。
⑥ 冒广生补笺:《后山诗注补笺》,上册,2页,北京,中华书局,1995。
⑦ 转引自李震:《曾巩年谱》,240页,苏州,苏州大学出版社,1997。

州东北行而至开封。前者须逾秦岭,后者似较便捷,故推测其路线为后者,曾南丰此时正在知襄州任。"下引杨谱后继续说:"陈氏父子固未必即循此路线,后山谒曾亦可能系偶然单独至襄,而非必随父回开封途中经由;然其事在熙宁六、七、八等三年中南丰知襄州时,亦即后山二十二、三、四岁时,则可以断言。后山十六岁时,南丰不在襄州;且后山非神童,十六岁时未必能有'余十万言'之撰述也。"①

郑骞关于陈氏父子循行路线的推测或有可能,在襄州谒见曾巩也无问题。但说陈师道非神童,"十六岁时未必能有'余十万言'之撰述",倒也未必。后山虽非早慧,但其"少时""好学"则是公认的。魏衍《彭城陈先生集记》曰:"先生……幼好学,行其所知,慕古作者,不为进取计也。"②谢克家《后山居士集序》亦曰:"自其少时,早以文谒曾南丰曾舍人。"《宋史·陈师道传》曰"少而好学苦志,年十六,早以文谒曾(巩)"③。黄宗羲《宋元学案》则曰陈无己"好学苦志,年十六,以文谒曾子固"④。以上所引,或说其"少时""幼"时,或说其"好学苦志"。古人"幼时"当为七八岁,陈师道自己说幼年即读《史记》。见《余师录·曾子固》:"《逸事》云:陈后山初携文卷见南丰先生,先生览之,问曰:'曾读《史记》否?'后山对曰:'自幼年即读之矣。'"⑤而"少时"则为十五六岁。孔子说自己:"吾十有五而志于学。"(《论语·为政》)所以后世称十五岁为"志学之年"。陈师道亦自云:"仆于诗,初无师法,然少好之。"⑥故魏衍、谢克家等人说陈师道"少时""好学",正应该是十五六岁时。如此"幼""少"之时,又"好学",且"苦志",且"不为进取计",欲以"文学名后世",怎么就不可以有"余十万言"呢?据传陈师道"为文至多,少不中意,则焚之,存者才十一也"⑦。此亦并非虚言,而是本自师道自述:"仆于诗,初无师法,然少好之,老而不厌,数以千计。及一见黄豫章,尽焚其稿而学焉。"⑧又陈师道《送邢居实序》自述道:"吾始得生,年十五六,识度气志已如成人,有其质也。如木之始生,玉之始璞。顾其所成就何如耳?生可不勉乎。……吾年如生时,见子曾子于江汉之间,献其说余十万言,高自誉道。"⑨邢居实即邢惇夫,居实是其字。据

---

① 郑骞:《陈后山年谱》,43—44页,台北,联经出版事业公司,1984。
② 冒广生补笺:《后山诗注补笺》,上册,2页,北京,中华书局,1995。
③ 《宋史》卷四四四《陈师道传》,《二十五史》第8册《宋史》下,1487页,上海,上海古籍出版社,1986。
④ 黄宗羲:《宋元学案》,第1册,216页,北京,中华书局,1986。
⑤ 见郑骞:《陈后山年谱》,44页,台北,联经出版事业公司,1984。
⑥ 陈师道:《答秦觏书》,见《后山居士文集》下册,542页,上海,上海古籍出版社,1984。
⑦ 谢克家:《后山居士集序》,见《后山居士文集》上册,3页,上海,上海古籍出版社,1984。
⑧ 陈师道:《答秦觏书》,见《后山居士文集》下册,542页,上海,上海古籍出版社,1984。
⑨ 陈师道:《后山居士文集》,下册,728—731页,上海,上海古籍出版社,1984。

晁说之《邢惇夫墓表》(宣和四年四月)云:惇夫"逮年十四五,读书已甚博。其年十六七,文章各擅体制;十八九则议论凛然,自成一家法。甫年二十,而病不起矣。国中之士识与不识,无不嗟惜。"①邢惇夫生于神宗熙宁元年(1068年),其卒在元祐二年(1087年)二月八日,虚龄二十。邢居实"年十四五,读书已甚博。其年十六七,文章各擅体制",也正是"少时",那么陈师道说"吾始得生,年十五六……吾年如生时",亦即是说如邢之十四、五、六岁之"少时"。既然邢居实能在"十六七文章各擅体制",而"好学苦志"的陈师道"幼""少"之时,为什么就不可以有"余十万言"之撰述呢?邢居实"年甫二十病不起",即于元祐二年(1087年)去世,陈师道的《送邢居实序》肯定是"送"在邢十九岁前。又晁补之亦是十六岁"少时"谒见曾巩,并从其游,与陈师道谒曾当在先后之间②。若拘泥于"吾年如生时,见子曾子于江汉之间",必是曾巩于熙宁八年(1075年)知襄州时,陈师道见曾巩,则陈师道已二十四岁,邢居实仅二十已去世,怎么能是"吾年如生时"呢?

故魏衍说陈师道"年十六谒南丰",言之凿凿,不可能有误。魏为陈师道之高足,从其学有七年之久③,且亦未仕,颇有师道遗风。陈师道去世后,其集即为魏所编,其中多有记述陈师道生前为魏所说之事,如:"少游之墨尝许先生为他日墓志润笔。先生尝语衍,作此诗,少游尚无恙。然终先逝去。衍谨书。"④那么"年十六谒南丰"也定是师道生前为魏衍所说,故魏衍才能有此确切之记述。魏衍《彭城陈先生集记》作于政和五年(1115年),去曾巩卒年不过四十三年,去陈师道卒年不过十四年,故魏说当是可信的。今仍从魏说。

熙宁二年己酉(1069年)

曾巩五十一岁,为英宗实录检讨官。不逾月,罢,出通判越州(今浙江绍兴)。

曾巩好友王安石为右谏议大夫,参知政事,欲变旧法以通天下之利。

陈师道十八岁,随父居开封。

---

① 晁说之:《邢惇夫墓表》,见《全宋文》第一三〇册,卷二八一八,306页,上海,上海辞书出版社,2006。
② 李震:《曾巩年谱》,266页,苏州,苏州大学出版社,1997。
③ 魏衍:《彭城陈先生集记》:"衍从先生学者七年。"见《后山诗注补笺》上册,16页,北京,中华书局,1995。
④ 冒广生补笺:《后山诗注补笺》,上册,187页,北京,中华书局,1995。

熙宁三年庚戌(1070年)

曾巩五十二岁,通判越州。

陈师道十九岁,随父居开封。陈师道《先君行状》曰:"先君罢汧阳,人有荐君于丞相荆公,荆公书其姓名于便坐。既至,使相度百司利害。久之,罢归吏部。省吏谓君曰:'故知君不办此,善事吕嘉问,其进久矣。'"①王安石去年二月自翰林学士参知政事,本年十二月拜相②。郑骞的《陈后山年谱》即据陈师道的《先君行状》推测说:"后山之父罢汧阳可能在熙宁元年,在开封谒见安石受其任使,当在去年及本年两年中。此时期曾巩亦在开封,官馆阁校勘,见杨希闵《曾文定公年谱》。但陈曾两人并未识面,因后山明言初谒南丰于江汉之间,而非开封也。"③此说不确。曾巩去年虽在开封为英宗实录检讨官,然不逾月即罢,出通判越州了,至本年仍在越州,陈师道在开封又何由得见曾巩?曾巩与王安石虽为好友,但对他的变法多有忠告,如《过介甫》:"日暮驱马去,停镳叩君门。颇谙肺腑尽,不闻可否言。淡尔非外乐,恬然忘世喧。况值秋节应,清风荡歊烦。徘徊望星汉,更复坐前轩。"又《过介甫归偶成》:"结交谓无嫌,忠告期有补。直道讵非难,尽言竟多迕。知者尚复然,悠悠谁可语。"④等诗,却未被采纳。朱熹《朱子语类》卷一百三十亦云:"曾子固初与介甫极厚善,入馆后,出倅会稽令,集中有诗云:'知者尚复然,悠悠谁可语。'必是曾谏介甫来,介甫不乐,故其当国不曾引用。后介甫罢相,子固方召入。"⑤故在王安石为相时,曾巩外补,出判越州,而陈师道父是为人荐于王安石的,一来一去,故陈曾无由得见。

不过,郑骞说"后山之父罢汧阳可能在熙宁元年,在开封谒见安石受其任使,当在去年及本年两年中",既然罢汧阳是在熙宁元年,那为什么就不可以在熙宁元年见王安石呢?而这不正是陈师道在熙宁元年在开封谒见曾巩的时候吗?熙宁元年,曾巩和王安石俱在开封,师道父谒见王安石,师道则谒见曾巩,不正好说明陈师道年十六谒曾巩,并非虚言吗?

---

① 陈师道:《后山居士文集》,下册,833页,上海,上海古籍出版社,1984。
② 《宋史》卷二一三《宰辅表》:"十二月丁卯……王安石自右谏议大夫参知政事加礼部侍郎同平章事。"见《二十五史》第7册《宋史》上,672页,上海,上海古籍出版社,1986。
③ 郑骞:《陈后山年谱》,39页,台北,联经出版事业公司,1984。
④ 曾巩:《曾巩集》,上册,63页,北京,中华书局,1984。
⑤ 李震编:《曾巩资料汇编》,上册,109页,北京,中华书局,2009。

熙宁四年辛亥(1071年)

曾巩五十三岁,仍通判越州。四或五月,改知齐州(今山东济南)军州事。

陈师道二十岁,随父在金州(今陕西安康)。

本年二月,更定科举法,专以经义、论策试进士,是为王安石新学考试之始。陈师道不喜王学,故不应科举。《送邢居实序》即言:"王氏之学,如脱墼耳,案其形模而出之,不待修饰而成器矣。求为桓璧彝鼎,其可得乎?"①这与曾巩以诗谏王安石"忠告期有补"正相暗合。

熙宁六年癸丑(1073年)

曾巩五十五岁。去年与今年仍在知齐州军州事。九月去齐,徙知襄州(今湖北襄阳)军州事。由齐适襄,道经徐州,作《彭城道中》:"百步洪声潦退初,白沙新岸凑舟车。一时屠钓英雄尽,千载河山战伐余。楚汉旧歌流俚耳,韩彭遗壁冠荒墟。可怜马上纵横略,只在邳桥一卷书。"诗末并加注曰:"吕梁洪上有云梦、梁王二城,其旁之人以谓云梦即韩信城,梁王即彭越城是也。"②

李震《曾巩年谱》言,此年陈师道谒曾巩于汉水边③。此不确,应是熙宁八年,见后。

陈师道二十二岁,在金州。本年或因有事返徐,适逢曾巩经徐,而谒之。陈鹄《耆旧续闻》卷二:"陈无己少有誉。曾子固过徐,徐守孙莘老荐无己。往见,投贽甚富,子固无一语,无己甚惭,诉于莘老。子固云:'且读《史记》数年。'"④

熙宁八年乙卯(1075年)

曾巩五十七岁。去年和今年仍知襄州军州事。九月,以孙颀替知襄州。有《襄州乞宜洪二郡状》曰:"臣今任至今年九月成资,已蒙差太常少卿孙颀替臣成资阙。今臣去替只有数月。窃念臣为有私便,欲乞就移洪州或宣州一任,情愿守待远阙。"⑤

秋,去襄归。冬,至洪州(今江西南昌),权知洪州军州事,充江南西路兵马都

---

① 陈师道:《后山居士文集》,下册,729页,上海,上海古籍出版社,1984。
② 曾巩:《曾巩集》,上册,120页,北京,中华书局,1984。
③ 李震:《曾巩年谱》,302页,苏州,苏州大学出版社,1997。
④ 李震编:《曾巩资料汇编》,上册,174页,北京,中华书局,2009。
⑤ 曾巩:《曾巩集》,下册,479页,北京,中华书局,1984。

钤辖。

陈师道二十四岁。大约九月前已随父离金州往开封,途经襄州。时曾巩尚未离襄,陈师道携文往谒。此即所谓"见子曾子于江汉之间",陈师道以及后人亦多记述此事。

陈师道《送邢居实序》:"吾年如生时,见子曾子于江汉之间,献其说余十万言,高自誉道,子曾子不以为狂,而报书曰:'持之以厚。'吾之不失其身,子曾子之赐也。"①

朱熹在《朱子语类》卷一三九中说:"南丰过荆、襄,后山携所作以谒之,南丰一见爱之,因留款语,适欲作一文字,事多,因托后山为之,且授以意。后山文思亦涩,穷日之力方成,仅数百言。明日以呈南丰,南丰云:'大略也好,只是冗字多,不知可为略删动否?'后山因请改窜,但见南丰就坐,取笔抹数处,每抹处连一两行,便以授后山。凡削去一二百字,后山读之,则其意尤完,因叹服,遂以为法。所以后山文字简洁如此。"②

王正德《余师录·曾子固》:"《逸事》云:陈后山初携文卷见南丰先生,先生览之,问曰:'曾读《史记》否?'后山对曰:'自幼年即读之矣。'南丰曰:'不然,要当且置他书,熟读《史记》三两年尔。'后山如南丰之言读之。后再以文卷见南丰,南丰曰:'如是足矣。'"③

朱弁《风月堂诗话》卷上:"陈无己与晁以道俱学文于曾子固。子固曰:'二人所得不同,当各自成一家。然晁文必以著书名于世。'……他日二人相与论文,以道曰:'吾曹不可负曾南丰。'"④

神宗元丰元年戊午(1078年)

曾巩六十岁。熙宁九年(1076年)、十年(1077年)均在洪州任上。熙宁十年春授直龙图阁,移知福州军州事,兼福建路兵马钤辖。林希《曾巩墓志》曰:"进直龙图阁,知福州,兼福建路兵马钤辖,赐绯章服。"⑤曾巩辞不往,作《辞直龙图阁知福州状》(见《曾巩集》卷第三十三),状上不允,遂以八月初九日到任。曾巩《福州

---

① 陈师道:《后山居士文集》,下册,730—731页,上海,上海古籍出版社,1984。
② 李震编:《曾巩资料汇编》,上册,110页,北京,中华书局,2009。
③ 见郑骞:《陈后山年谱》,44页,台北,联经出版事业公司,1984。
④ 李震编:《曾巩资料汇编》,上册,90页,北京,中华书局,2009。
⑤ 曾巩:《曾巩集》,下册,799页,北京,中华书局,1984。

谢到任表》:"已于今月初九日到任上讫。"①故今年知福州军州事。到九月,召判太常寺,去闽,赴京,至江宁府,接敕牒一道,差权知明州(今浙江宁波)。

是年曾巩为王平甫文集作序②,后山因之而作后序云:"南丰先生既叙其文,以诏学者。先生之没,彭城陈师道因而伸之,以通于世,诚愚不敏,其能使人后其所利,而隆其所弃者耶?因先生之言,以致其志,又以自励云尔。"③文云"先生之没",当是在曾巩去世后所作。方回《瀛奎律髓》曰:"王安国,字平甫。有《校理集》百卷行世,尤富于诗,曾南丰作序,陈后山作后序。"④曾、陈同为王平甫文集作序,可见二人之关系。陈师道还作有《题平甫帖》曰:"足知落笔千言疾,尚想挥毫一坐倾。"其"千言疾"亦是用曾巩去年所作《祭王平甫文》中语:"至若操纸为文,落笔千字,徜徉恣肆,如不可穷。"⑤

陈师道二十七岁。熙宁九年(1076年),师道随父居雍丘,四月二十三日,父卒,师道扶丧归徐州。熙宁十年(1077年),在徐守制家居。时苏轼自密州移徐州,师道偕兄往谒,是为苏、陈相见之始。是年秋,徐州大水,苏轼率民抗洪。苏轼《奖谕敕记》曰:"熙宁十年七月十七日,河决澶州曹村埽。八月二十一日,水及徐州城下。至九月二十一日,凡二丈八尺九寸,东西北触山而止,皆清水无复浊流。水高于城中平地有至一丈九寸者,而外小城东南隅不沉者三版。"⑥到本年苏轼为纪念去年治水,于徐州东门筑黄楼。苏辙、秦观两人均有《黄楼赋》,而陈师道作《黄楼铭》。

元丰二年己未(1079年)

曾巩六十一岁,知明州军州事。五月三十日,有徙知亳州(今安徽亳州)之命。遂移守亳州。曾巩自明州至亳,从上虞进入运河,经越州、杭州、秀州、苏州、常州。入夏又道经楚州(今江苏淮安)、泗州(今江苏盱眙)⑦。在泗州候旨时,陈师道携

---

① 曾巩:《曾巩集》,下册,414页,北京,中华书局,1984。
② 曾巩:《王平甫文集序》文后云此文作于"元丰元年"。见《曾巩集》上册,202页,北京,中华书局,1984。
③ 陈师道:《王平甫文集后序》,见《后山居士文集》下册,720页,上海,上海古籍出版社,1984。
④ 见冒广生补笺:《后山诗注补笺》,上册,279页,北京,中华书局,1995。
⑤ 曾巩:《曾巩集》,下册,528页,北京,中华书局,1984。
⑥ 孔凡礼点校:《苏轼文集》,第2册,380页,北京,中华书局,1986。
⑦ 李震:《曾巩年谱》,381页,苏州,苏州大学出版社,1997。

文往谒,曾巩赞其《黄楼铭》"如秦石"①。

陈鹄《西塘集·耆旧续闻》卷二:"子固自明守亳,无己走泗州,间携文谒之。甚欢,曰:'读《史记》有味乎?'故无己于文以子固为师。"②陈鹄之言当本自曾巩《移知亳州乞至京迎侍赴任状》:"所有回降朝旨,乞降至泗州付臣。"③陈言与曾巩所言于时、地皆相合。陈师道携去年所作之《黄楼铭》谒曾,曾巩称道其"如秦石"。

陈师道二十八岁。闻曾巩在泗州,遂由徐前往拜谒,携所作《黄楼铭》等文,为曾巩称道。

郑骞《陈后山年谱》对陈鹄之说有质疑。陈鹄《耆旧续闻》卷二:"子固自明守亳,无己走泗州,间携文谒之……"郑谱曰:"后山于《送邢居实序》中明言见南丰于江汉之间,其事无可疑者,何来见于徐州及泗州之说……右引《耆旧续闻》及《余师录》,皆是以讹传讹。"④

今辨:曾巩曾于熙宁六年由齐至襄,经过徐州,作《彭城道中》,此时陈师道随父在金州,或因有事返徐而谒曾,待考。然由徐州到泗州则应是没有问题的。一是徐州到泗州路途很近。二是哲宗元祐二年,陈师道为徐州教授,当年五月,苏轼自翰林学士知杭州,途经应天(今河南商丘),陈师道未经知州许可私往谒送。能由徐州到应天,为什么就不能由徐州到泗州呢?且那是在任,私自行动是要被问责的。而去泗州则无此问题。所以,李震《曾巩年谱》据曾巩《移知亳州乞至京迎侍赴任状》:"所有回降朝旨,乞降至泗州付臣。"而认为"陈鹄所言与曾巩所言于时、地皆切合"⑤。

元丰四年辛酉(1081年)

曾巩六十三岁。元丰三年仍知襄州,后移知沧州(今河北沧县)。(有《授沧州乞朝见状》,《曾巩集》卷第三十四)道由京师受神宗召见。神宗留曾巩勾留三班院。到本年仍在京判三班院。八月,奉敕充史馆修撰。又奉旨专典史事,编《五朝国史》,管勾编修院,判太常寺,兼礼仪事。入谢,神宗谕以自择其属。遂荐邢恕

---

① 《宋史》卷四四四《陈师道传》:"尝铭黄楼,曾子固谓如秦石。"见《二十五史》第8册《宋史》下,1487页,上海,上海古籍出版社,1986。
② 李震编:《曾巩资料汇编》,上册,174页,北京,中华书局,2009。
③ 曾巩:《曾巩集》,下册,486页,北京,中华书局,1984。
④ 郑骞:《陈后山年谱》,44页,台北,联经出版事业公司,1984。
⑤ 李震:《曾巩年谱》,383页,苏州,苏州大学出版社,1997。

以为史馆检讨,又荐陈师道,朝廷以白衣难之。孙觌《鸿庆居士集》卷第三十二之《题秦会之跋〈后山居士集〉》曰:"秦会之尝跋《后山居士集》云:曾南丰辟陈无己、邢和叔为英宗皇帝实录检讨……"①魏衍《彭城陈先生集记》亦曰:"元丰四年,神宗皇帝命曾典史事,且谓修史最难,申敕切至。曾荐为其属,朝廷以白衣难之。方复请,而以忧去,遂寝。"②

陈师道三十岁,本年在开封,谒曾巩,蒙曾荐,为朝廷以白衣难之而罢。秋,南游吴越。陈师道《颜长道诗序》:"元丰四年,邑子陈师道西游京师,遂见夫子于北门。"③又《思白堂记》云:"元丰四年,予游吴。……其秋八月,就舍钱塘,问思白之堂,而往观焉。"④

李震《曾巩年谱》:"七月二十四日,诏曾巩充史馆修撰。八月初,曾巩奉召,并辟陈师道,朝廷以白衣难之,陈师道遂游吴。"⑤曾巩还荐陈师道去见林希。陈师道《上林秀州书》曰:"……师道鄙人也,然有闻于南丰先生,不敢不勉也。先生谓师道曰:'子见林秀州乎?'曰:'未也。'先生曰:'行矣。'师道承命以来谨因先生而请焉。诗文二卷,敬以自效,不敢以为能也。谨偻待命,惟阁下赐之。"⑥

林希亦有《跋故三司副使陈公诗后》曰:"元丰四年七月,于吴兴始识公孙师仲、师道,遂得公之遗稿以观。"⑦亦证陈师道确曾遵曾巩之命而去见了林希。

关于曾巩是否曾荐陈师道亦有争论,现录诸家之说。

认为曾巩未荐陈师道者以朱熹为代表。朱熹《朱子语类》卷第一百三十九:"广因举秦丞相教其子孙作《文说》,中说后山处。曰:'他都记错了。南丰入史馆时,止为检讨官,是时后山尚未有官,后来入史馆,尝荐邢和叔。虽亦有意荐后山,以其未有官而止。'"⑧

又朱熹《南丰先生年谱后叙》:"丹阳朱熹曰:……其说又以谓公为史官,荐邢恕、陈无己为《英录》检讨,而二子者受学焉。综其实不然。盖熙宁初,诏开实录院论次英宗时事,以公与检讨一月免。岂公于是时能有以荐士?或其不然,一也;恕治平四年始登进士第,元丰中用公荐,为史馆检讨,与修《五朝国史》,其事见于实

---

① 李震编:《曾巩资料汇编》,上册,84页,北京,中华书局,2009。
② 冒广生补笺:《后山诗注补笺》,上册,3页,北京,中华书局,1995。
③ 陈师道:《后山居士文集》,下册,743页,上海,上海古籍出版社,1984。
④ 陈师道:《后山居士文集》,下册,652页,上海,上海古籍出版社,1984。
⑤ 李震:《曾巩年谱》,415页,苏州,苏州大学出版社,1997。
⑥ 陈师道:《后山居士文集》,下册,528页,上海,上海古籍出版社,1984。
⑦ 转引自冒广生补笺:《后山诗注补笺》,上册,143页,北京,中华书局,1995。
⑧ 李震编:《曾巩资料汇编》,上册,110页,北京,中华书局,2009。

录矣。为实录院检讨而与修《英录》于熙宁之初,则未有考焉,其不然二也;师道见公于江汉之间,而受教焉。然竟公时为布衣,元祐中乃用荐起家,为郡文学,是公于史馆犹不得以荐之,况熙宁时岂有检讨事哉?其不然三也。一事而不然者三,则公所以教恕者,其在元丰史馆之时乎?未可知也。此予所谓抵牾者。斯人为世所重,又自以知公,故不得不考其实,而辨其不然者,其书世或颇有,以故不论,著其是非者焉。"①

认为曾巩荐陈师道者则有魏衍、陆游和刘克庄。

魏衍《彭城陈先生集记》云:"元丰四年,神宗皇帝命曾典史事。且谓修史最难,申敕切至。曾荐为其属,朝廷以白衣难之。方复请,而以忧去,遂寝。"②

又陆游《老学庵笔记》卷七:"秦会之跋《后山集》,谓曾南丰修《英宗实录》,辟陈无己为属。孙仲益书数百字诋之,以为无此事。南丰虽尝预修《英宗实录》,未久即去,且南丰自为吏属,乌有辟官之理?又无己元祐中方自布衣命官,故仲益之辨,人多是之。然以予考其实,则二公俱失也。南丰元丰中还朝,被命独修《五朝史实》,许辟其属,遂请秀州崇德县令刑恕为之。用选人已非故事,特从其请,而南丰又援经义局辟布衣徐禧例,乞无己检讨,庙堂尤难之。会南丰上《太祖纪叙论》,不合上意,修《五朝史》之意浸缓。未几,南丰以忧去,遂已。会之但误以《五朝史》为《英宗实录》耳。至其言辟无己事,则实有之,不可谓无也。"③

又刘克庄《后村诗话·后集》卷第一:"秦会之尝记曾南丰辟陈后山为史属,且涂改后山史稿,世谓元无此事,乃秦谬误,殆以人废言也。按魏衍为《后山集记》,明言元丰四年神宗命曾典史局,曾荐后山为属,朝廷以白衣难之。衍乃后山高弟,《集记》作于政和五年,秦说有据,非误。"④

今人李震于《曾巩年谱》中再辨之曰:"孙觌云曾巩卒于元丰四年,误,应为元丰六年。曾巩荐邢恕事,《行状》《墓志》皆已叙明,惟荐陈师道事,自秦会之议出,宋人多有考辨,刘克庄、陆游所辨甚明。盖虽荐而朝廷以白衣难之,命尚未下。又考,是年陈师道在京师。陈师道《颜长道诗序》(《后山居士文集》卷第十六)云:'元丰四年,邑子陈师道西游京师,遂见夫子于北门。'《思白堂记》(卷第十四)云:'元丰四年,予游吴。……其秋八月,就舍钱塘,问思白之堂,而往观焉。'七月二十四日,诏曾巩充史馆修撰。八月初,曾巩奉诏,并辟陈师道,朝廷以白衣难之,陈师

---

① 李震编:《曾巩资料汇编》,上册,113—114 页,北京,中华书局,2009。
② 冒广生补笺:《后山诗注补笺》,上册,3 页,北京,中华书局,1995。
③ 李震编:《曾巩资料汇编》,上册,102—103 页,北京,中华书局,2009。
④ 李震编:《曾巩资料汇编》,上册,132 页,北京,中华书局,2009。

道遂游吴。"①

元丰五年壬戌（1082年）

曾巩六十四岁，居京师，官史馆修撰。四月，擢试中书舍人，属门人陈师道为其父曾易占撰神道碑。方复荐陈师道，会以忧去，遂寝。

陈师道三十一岁，本年自杭州北归，携家居开封，以授徒自给。受命为曾巩父曾易占撰《光禄曾公神道碑》："公讳易占，字不疑，建昌南丰人，故属抚州。以荫为太庙斋郎，历抚州宜黄、临川尉。……徙司法参军，迁镇东节度推官，举监真州仓，以课迁太子中允、太常博士，知泰州如皋、信州玉山二县……公祖延铎，散骑常侍。祖仁旺，赠水部员外郎。考致尧，户部郎中、直史馆，赠谏议大夫。妣某氏。公夫人周氏、吴氏、朱氏。公子晔，不仕；巩，中书舍人；牟，安仁令；宰，湘潭簿；布，龙图阁直学士；肇，吏部郎中……庆历七年，公年六十九，道病，卒于南京。皇祐元年，葬龙池乡青风里源头。公以子恩累赠光禄卿，夫人分封京兆、父城、仁寿郡太君。公子舍人谓其门人陈师道曰：公之葬，既以铭载于墓中，今幸蒙恩，追荣三品，复立碑于墓道，以显扬其劳烈，明示来今，是以命汝为之铭。师道幸以服役奉明命，虽愚不敢，其何敢辞！退考次其行治，慨然兴叹，其试何小，其效何大邪！及读其书，又有大者，而未试也；因书以逆志，而又知其怀之有言，言之有不尽。则其雄深伟奇，惊世而善俗者，犹其余也。世徒见其仕而不遇，仁而不年，以为公恨，此固命之适而士之常，岂足道哉！顾常以为志不见于仕则发之于文，文不施于今则必传之于后，有能行其言则不穷矣，此公之志也，其可谓盛哉！故述而铭之，以励其子，亦以自励，又以励后人。其铭曰：人之多言，言不由德。德必有言，惟公之贤。呜呼哀哉，得时无命。功名其余，夫复何恨！何以观德，男阡之碑。其言不忘，后世之师。公则已矣，其言可试。其谁终之，在公孙子。"②

据陈师道《思白堂记》云："元丰四年，予游吴。……其秋八月，就舍钱塘，问思白之堂，而往观焉。……明年而余北归。又明年而为之记。不知余文使人思之如两侯否？"③故知陈师道当于元丰五年至京师。《神道碑》云"公子舍人"，事当在是年四月曾巩擢试中书舍人后。

---

① 李震：《曾巩年谱》，414—415页，苏州，苏州大学出版社，1997。
② 陈师道：《后山居士文集》，下册，824—830页，上海，上海古籍出版社，1984。
③ 陈师道：《后山居士文集》，下册，651—655页，上海，上海古籍出版社，1984。

元丰六年癸亥(1083年)

曾巩六十五岁。曾巩持母丧过金陵,病于江宁。四月丙辰,卒于江宁府。林希《曾巩墓志》:"六年四月丙辰卒于江宁府,享年六十有五。"①

陈师道三十二岁,是岁居开封。闻师曾巩死,为作《南丰先生挽词二首》,其一:"早弃人间事,真从地下游。丘原无起日,江汉有东流。身世从违里,功言取次休。不应须礼乐,始作后程仇。"其二:"精爽回长夜,衣冠出广庭。勋庸留琬琰,形像付丹青。道丧余篇翰,人亡更典刑。侯芭才一足,白首《太玄经》。"②

元人方回《桐江集》卷五《刘元辉诗评》一章评价此诗道:"《挽曾南丰》《别三子》诗,可见无一字俗,无一语长。"③

又方回《瀛奎律髓》卷四十九之《南丰先生挽词》批语道:"'丘原无起日,江汉有东流。'惟曾南丰足以当之。'侯芭才一足,白首《太玄经》',非陈后山亦不可以此自许也。并挽温公诗三首,他人诗皆可废矣。"④

陈师道还作有《妾薄命二首》,其一:"主家十二楼,一身当三千。古来妾薄命,事主不尽年。起舞为主寿,相送南阳阡。忍著主衣裳,为人作春妍。有声当彻天,有泪当彻泉。死者恐无知,妾身长自怜。"其二:"叶落风不起,山空花自红。捐世不待老,惠妾无其终。一死尚可忍,百岁何当穷?天地岂不宽?妾身自不容。死者如有知,杀身以相从。向来歌舞地,夜雨鸣寒蛩。"⑤

任渊注"忍著主衣裳,为人作春妍"曰:"此二句及下篇'向来一瓣香,敬为曾南丰'之句,皆以自表,见其不忍更名他师也。"⑥

洪迈《容斋三笔》卷六曰:"张籍在他镇幕府,郓帅李师古又以书币辟之,籍却而不纳,而作《节妇吟》一章寄之,曰:'君知妾有夫,赠妾双明珠。感君缠绵意,系在红罗襦。妾家高楼连苑起,良人执戟明光里。知君用心如日月,事夫誓拟同生死。还君明珠双泪垂,何不相逢未嫁时?'陈无己为颍州教授,东坡领郡,而陈赋《妾薄命》篇,言为曾南丰作,其首章云:'主家十二楼,一身当三千。古来妾薄命,事主不尽年。起舞为主寿,相送南阳阡。忍著主衣裳,为人作春妍?有声当彻天,有泪当彻泉。死者恐无知,妾身长自怜。'全用籍意。……薄命拟况,盖不忍师死

---

① 曾巩:《曾巩集》,下册,800页,北京,中华书局,1984。
② 冒广生补笺:《后山诗注补笺》,上册,26—28页,北京,中华书局,1995。
③ 方回:《桐江集》,329页,南京,江苏古籍出版社,1988。
④ 李震编:《曾巩资料汇编》,上册,181页,北京,中华书局,2009。
⑤ 冒广生补笺:《后山诗注补笺》,上册,4—6页,北京,中华书局,1995。
⑥ 冒广生补笺:《后山诗注补笺》,上册,4页,北京,中华书局,1995。

而遂倍之,忠厚之至也!"①洪迈说陈师道仿张籍的《节妇吟》,用籍之意,固是对的,但说"陈无己为颍州教授,东坡领郡,而陈赋《妾薄命》篇",这是时间弄错了。因《妾薄命》作于元丰六年,而陈师道为颍州教授是在元祐五到八年间。

蔡正孙《诗林广记》后集卷之六:"后山自注云:'为曾南丰作。'……谢叠山云:'元丰间,曾巩修史,荐后山有道德,有史才,乞自布衣召入史馆。命未下而曾去,后山感其知己,不愿出他人门下,故作《妾薄命》。巩,南丰人,欧阳公之客。后山尊之,号曰"南丰先生"。'"②

哲宗元祐元年丙寅(1086年)

陈师道三十五岁,本年仍居开封。时苏轼兄弟及苏氏门人黄庭坚、晁补之、张耒亦在开封,陈师道与他们多有唱和。张耒有《陈履常惠诗有曾门一老之句。不肖二十五岁,谒见南丰舍人于山阳。始一书而褒与过宜阳有同途至亳之约,末以病不能如期,后八年始遇公于京师。南丰门人惟君一人而已,感旧慨叹因成鄙句,愿勿他示》③。此是陈师道在曾巩去世后与友唱和时自称"曾门一老",以不忘曾巩之意。陈师道于本年则作有《送江楚州》,诗曰:"濠梁初得意,阙里旧论诗。"楚州即今之淮安。江楚州为何人,《淮安府志·职官表》中没有记载。任渊注此诗句推测说:"岂后山与楚州皆出南丰之门耶?"又诗曰:"欲托山阳簿,翁归不受私。"后山于诗后自注曰:"南丰子绾为山阳簿。"④于此可见陈师道与曾巩的儿子亦有往来,若无深交,何以相"托"呢?

元祐六年辛未(1091年)

陈师道四十岁。师道于元祐二年(1087年)四月乙巳(二十四日)由苏轼等人荐为徐州州学教授;元祐五年(1090年)徙为颍州教授,本年仍在颍州,时苏轼正为颍州守。是年作《观兖国文忠公家六一堂图书》,因曾巩、苏轼都是文忠公欧阳修门人,而己又是曾巩门人,故其诗同时亦怀其师曰:"生世何用早,我已后此翁。颇识门下士,略已闻其风。中年见二子,已复岁一终。呼我过其庐,所得非所蒙。先朝群玉殿,冠佩环群公。神文焕王度,喜色见天容。御榻谁复登,帝书元自工。黄绢两大字,一览涕无从。似欲托其子,天意与人同。历数况有归,敢有贪天功。

---

① 李震编:《曾巩资料汇编》,上册,100—101页,北京,中华书局,2009。
② 李震编:《曾巩资料汇编》,上册,169—170页,北京,中华书局,2009。
③ 张耒:《张耒集》,上册,379页,北京,中华书局,1990。
④ 冒广生补笺:《后山诗注补笺》,上册,30页,北京,中华书局,1995。

集古一千卷,明明并群雄。谁为第一手,未有百世公。庙器刻科斗,宝樽播华虫。缅怀弁服士,酬献鸣玢瑢。插架一万轴,遗子以固穷。素琴久绝弦,棋酒颇阙供。向来一瓣香,敬为曾南丰。世虽嫡孙行,名在恶子中。斯人日已远,千岁幸一逢。吾老不可待,露草湿寒螿。"①

陈鹄《耆旧续闻》卷二言其诗曰:"元祐初,东坡率莘老、李公择荐之,得徐州教授,徙颍州。东坡出守,无己但呼二丈,而谓子固南丰先生也。《过六一堂》诗略云:'向来一瓣香,敬为曾南丰。世虽嫡孙行,名在恶子中。斯人日已远,千岁幸一逢。吾老不可待,露草湿寒螿。'"②

任渊注"向来一瓣香,敬为曾南丰"曰:"曾巩子固,建昌南丰人,于欧公犹宗门中嫡子,而后山又师南丰,乃其孙也。后山以东坡荐得官。作此诗时,东坡正为郡守,终无少贬阿附之意,可谓特立之士矣。然亦知东坡之大,必能受之也。"③

哲宗元符元年戊寅(1098年)

陈师道四十七岁。师道自绍圣元年(1094年)夏罢颍任,其后居开封(绍圣二年,1095年),在曹州(绍圣三年,1096年),归徐州家居(绍圣四年,1097年),至本年仍在徐州。是年作《送河间令》:"今日中牟令,当年太守孙。独能怜此老,肯避席为门。寒日风涛壮,边城簿领繁。平生子曾子,白首得重论。"④此河间令,为曾巩甥。诗尾联"平生子曾子,白首得重论",即是说自己平生以曾南丰为师。

陈师道与曾巩弟曾肇(字子开)亦多有交往。时曾肇为吏部侍郎,知泰州。陈师道作诗《寄泰州曾侍郎》:"八年门第故违离,千里河山费梦思。淮海风涛真有道,麒麟图画岂无时。今朝有客传河尹,是处逢人说项斯。三径未成心已具,世间惟有白鸥知。"曾肇遂亦和之《次后山陈师道见寄韵》:"故人南北叹乖离,忽把清诗慰所思。松茂雪霜无改色,鸡鸣风雨不愆时。著书子已通蝌蚪,窃食吾方逐鷽斯。便欲去为林下友,懒随年少乐新知。"诗后并注曰:"无己书言作《尚书传》,故云。"⑤陈师道再寄诗奉答:"千里驰诗慰别离,诗来吟咏转悲思。静中取适庸非计,林下相从会有时。生理只今那得说,交情从昔见于斯。含毫欲下还休去,怀抱何由得细知。"(《寄答泰州曾侍郎》)⑥

---

① 冒广生补笺:《后山诗注补笺》,上册,96—100页,北京,中华书局,1995。
② 李震编:《曾巩资料汇编》,上册,175页,北京,中华书局,2009。
③ 冒广生补笺:《后山诗注补笺》,上册,99页,北京,中华书局,1995。
④ 冒广生补笺:《后山诗注补笺》,上册,273页,北京,中华书局,1995。
⑤ 冒广生补笺:《后山诗注补笺》,上册,267—268页,北京,中华书局,1995。
⑥ 冒广生补笺:《后山诗注补笺》,下册,305页,北京,中华书局,1995。

另陈师道尚有一首《寄子开》，此诗未系年，在冒笺中是作为逸诗列于卷之下，今一并附此。诗曰："致君意气日方中，许国精诚月贯虹。一代英豪出门第，当时毁誉岂穷通。风流身致羲黄上，日夜心随汴洛东。从使少年轻我辈，只留颜面对吾公。"①

由上陈师道与曾肇的诗歌往还，可知陈师道在曾巩之后与其弟曾肇亦有交往。曾肇称陈师道为"故人"，陈师道则称道他是"项斯"，并说"交情从昔见于斯"。正因为有此因缘，才有其后陈师道蒙曾肇如项斯般的汲引。

《宋史·曾肇传》："肇，字子开，举进士，调黄岩簿，用荐为郑州教授，擢崇文校书馆阁校勘兼国子监直讲、同知太常礼院太常。……元祐初，擢中书舍人。……崇宁初，落职，谪知和州。……四年，归润而卒，年六十一。……肇天资仁厚，而容貌端严。自少力学，博览经传，为文温润有法。更十一州，类多善政。绍兴初，谥曰文昭。"②

元符三年庚辰（1100年）

陈师道四十九岁。师道于哲宗绍圣元年夏罢颍学，其因或云进非科第（见谢克家《后山居士集序》），或云坐元祐余党（见陈师道《与曾枢密启》），随后几年居于徐州，直到本年七月，除棣州（今山东惠民）教授。为棣州教授时，尝游鹊山院，因曾巩曾游是院而怀之："积石横成岭，行杨密映门。人声隐林杪，僧舍绕云根。顿摄尘缘尽，方知象教尊。只因羊叔子，名字与山存。"（《游鹊山院》）元方回《瀛奎律髓》云："羊叔子谓南丰。"陈师道亦于诗后自注云："南丰先生出守日尝游是院。"③羊叔子即羊祜，泰山南城人，西晋时著名政治家和文学家。陈师道以羊祜比曾巩，以为他的名字会与山长存。陈师道尚有《登鹊山》诗，是与《游鹊山院》同时之作。方回《瀛奎律髓》认为："此诗（指《登鹊山》——引者注）后山年四十八，为棣州教授所作。明年下世。"④后山年四十八，乃是足岁，虚龄为四十九，正是元符三年。故知《游鹊山院》乃作于是年。曾巩有《鹊山亭》一诗："大亭孤起压城颠，屋角峨峨插紫烟。泺水飞绡来野岸，鹊山浮黛入晴天。少陵骚雅今谁和？东海风流世漫传。太守自吟还自笑，归来乘月尚留连。"又《鹊山》："一峰孤起势崔嵬，秀色援蓝入酒杯。灵药已从清露得，平湖长泛宿云回。翰林明月舟中过，司马

---

① 冒广生补笺：《后山诗注补笺》，下册，543页，北京，中华书局，1995。
② 《宋史》卷三一九《曾肇传》，《二十五史》第8册《宋史》下，第1172页，上海，上海古籍出版社，1986。
③ 冒广生补笺：《后山诗注补笺》，下册，519页，北京，中华书局，1995。
④ 见冒广生补笺：《后山诗注补笺》，下册，519页，北京，中华书局，1995。

虚亭竹外开。我亦退公思蜡屐,会看归路送人来。"①据李震《曾巩年谱》,此两首诗系于熙宁五年(1072年),时曾巩为齐州知州,故有是作。此也正可说明后山的《游鹊山院》确是因曾巩而作。此时曾巩已去世18年,可见后山念师感情之深,而不忘师也。

是年十一月,陈师道改除秘书省正字。《谱目》:"元符三年庚辰,是岁,后山在徐州。正月,徽宗即位。七月,除棣州教授。其冬往赴;未至间,十一月除秘书省正字。"②《谱目》认为陈师道除棣州教授未至即改除秘书省正字。不确。陈师道有《元符三年七月蒙恩复除棣学喜而成诗》一诗,写其蒙恩而喜。又有《鸡笼镇》一诗,其自注即曰:"入棣州界。"此注原缺,今《全宋诗·陈师道卷》据越本、四库本、张本补入。诗曰:"河市新经集,鸡笼旧得名。初闻北人语,意作故乡声。客久艰难极,情忘去就轻。空虚仍废忘,何以慰诸生。"③因棣州在徐州之北,故曰"初闻北人语",此也正说明他是入棣州赴任,只是他赴棣州教授任不久即改除。方回《瀛奎律髓》认为陈师道是"至棣未久,即除正字"④,此说才是对的。此外尚有《别乡旧》《宿合清口》《宿柴城》《寒夜》诸诗,都是赴棣州教授时所作。在《别乡旧》中说"平生郡文学,邓禹得三为",在《寄兖州张龙图文潜》中又说"三为郡文学,大胜邓元侯"⑤,皆是说自己为徐州、颍州、棣州教授事。陈师道的这次起用应与曾巩的两个弟弟曾肇、曾布有关。本年曾布(字子宣)自知枢密院事进拜右相,曾肇(字子开)自中书舍人迁翰林学士。故陈师道的起用极有可能由二曾汲引。后山为曾巩门人,与其弟曾布、曾肇均有往来。本年除棣州教授后,陈师道曾寄书曾布,题为《上曾枢密书》,又有《与曾枢密启》。启曰:"向缘余党,例罢故官。一废七年,日有投荒之惧,十生九死,卒完填壑之躯,既逃影而匿行,故使人之忘己。比再蒙于除吏,敢自比于常人!稍纾平生之怀,复修左右之问。永惟陈迹,未赐削除。引领师门,莫知远迩,……重念某早辱知怜,晚罹忧患,每窃闻于亲旧,数见问于死生。白首玄文,终不移于素志;日暮途远,已有愧于初心。倾倒之诚,敷陈罔既……"⑥又有寄曾肇的书,题为《贺翰林曾学士启》,启曰:"兄弟相望,乃平世之荣光,鲁卫同升,亦熙朝之故事。"⑦

---

① 曾巩:《曾巩集》,上册,104、114页,北京,中华书局,1984。
② 转引自郑骞:《陈后山年谱》,107页,台北,联经出版事业公司,1984。
③ 冒广生补笺:《后山诗注补笺》,下册,375、420页,北京,中华书局,1995。
④ 见冒广生补笺:《后山诗注补笺》,下册,375页,北京,中华书局,1995。
⑤ 冒广生补笺:《后山诗注补笺》,下册,388、405页,北京,中华书局,1995。
⑥ 陈师道:《后山居士文集》,下册,638—639页,上海,上海古籍出版社,1984。
⑦ 陈师道:《后山居士文集》,下册,640页,上海,上海古籍出版社,1984。

徽宗建中靖国元年辛巳（1101年）

陈师道五十岁，在开封，官秘书省正字。十一月二十三日，预郊祀礼，感寒得疾，十二月二十九日卒。魏衍《彭城陈先生集记》："殁于建中靖国元年十二月之二十九日，年四十九（此为足岁——引者注）。友人邹公浩，买棺以殓。朝廷特赐绢二百匹，尝与往来者共赙之，然后得归。"①

二、陈师道论曾巩

陈师道有两首和曾巩的诗，任渊注后山诗未系年；曾巩的原诗，《曾巩集》亦未见。今附之于文后，以见其慕师之情。

1.《和南丰先生西游之作》："孤云秀壁共崔嵬，倚壁看云足懒回。睡眼剩缘寒绿洗，醉头强为好峰抬。山僧煮茗留宽坐，寺板题名卜再来。有愧野人能自在，尘樊束缚久低徊。"

2.《和南丰先生出山之作》："侧径篮舆两眼明，出山犹带骨毛清。白云笑我还多事，流水随人合有情。不及鸟飞浑自在，羡他僧住便平生。未能与世全无意，起为苍生试一鸣。"

另在《后山诗话》与《后山谈丛》中亦有数处论及其师曾巩，现从中辑录有关曾巩的论述，以见陈曾关系之全貌。

（一）《后山诗话》

1. 韩退之《上尊号表》曰："析木天街，星宿清润，北岳医闾，神鬼受职。"曾子固《贺赦表》曰："钩陈太微，星纬咸若，昆仑渤澥，波涛不惊。"世莫能轻重之也。后当有知之者。（第50条）

2. 世语云："苏明允不能诗，欧阳永叔不能赋。曾子固短于韵语，黄鲁直短于散语。苏子瞻词如诗，秦少游诗如词。"（第65条）

（二）《后山谈丛》

1. 曾巩论王安石

子曾子初见神宗，上问曰："卿与王安石布衣之旧，安石何如？"对曰："安石文学行义，不减扬雄，然吝，所以不及古人。"上曰："安石轻富贵，非吝也。"对曰："非此之谓。安石勇于有为，吝于改过。"上颔之。（卷四）

2. 李南式善待参寥

参寥徙兖，布衣李南式，家甚贫，供蔬菽洗补，恩意甚笃。他日为曾子开言之，子开曰："吾辈当为公报之，使知为善之效。"（卷六）

---

① 冒广生补笺：《后山诗注补笺》，上册，14—16页，北京，中华书局，1995。

三、宋元明清各家论陈、曾之关系

宋及金元明清各代均有对陈师道与曾巩关系的论述,现据有关资料,选辑若干条,论述相同或相近的只用最早的;文中已用的,不再采录。

1. 端礼谓公曰:"友人陈师道,南丰曾子固门生也,才高学古,介然不群于俗,今有书令端礼致左右。"公读已,曰:"一言诚足以知人,陈君书词不俗,必贤者也。江君称其不群于俗,某虽未见其人,敢以为信然。某未尝以诗书入京,故不能为谢,子幸致意谢之。"(宋　徐积《节孝集》卷三十一《语录》)

2. 与曾伯端书(节录)　吕居仁作《江西宗派》,既云宗派,固有次第。陈无己本学杜子美,后受知于曾南丰,自言"向来一瓣香,敬为曾南丰"。非其派也。(宋　孙觌《鸿庆居士集》卷十二)

3. 《题秦会之跋后山居士集》　秦会之尝跋《后山居士集》云:曾南丰辟陈无己、邢和叔为英宗皇帝实录检讨。初呈稿,无己便蒙许可。至邢乃遭横笔,微声称"乱道"。余按曾子固(按:曾子固应为曾子开)著《亡兄行述》云,南丰尝为英宗实录检讨官,不逾月而罢,通判越州,而《类稿》中有《鉴湖序》,则熙宁二年也。其后守齐、襄、洪、福、明、亳六州,凡十三年,还朝为中书舍人,才数月,丁母忧,忧未除而卒。是元丰四年也。按谢克家《叙后山居士集》,元祐苏东坡卒,诸侍从荐无己,繇布衣特起为徐州教授,则无己之任,在南丰之殁七八年矣。南丰为检讨官,不逾月,安能辟二公?自熙宁至元祐二十余年,陈无己始入仕,南丰墓木拱矣。会之乃抵牾如此。故事实录有修撰检讨官,国史有编修官,以首相监总一代大册典,朝廷除授,极天下文章之选,非辟阙也。试官考卷与乡先生课试诸生之文,则有横笔,邢和叔造宣仁太后之谤,排王珪,附蔡确,至今人闻其名,往往缩颈。南丰虽作者,敢加横笔于邢和叔之文乎?会之为宰相,乃不知史官非辟阙。既知尊称南丰、无己,而不知二公之先后。又云病起闻鸡唱,不寐,书付埙、堪。余曰:幸付埙、堪,若以示识者,则横笔作微声,如公所云矣。(宋　孙觌《鸿庆居士集》卷三十二)

4. 陈无己《赋宗室画诗》云:"滕王蛱蝶江都马,一纸千金不当价。"又作《曾子固挽词》云:"丘原无起日,江汉有东流。"近世诗人莫及。(宋　许顗《彦周诗话》)

5. 吕舍人作《江西宗派图》,自是云门、临济始分矣。……陈无己诗云:"向来一瓣香,敬为曾南丰。"则陈无己承嗣巩和尚为何疑?余尝以此语客,为林下一笑,无不抚掌。(宋　周紫芝《竹坡诗话》)

6. (陈师道)妾薄命二首　后山自注曰:"为曾南丰作。"按《汉书·许后传》曰:"奈何妾薄命,端遇竟宁前。"故曹植乐府有《妾薄命》篇。"主家十二楼",鲍照《煌煌京洛行》曰:"凤楼十二重。"按《汉书》虽有"五城十二楼",事与此意不同,故不援引，后仿此。"一身当三千"，白乐天诗曰："汉宫佳丽三千人，三千宠爱在一身。"后山以五字导之，语简而意尽。集中如此甚众。"古来妾薄命，事主不尽年。起舞为主寿，相送南阳阡。"言乐未毕而哀继之也。刘禹锡诗："向来行哭里门道，昨夜画堂歌舞人。"后山尽用此意。庄子曰："可以尽年。"《汉书·高帝纪》曰："项伯亦起舞。"刘禹锡《纥那曲》曰："愿郎千万寿，长作主人翁。"陶渊明《挽歌》："向来相送人，各已归其家。"《汉书·原涉传》："涉父为南阳太守，父死，涉大治，起家舍买地开道立表，署曰：南阳阡。""忍著主衣裳，为人作春妍。"此二句及下篇"向来一瓣香，敬为曾南丰"之句，皆以自表，见其不忍更名他师也。乐天《燕子楼》诗曰："钿晕罗衫色似烟，一回看著一潸然。自从不舞《霓裳曲》，叠在空箱得几年。"后山盖用此意而语尤高古。东坡诗云："为人作容姿。""有声当彻天，有泪当彻泉。"刘子安《史通》载温子升永安故事曰："怨痛之响上彻青天。"韩退之诗："上呼无时闻，滴地泪到泉。"《汉书·贾山传》曰："下彻三泉。""死者恐无知"，《家语》："子贡问孔子曰：'死者有知乎？将无知乎？'""妾身长自怜"，谢灵运《铜雀台》诗曰："况乃妾身轻。"《楚辞·九辩》曰："惆怅兮而私自怜。"李太白《去妇词》曰："孤妾长自怜。"世或苦后山之诗，非一过可了，近于枯淡。彼其用意直追《骚》《雅》，不求合于世俗，亦惟恃有东坡、山谷之知也。自此两公外政，使举世无领解者，渠亦安暇恤哉？（宋　任渊《后山诗注》卷一）

7."叶落风不起，山空花自红"两句，曲尽丘原凄惨意象。《文选》潘安仁《悼亡》诗："落叶委埏侧，枯荄带坟隅。"《南史》谢贞诗："风定花犹落。""捐世不待老，惠妾无其终"，《左传》曰："抑君赐不终。"注云："惠赐不终也。""一死尚可忍，百岁何当穷"，忍死尚可，所死实难。诗意谓安得速死以从其主也。《晋宣帝纪》："魏明帝曰：'死乃复可忍，吾忍死待君。'"退之诗："百年未老不得死。""天地岂不宽，妾身自不容"，孟郊诗："出门即有碍，谁谓天地宽。"《庄子》云："不容身于天下。""死者如有知，杀身以相从。向来歌舞地，夜雨鸣寒蛩。"师死而遂背之，读此诗亦少知愧矣。《南史》："范缜曰：'王子知其祖先神灵所在，而不能杀身以从之。'"渊明诗："向来相送人。"老杜诗："回首可怜歌舞地。"《尔雅》曰："蟋蟀，蛩。"（同上）

8. 南丰先生挽词二首　"早弃人间事"，《汉书·张良传》："愿弃人间事，欲从赤松子游耳。""真从地下游"，《汉书·朱云传》："臣得下从龙逢、比干游于地下足矣。"故白乐天《哭刘梦得》诗曰："贤豪虽殁精灵在，应共从之地下游。""丘原无起日"，《礼记·檀弓》："赵文子与叔誉观乎九原，文子曰：'死者如可作也，吾谁与归？'"注云："作，起也。"老杜诗："多病马卿无日起。""江汉有东流"，此言九原虽不可作，而文章之令名常与江汉俱存。老杜所谓"尔曹身与名俱灭，不废江河万古流。"王介甫《赠南丰》诗曰："曾子文章世无有，水之江汉星之斗。"故此引用。"身世从违里",《选》诗曰:"身世两相弃。"又渊明《归去来词》曰:"世与我而相违。"退之诗:"观以彝训或从违。"南丰仕宦不偶,晚得掌诰以忧去,遂死。盖从违各半也。"功言取次休",《左传》:"穆叔曰:'太上有立德,其次有立功,其次有立言。'"《晋书·杜预传》:"预常言:'德不可以企及,立功立言可庶几也。'""不应须礼乐,始作后程仇",后山自谓也。《文中子》卷末载:"魏征曰:'大业之际征也。'尝与诸贤侍,文中子谓征及房杜曰:'先辈虽聪明特达,然非董、薛、程、仇之比,虽逢明主,必愧礼乐。'"按,程元、仇璋皆文中子高弟,后山自谓其材本自不及程仇,不待议礼乐,而判优劣也。"精爽回长夜",《左传》曰:"心之精爽是谓魂魄。"王仲宣诗:"长夜何冥冥。""衣冠出广庭",谓丧事陈衣也。"勋庸留琬琰,形像付丹青",《周礼》:"王功曰勋,民功曰庸。"明皇《孝经序》曰:"写之琬琰,庶有补于将来。"老杜诗:"形像丹青逼。"王介甫作苏才翁挽词曰:"音容归绘画,才业付儿孙。""道丧余篇翰,人亡更典型",老杜诗:"磨灭余篇翰。"《诗》云:"人之云亡,邦国殄瘁。"又曰:"虽无老成,尚有典刑。""侯芭才一足,白首《太玄经》",亦后山自谓也。《扬雄传》:"巨鹿侯芭常从雄居,受其《太玄》《法言》。"《吕氏春秋》:"鲁哀公问于孔子曰:'乐正夔一足信乎?'"李太白诗:"谁能书阁下,白首《太玄经》。"(同上)

9. 观欧文忠公家六一堂图书　欧阳文忠封兖国。"生世何用早,我已后此翁",柳子厚《答袁饶州论陆先生春秋书》曰:"若吾生前距此数十年,则不得是学矣。今适后之不为不遇也。"此句颇用其意,且为下句张本。曹子建《求自试表》曰:"士之生世,入则事父,出则事君。""颇识门下士",南丰、东坡皆六一门下士,东坡《送曾子固》诗曰:"醉翁门下士,杂沓难为贤。""略已闻其风",《庄子·杂篇》曰:"墨翟禽滑厘闻其风而悦之。"……"素琴久绝弦",《晋书·陶潜传》:"蓄素琴一张,弦徽不具。"《韩诗外传》:"钟子期死,伯牙擗琴绝弦。""棋酒颇阙供",自"集古一千卷"以下至此,已见前卷《赠叔弼》诗。《春明退朝录》曰:"宗衮尝言律,云可从而违。堪供而阙,亚六经之文。"《明皇幸蜀记》:"韦谔曰:'先无阙拟,又恐阙供。'"此借用。"向来一瓣香,敬为曾南丰。世虽嫡孙行","向来"见上注诸方开堂至第三。"瓣香",推本其得法所自,则云:"此一瓣香,敬为某人"云云。曾巩子固,建昌南丰人,于欧公犹宗门中嫡子,而后山又师南丰,乃其孙也。后山以东坡荐得官,作此诗时,东坡正为郡守,终无少贬阿附之意,可谓特立之士矣,然亦知东坡之大,必能受之也。"名在恶子中",此后山自贬损也。《前汉·尹赏传》:"赏为长安令,举长安中轻薄少年恶子悉籍记之。""斯人日已远,千岁幸一逢",老杜诗:"古人日已远,青史字不泯。"东坡《答舒焕书》云:"欧阳公,天人也。天之生斯人,意其甚难,非且使之休息千百年恐未能复生斯人也。""吾老不可待,草露湿寒蛩","草露湿寒蛩",自言哀伤之意寄于诗什,如秋虫之悲鸣也。欧公诗盖云:"堪笑区

区郊与岛,萤飞湿露吟秋草。"老杜诗:"草露亦多湿。"(同上)

10. 陈无己平生尊黄鲁直,末年乃云:"向来一瓣香,敬为曾南丰。"南丰人或疑之,不知曾子固出欧公之门,后山受业南丰。此诗乃颖州教授时观六一堂图书作,为南丰先生烧香,宜哉。(宋　朱翌《猗觉寮杂记》上)

11. 陈后山学文于南丰学诗于山谷儒学本作陈后山之学　陈后山学文于曾子固,学诗于黄鲁直,尝有诗云:"向来一瓣香,敬为曾南丰。"然此香独不为鲁直,何也?(宋　陈善《扪虱新话》卷九)

12. 陈无己字称欧阳公　陈无己作《平甫文集后序》,以字称欧阳文忠公,至曾子固,则曰"南丰先生",又曰"先生之后陈师道"。呜呼!无己学于南丰,尊之宜矣!然尊其父而轻其祖,何也?唐立夫曰:"四海欧阳永叔也,无己何尊焉?至于得道之师,则不可以不别。"(宋　周必大《二老堂杂志》卷四)

13. 广又问:"后山文如何?"曰:"后山煞有好文字,如《黄楼铭》《馆职策》皆好。"又举数句,说人不怨暗君、怨明君处,以为说得好。广又问:"后山是宗南丰文否?"曰:"他自说曾见南丰于襄、汉间。后见一文字,说南丰过荆、襄,后山携所作以谒之,南丰一见爱之,因留款语,适欲作一文字,事多,因托后山为之,且授以意。后山文思亦涩,穷日之力方成,仅数百言。明日,以呈南丰,南丰云:'大略也好,只是冗字多,不知可为略删动否?'后山因请改窜。但见南丰就坐,取笔抹数处,每抹处连一两行,便以授后山。凡削去一二百字。后山读之,则其意尤完,因叹服,遂以为法。所以后山文字简洁如此。"广因举秦丞相教其子孙作《文说》,中说后山处。曰:"他都记错了。南丰入史馆时,止为检讨官,是时后山尚未有官。后来入史馆,尝荐邢和叔,虽亦有意荐后山,以其未有官而止。"广、扬录云:"秦作《后山叙》,谓南丰辟陈为史官,陈元祐间始得官,秦说误。(宋　朱熹《朱子语类》卷一百三十九)

14. 问:"尝闻南丰令后山一年看《伯夷传》,后悟文法,如何?"曰:"只是令他看一年,则自然有得意处。"(同上)

15. 题六君子古文后(节录)　古不以文名,而其文垂后,邈不可及。……南丰之密而古,后山之奇而古,是皆可仰可师。(宋　陈造《江湖长翁文集》卷三十一)

16. 陈师道在同时四人中,惟诗推敬黄庭坚,若文学识尚自视非其辈伦,言论未尝及也。所师独曾巩,至与孔子同称,欧、苏皆不满也。(宋　叶适《水心先生文集》卷五十)

17. 大田王老先生讳象祖,字德甫,尝以文见水心。……予弱冠时,尝投以书。答书云:"文字之趋日靡矣。皇朝文统大,而欧、苏、曾、王次,而黄、陈、秦、晁、张皆卓然名家,辉映千古。……"(宋　车若水《脚气集》)

18. 妾薄命二首　后山自注云："为曾南丰作。"天社任渊云："按《汉书·许后传》曰：'奈何妾薄命，端遇竟宁前。'故曹植乐府有《妾薄命篇》。"谢叠山云："元丰间，曾巩修史，荐后山有道德，有史才，乞自布衣召入史馆。命未下而曾去，后山感其知己，不愿出他人门下，故作《妾薄命》。巩，南丰人，欧阳公之客。后山尊之，号曰'南丰先生'。"其一："主家十二楼，一身当三千。古来妾薄命，事主不尽年。起舞为主寿，相送南阳阡。忍著主衣裳，为人作春妍。有声当彻天，有泪当彻泉。死者恐无知，妾身长自怜。"谢叠山云："'主家十二楼，一身当三千。'十二楼，言粉白黛绿，列屋而闲居者颇多也。妙在'当'字，言其专房之宠也。"任天社云："白乐天诗云：'汉宫佳丽三千人，三千宠爱在一身。'后山以五字道之，语简而意尽。"又云："'忍著主衣裳，为人作春妍。'此句与下篇'向来一瓣香，敬为曾南丰'之句，皆以自表，见其不忍更名他师也。"其二："叶落风不起，山空花自红。捐世不待老，惠妾无其终。一死尚可忍，百岁何当穷。天地岂不宽，妾身自不容。死者如有知，杀身以相从。向来歌舞地，夜雨鸣寒蛩。"谢叠山云："'叶落风不起'，如李太白诗'雨落不上天，覆水难重收'。此意谓人才凋零，如秋风扫败叶，叶已坠地，虽有风，不能吹之上树矣。此言人之云亡，邦国殄瘁，世道日降，人物随之，更不可扶持兴起也。'山空花自红'，意谓有松柏、杞梓、楩楠、豫章栋梁之材，始可谓之山。今山无林木，徒有野花自红，不成山矣。正如朝廷无支撑世道之人，班行寂寥，惟有富贵之士，随时苟禄，不成朝廷矣。'捐世不待老，惠妾无其终。'此二句无限意味。后山亦自叹南丰荐引虽力而未遂，不期南丰死之速也。"任天社云："'一死尚可忍，百岁何当穷。'言忍死尚可，祈死实难。意谓安得速死，以从其主也。师死而遂背之，读此诗者，亦少知愧矣。"（宋　蔡正孙《诗林广记》后集卷六）

19. 南丰先生挽词二首　其一："早弃人间事，真从地下游。丘原无起日，江汉有东流。身世从违里，功言取次休。不应须礼乐，始作后程仇。"任天社云："'丘原无起日，江汉有东流。'此言九原虽不可作，而文章之令名，当与江汉俱存。老杜所谓：'尔曹身与名俱灭，不废江河万古流。'王介甫曾有《赠南丰》诗曰：'曾子文章世无有，水之江汉星之斗。'故此引用。末句乃后山自谓也。《文中子》卷末载：魏征曰：'大业之际，征也尝与诸贤侍。文中子谓征及房、杜曰："先辈虽聪明特达，然非董、薛、程、仇之比。虽逢明主，必愧礼乐。"'按：程元、仇璋皆文中子高弟。后山自谓其材本不及程、仇，不待议礼乐而判优劣也。"《许彦周诗话》云："无己作《曾子固挽词》云：'丘原无起日，江汉有东流。'近世诗人莫及也。"其二："精爽回长夜，衣冠出广廷。勋庸留琬琰，形像付丹青。道丧余篇翰，人亡更典刑。侯芭才一足，白首《太玄经》。"任天社云："末句亦后山自谓也。《扬雄传》：'钜鹿侯芭，常从雄居，受其《太玄》《法言》'。《吕氏春秋》：'鲁哀公问于孔子，曰："乐正夔，一足

矣。'李太白诗：'谁能书阁下，白首《太玄经》。'"（同上）

20. 观充文忠公家六一堂图书　"生世何用早，我已后此翁。……向来一瓣香，敬为曾南丰。……"任天社云："……"又云："南丰、东坡皆六一门下士。南丰修史荐后山，以布衣入史馆，命未下而曾去国，后以东坡荐得官。此诗云：'向来一瓣香，敬为曾南丰。'后山虽感东坡而不以为知己。作此诗时，东坡正为郡守，终无少贬阿附之意，可谓特立之士矣。然亦知东坡之大，必能受之也。"（同上）

21. 陈无己后山集（节录）　晁氏曰：陈师道无己，彭城人，少以文谒南丰；南丰一见奇之，许其必以文著。（宋　马端临《文献通考》卷二百三十七　经籍六十三）

22. 神宗患本朝《国史》之繁，尝欲重修《五朝正史》，通为一书。命曾子固专领其事，且诏自择属官。以彭城陈师道应诏，朝廷以布衣难之。未几，撰《太祖皇帝总叙》一篇以进，请系之《太祖本纪》篇末，以为《国史》书首。其说以为太祖大度豁如，知人善任，使与汉高祖同，而汉祖所不及者，其事有十，因具论之，累二千余言。神宗览之不悦，曰："为史但当实录以示后世，亦何必区区与先代帝王较优劣乎？且一篇之赞已如许之多，成书将复几何？"于是书竟不果成。（宋　徐度《却扫编》卷中）

23. 读筼窗荆溪集跋（节录）　《续稿》学水心文，造语用字全似蹈袭，则不可矣。……陈后山学南丰文、山谷诗，不如此模仿也。（元　方回《桐江集》卷三）

24. 读后山诗感其获遇山谷（节录）　后山为文早师南丰。（同上卷五）

25. 后山地位去豫章不远，后山文师南丰，诗师山谷，故后山诗文高妙一世。（元　王构《修辞鉴衡》卷一）

26. 陈师道，字履常，一字无己，彭城人。少而好学苦志，年十六，早以文谒曾巩，巩一见奇之，许其以文著，时人未之知也，留受业。熙宁中，王氏经学盛行，师道心非其说，遂绝意进取。巩典五朝史事，得自择其属，朝廷以白衣难之。……尝铭黄楼，曾子固谓如秦石。……官颍时，苏轼知州事，待之绝席，欲参诸门弟子间，而师道赋诗有"向来一瓣香，敬为曾南丰"之语，其自守如是。（元　脱脱《宋史》卷四百四十四）

27. 后山不背南丰　陈后山少为曾南丰所知，东坡爱其才，欲牢笼于门下，不屈，有"向来一瓣香，敬为曾南丰"之句。又《妾薄命》云："主家十二楼，一身当三千。忍著主衣裳，为人作春妍。"亦为南丰作。然《送东坡》则云："一代不数人，百年能几见？风帆目力尽，江空岁年晚。"推重向慕甚至，特不肯背南丰尔，志节可尚也。一生清苦，妻子寄食外家，《寄外舅郭大夫》云："嫁女不离家，生男已当户。"《得家信》云："深知报消息，不敢问何如？"况味可知也。诗格极高。吕本中选江

西宗派,以嗣山谷,非一时诸人所及。(明 瞿佑《归田诗话》卷中)

28. 陈后山先生诗引(节录) 公字无己,讳师道,后山其号也。……业曾子固之门,甚奇之。元丰间,神宗曾敕曾典史牒事,曾谓编史任重,荐公为属,朝廷以布衣难之,方复请,而以忧去。(明 潘是仁《陈后山诗集》卷首)

29. 答陈人中论文书(节录) 宋自欧、曾、苏、王外,如贡父、原父、师道、少游、补之、同甫、文潜、少蕴数君子,皆卓卓名家。(明 艾南英《天佣子集》卷五)

30. 《猗觉寮记》云:陈后山平生尊黄山谷,末年乃云:"向来一瓣香,敬为曾南丰。"人或疑之,非也。无己少学文于子固,后学诗于鲁直,各有师承。是诗(《观兖文忠公六一堂图书》)又有句云:"世虽嫡孙行,名在恶子中。"又《与林秀州书》云:"有闻于南丰先生,不敢不勉。"《答晁深之书》云:"始仆以文见南丰,辱赐以教。"云云。又《妾薄命》二篇,至有"杀身以相从"之语,自注"为曾南丰作",其推尊至矣。……(清 王士禛《带经堂诗话》卷六《题识类》)

31. 南丰究不以诗见长,此因后山之故,而党及南丰,纯是门户之见。(清 纪昀《唐宋诗三千首》卷十六 节序类《上元》批语)

32. 二诗(按:指陈师道《南丰先生挽词》二首)俱沉着。后山之于南丰,其分本深,故挽歌不似酬应。(同上卷四十九 伤悼类《南丰先生挽词》批语)

33. 《南丰先生挽词》 冯班评:("早弃人间事"二句)后山不通至此乎?("丘原无起日"二句)亦伟拓。("勋庸留琬琰"二句)俗平。("侯芭才一足"二句)不通。(清 冯舒、冯班、何焯评阅《瀛奎律髓》卷四十九伤悼类)

34. 予读陈后山集……如《观六一堂图书》云:"谁为第一手,未有百世公。"谓公论也,韵似歇脚。又云:"平生一瓣香,敬为曾南丰。世虽嫡孙行,名在恶子中。"谓曾为六一门人,己又师曾,如子之子为孙也。称谓殊太过,以"恶子"自谦尤不伦,门户之见深,不自知其言之卑矣。(清 潘德舆《养一斋诗话》卷六)

35. 《妾薄命二首》 琵琶不可别抱,而天地不可容身,虽欲不死何为,二诗脉理相承,最为融洽。(清 范大士《历代诗发》第二十五宋)

36. 后山集序(节录) ……至其古文雅健峻洁,能探古人之关键,其于南丰骎骎乎登其堂而窥其交奥矣。第以其素嗜释氏之学,差不及南丰之湛深经术尔。(清 王原《赵骏烈刻本〈后山集〉》卷首)

37. 又案:彭城陈后山名师道,字履常,一字无己,好学苦志,以文谒曾子固,子固为点去百十字,文约而义意加倍。后山大服,坡公知颍日待之厚,欲参诸门弟子间,后山赋诗有"向来一瓣香,敬为曾南丰"之语,其倾倒于子固如此。(清 杨希闵《乡诗摭谈正集》卷三)

第二节　陈师道与苏轼

一、陈师道与苏轼交往系年

宋仁宗景祐三年丙子(1036年)

苏轼生,一岁。景祐三年十二月十九日苏轼生于今四川省眉山县沙縠行,字子瞻,号东坡、坡仙、苏仙、眉阳居士、东坡居士、东坡道人、玉局老等,赐谥文忠。

苏轼七岁始读书,八岁入小学。苏轼自言:"轼七八岁时,始知读书。"[①]又:"眉山道士张易简教小学,常百人,予幼时亦与焉。居天庆观北极院,予盖从之三年。"[②]其母程氏亲授苏轼、苏辙兄弟以书,并以气节励二子。《程夫人墓志铭》:"夫人喜读书,皆识其大义。轼、辙之幼也,夫人亲教之……每称引古人名节以励之,曰:'汝果能死直道,吾无戚焉。'"[③]故苏轼少即奋励有当世志。《次韵柳子玉过陈绝粮》其二曰:"早岁便怀齐物志。"[④]十六岁前,苏轼一直居家读书。

苏辙小苏轼三岁,生于仁宗宝元二年(1039年),字子由,号乐轩长老、颍滨遗老、栾城公等,赐谥文定。苏辙六岁时入学,从兄读书,自是至出蜀,未尝相舍。《栾城集》卷七《逍遥堂会宿》引:"辙幼从子瞻读书,未尝一日相舍。"[⑤]

仁宗皇祐四年壬辰(1052年)

苏轼十七岁,苏辙十四岁,居家读书。

陈师道生,一岁,字履常,一字无己,号后山。《御书记》云:"臣生于皇祐四年。"[⑥]其出生地在徐州或可能在其父任所雍丘(今河南杞县)。

神宗熙宁十年丁巳(1077年)

苏轼四十二岁。苏轼自嘉祐二年丁酉(1057年)与其弟苏辙应省试,一同中

[①] 苏轼:《上梅直讲书》,见孔凡礼点校《苏轼文集》,第4册,1386页,北京,中华书局,1986。
[②] 苏轼:《众妙堂记》,见孔凡礼点校《苏轼文集》,第2册,361页,北京,中华书局,1986。
[③] 《程夫人墓志铭》,转引自孔凡礼《三苏年谱》,第1册,81页,北京,北京古籍出版社,2004。
[④] 王文诰辑注:《苏轼诗集》,第1册,275页,北京,中华书局,1982。
[⑤] 苏辙:《逍遥堂会宿》,见《栾城集》上册,158页,上海,上海古籍出版社,1987。
[⑥] 陈师道:《后山居士文集》,下册,710—711页,上海,上海古籍出版社,1984。

进士第。同科有曾巩、程颢、张载等。叶梦得《石林诗话》卷下云:"至和、嘉祐间,场屋举子为文尚奇涩,读或不能成句。欧阳文忠公力欲革其弊,既知贡举,凡文涉雕刻者,皆黜之。……是榜得苏子瞻(轼)为第二人,子由(辙)与曾子固(巩)皆在选中,亦不可谓不得人矣。"①当年苏轼即除大理评事签凤阳府判官,其后入直史馆(治平三年丙午,1066年)。《苏轼墓志铭》:"英宗在藩闻公名,欲以唐故事召入翰林,宰相限以近例,欲召试秘阁……及试二论,皆入三等,得直史馆。"②又授官告院,兼判尚书祠部(熙宁二年乙酉,1069年)。《宋史·苏轼传》:"熙宁二年,还朝。王安石执政,素恶其议论异己,以判官告院。"③又为杭州通判(杭倅 熙宁四年辛亥,1071年)。《佚文汇编》卷四《与子明》第六简:"轼近乞外补,蒙恩除杭倅□阙。"④又移知密州(熙宁六年癸丑,1073年)。到熙宁十年丁巳(1077年),即本年,苏轼知徐州。《实录》:"熙宁十年二月癸巳,尚书祠部员外郎、直史馆、权知河中府苏轼知徐州。"⑤四月二十一日,苏轼到徐州,其弟苏辙亦随到。有《徐州谢上表》(《苏轼文集》卷二十三),《徐州谢两府启》(《苏轼文集》卷四十六)。

苏辙与苏轼同科中进士后,授秘书省校书郎,充商州军事推官(嘉祐六年,1061年),又为陈州教授(熙宁三年,1070年),又改齐州掌书记(熙宁六年,1073年)。当苏轼改知徐州时,苏辙自京师迎轼,同到徐州,在徐百余日,于八月十六日离徐赴南京(今河南商丘)留守签判任。

苏轼、苏辙在徐始与陈师仲(传道)、陈师道(履常)兄弟相识。苏轼《答陈师仲主簿书》:"曩在徐州,得一再见。"⑥苏辙《答徐州陈师仲书》其一:"去年辙从家兄游徐州,君兄弟始以客来见,一揖而退,漠然不知君之胸中也。既而闻之君之乡人,君力学行义,不妄交游,既已中心异之。"⑦二苏之书,皆叙今年事。苏轼的书中有"先吏部诗,幸得一观,辄题数字,继诸公之后"语,"先吏部"是指陈师道的祖父陈泊,再据苏轼的《题陈吏部诗后》:"故三司副使吏部陈公,轼不及见其人。……元丰四年十一月廿二日,眉阳苏轼。"则知此书是写于元丰四年(1081年)。苏辙的书言"去年辙从家兄游徐州",则知是写于元丰元年(1078年)。从苏辙答

---

① 吴文治主编:《宋诗话全编》,第3册,2706页,南京,凤凰出版社,1998。
② 见孔凡礼《三苏年谱》第1册,461页,北京,北京古籍出版社,2004。
③ 《宋史》卷三三八《苏轼传》,见《二十五史》第8册《宋史》下,1218页,上海,上海古籍出版社,1986。
④ 孔凡礼点校:《苏轼文集》,第6册,2520页,北京,中华书局,1986。
⑤ 见孔凡礼《三苏年谱》第2册,916页,北京,北京古籍出版社,2004。
⑥ 苏轼:《答陈师仲主簿书》,见孔凡礼点校《苏轼文集》,第4册,1428页,北京,中华书局,1986。
⑦ 苏辙:《栾城集》,上册,490页,上海,上海古籍出版社,1987。

陈师仲的信中可知,二陈拜苏,"一揖而退",且"不妄交游",似少再接触。故二苏初在徐时,观试剑石、游百步洪、登云龙山,陈氏兄弟与他们均少唱和。但苏轼曾为陈师道讲述过关朗(子明)的《易传》等乃阮逸伪撰。陈师道的《后山谈丛》"阮逸作伪书"条曰:"世传《王氏元经薛氏传》《关子明易传》《李卫公对问》皆阮逸所著,逸以草示苏明允,而子瞻言之。"①又《春渚纪闻》卷五《古书托名》亦曰:"先君为武学传授日,被旨校正武举孙吴等七书。先君言,《六韬》非太公所作,内有考证处,先以禀司业朱服,服言,此书行之已久,未易遽废也。又疑《李卫公对问》亦非是。后为徐州教授,与陈无己为交代。陈云,尝见东坡先生言,世传王氏《元经》《薛氏传》、关子明《易传》《李卫公对问》,皆阮逸著撰。逸尝以草示奉常公也。"②

陈师道二十六岁。陈师道少时即随父在任所,或雍丘,或汧阳(今陕西汧阳),或开封,或金州。到熙宁九年(1076年),陈师道随父居雍丘,当年四月二十三日,其父卒于任所。陈师道扶丧回徐州。本年,陈师道在家守制时,与其兄陈师仲同往见苏轼兄弟。

陈师道《秦少游字序》曰:"熙宁、元丰之间,眉苏公之守徐,余以民事太守,间见如客。"③

神宗元丰元年戊午(1078年)

苏轼四十三岁,知徐州。自去年七月十七日,黄河决于澶州曹村埽,八月二十一日,黄河水及徐州城,到九月九日,水穿城下,泥满城头。苏轼率民抗洪,筑长堤,发公廪,济困穷,庐于城上。至十月初,河复故道,城全民安。到今年,为纪念去年抗洪,苏轼于徐州城东筑黄楼,八月十二日,楼成。九月九日重阳,苏轼大合乐以庆黄楼之成。苏辙作《黄楼赋》并叙,曰:"熙宁十年秋七月乙丑,河决于澶渊,东流入巨野,北溢于济,南溢于泗。八月戊戌,水及彭城下。余兄子瞻适为彭城守。水未至,使民具畚锸、畜土石、积刍茭、完室隙穴,以为水备,故水至而民不恐。自戊戌至九月戊申,水及城下者二丈八尺,塞东西北门,水皆自城际山,雨昼夜不止。子瞻衣制履屦,庐于城上,调急夫,发禁卒以从事,令民无得窃出避水。以身帅之,与城存亡,故水大至而民不溃。方水之淫也,汗漫千余里,漂庐舍,败冢墓,

---

① 陈师道:《后山谈丛》卷二,见朱易安等主编《全宋笔记》,第 2 编,第 6 册,90 页,郑州,大象出版社,2006。
② 何薳:《春渚纪闻》,73 页,北京,中华书局,1983。
③ 陈师道:《后山居士文集》,下册,723 页,上海,上海古籍出版社,1984。

老弱蔽川而下,壮者狂走,无所得食,槁死于丘陵林木之上。子瞻使习水者浮舟楫、载糗饵以济之,得脱者无数。水既涸,朝廷方塞澶渊,未暇及徐。子瞻曰:'澶渊诚塞,徐则无害。塞不塞,天也,不可使徐人重被其患。'乃请增筑徐城,相水之冲,以木堤捍之。水虽复至,不能以病徐也。故水既去,而民益亲。于是即城之东门为大楼焉,垩以黄土,曰:'土实胜水。'徐人相劝成之。辙方从事于宋,将登黄楼,览观山川,吊水之遗迹,乃作黄楼之赋。其辞曰:子瞻与客游于黄楼之上,客仰而望、俯而叹曰:'噫嘻殆哉!在汉元光,河决瓠子,腾蹙巨野,衍溢淮、泗、梁、楚受害二十余载。下者为污泽,上者为沮洳。民为鱼鳖,郡县无所。天子封祀泰山,徜徉东方,哀民之无辜,流死不藏,使公卿负薪以塞。宣房《瓠子之歌》,至今伤之。嗟维此邦,俯仰千载。河东顿而南泄,蹈汉世之遗害。包原隰而为一,窥吾牖之摧败。吕梁龃龉,横绝乎其前;四山连属,合围乎其外。水洄洑而不进,环孤城以为海。舞鱼龙于隍壑,阅帆樯于睥睨。方飘风之迅发,震鞞鼓之惊骇。诚蚁穴之不救,分闾阎之横溃。幸冬日之既迫,水泉缩以自退。栖流槎于乔木,遗枯蚌于水裔。听澶渊之奏功,非天意吾谁赖?今与我公,冠冕裳衣,设几布筵,斗酒相属,饮酣乐作,开口而笑,夫岂偶然也哉!'子瞻曰:'今夫安于乐者,不知乐之为乐也,必涉于害者而后知之。吾尝与子凭兹楼而四顾,览天宇之宏大。缭青山以为城,引长河而为带。平皋衍其如席,桑麻蔚乎旆旆。画阡陌之纵横,分园庐之向背。放田渔于江浦,散牛羊于烟际。清风时起,微云霢霂。山川开阖,苍莽千里。东望则连山参差,与水皆驰。群石倾奔,绝流而西。百步涌波,舟楫纷披,鱼鳖颠沛,没人所嬉。声崩震雷,城堞为危。南望则戏马之台,巨佛之峰,岿乎特起。下窥城中,楼观翱翔,巍峨相重。激水既平,眇莽浮空。骈洲接浦,下与淮通。西望则山断为玦,伤心极目。麦熟禾秀,离离满隰。飞鸿群往,白鸟孤没。横烟淡淡,俯见落日。北望则泗水洑漫,古汴入焉,汇为涛渊,蛟龙所蟠。古木蔽空,乌鸟号呼。贾客连樯,联络城隅。送夕阳之西尽,导明月之东出。金钲涌于青嶂,阴氛为之辟易。窥人寰而直上,委余彩于沙碛,激飞楹而入户,使人体寒而战栗。息洶洶于群动,听川流之荡潏。可以起舞相命,一饮千石,遗弃忧患,超然自得。且子独不见夫昔之居此者乎?前则项籍、刘戊,后则光弼、建封。战马成群,猛士成林。振臂长啸,风动云兴。朱阁青楼,舞女歌童。势穷力竭,化为虚空。山高水深,草生故墟。盖将问其遗老,既已灰灭而无余矣。故吾将与子,吊古人之既逝,闵河决于畴昔。知变化之无在,付杯酒以终日。'于是众客释然而笑,颓然而就醉。河倾月堕,携扶而出。"①

---

① 苏辙:《栾城集》,上册,417—419 页,上海,上海古籍出版社,1987。

苏轼非常高兴,以为"子由之文实胜仆,而世俗不知,乃以为不如。其为人深不愿人知之,其文如其为人,故汪洋淡泊,有一唱三叹之声。而其秀杰之气,终不可没。作《黄楼赋》,乃稍自振厉,若欲以警发愤愦者。而或者便谓仆代作,此尤可笑"①。遂为之刻石,并以绢亲书之。《书子由黄楼赋后》曰:"子城之东门,当水之冲,府库在焉。而地狭不可以为瓮城,乃大筑其门,护以砖石。府有废厅事,俗传项籍所作,而非也。恶其淫名无实,毁之,取其材为黄楼东门之上。元丰元年八月癸丑,楼成。九月庚辰,大合乐以落之。始余欲为之记,而子由之赋已尽其略矣,乃刻诸石。"②

又有诗《九日黄楼作》:"去年重阳不可说,南城夜半千沤发。水穿城下作雷鸣,泥满城头飞雨滑。黄花白酒无人问,日暮归来洗靴袜。岂知还复有今年,把盏对花容一呷。莫嫌酒薄红粉陋,终胜泥中千柄锸。黄楼新成壁未干,清河已落霜初杀。朝来白露如细雨,南山不见千寻刹。楼前便作海茫茫,楼下空闻橹鸦轧。薄寒中人老可畏,热酒浇肠气先压。烟消日出见渔村,远水鳞鳞山齾齾。诗人猛士杂龙虎,楚舞吴歌乱鹅鸭。一杯相属君勿辞,此景何殊泛清霅。"③

又有《黄楼致语口号》:"百川反壑,五稼登场。初成百尺之楼,适及重阳之会。高高下下,既休畚锸之劳;岁岁年年,共睹荣萸之美。恭惟知府学士,民人所恃,忧乐以时。度余力而取羡材,因备灾而成胜事。起东郊之壮观,破西楚之淫名。宾客如云,来四方之豪杰;鼓钟殷地,竦万目之观瞻。实与徐民,长为佳话。 一新柱石壮岩闉,更值西风落帽辰。不用游从夸燕子,直将气焰压波神。山川尚绕当时国,城郭犹飘广陌尘。谁凭阑干赏风月,使君留意在斯民。"④

本年,苏辙有前引之《答徐州陈师仲书》。苏辙除了《黄楼赋》外,其在徐期间还写了数篇有关徐州的诗文,如《陪子瞻游百步洪》《逍遥堂会宿二首》《过张天骥山人郊居》《初发彭城有感寄子瞻》《彭城汉祖庙试剑石铭并叙》《徐州汉高帝庙祈晴文代子瞻》等。其后写到徐州的诗文尚有《中秋见月寄子瞻》("西风吹暑天益高,明月耿耿分秋毫。彭城闭门青嶂合,卧听百步鸣飞涛。使君携客登燕子,月色着人冷如水。筵前不设鼓与钟,处处笛声相应起。浮云卷尽流金丸,戏马台西山郁蟠。杯中渌酒一时尽,衣上白露三更寒。扁舟明日浮古汴,回首逶巡陵谷变。河吞巨野入长淮,城没黄流只三版。明年筑城城似山,伐木为堤堤更坚。黄楼未

---

① 孔凡礼点校:《苏轼文集》,第4册,1427页,北京,中华书局,1986。
② 孔凡礼点校:《苏轼文集》,第5册,2062页,北京,中华书局,1986。
③ 王文诰辑注:《苏轼诗集》,第3册,868—869页,北京,中华书局,1982。
④ 王文诰辑注:《苏轼诗集》,第7册,2509—2510页,北京,中华书局,1982。

成河已退,空有遗迹令人看。城头见月应更好,河流深处今生草。子孙幸免鱼鳖食,歌舞聊宽使君老。南都从事老更贫,羞见青天月照人。飞鹤投笼不能出,曾是彭城坐中客。"①)《次韵子瞻人日猎城西》("将贤士气振,令肃军声悄。晨登戏马台,一试胡骐裹。"②)《送将官欧育之徐州》("轻衫骏马走春风,未识彭城气象雄。青山只在白门外,明月尽属黄楼中。"③)《和子瞻自徐移湖将过宋都途中见寄五首》(其一:"东武厌尘土,彭门富溪山。从兄百日留,退食同跻攀。轻帆过百步,船底惊雷翻。肩舆上南麓,眼界涵川原。爱此忽忘归,愿见且三年。我去已匆匆,兄来亦崩奔。永情置酒地,绕郭多云烟。"其二:"我昔去彭城,明日河流至。不见五斗泥,但见三竿水。惊风郁飚怒,跳沫高睥睨。潋滟三月余,浮沉一朝事。分将食鱼鳖,何暇顾邻里?悲伤念遗黎,指顾出完垒。缭堞对连山,黄楼丽清泗。功成始逾岁,脱去如一屣。空使西楚氓,欲语先垂涕。"其三:"千金筑黄楼,落成费百金。谁言史君侈,聊慰楚人心。高秋吐明月,白璧悬青岑。晃荡河汉高,恍恨窗户深。邀我三日饮,不去如笼禽。史君今吴越,虽往将谁寻。"其四:"欲买尔家田,归种三顷稻。因营山前宅,遂作泗滨老。奇穷少成事,饱暖未应早。愿输囊中装,田家近无报。平生百不遂,今夕一笑倒。它年数亩宫,悬知迫枯槁。"其五:"梁园久芜没,何以奉君游?故城已耕稼,台观皆荒丘。池塘尘漠漠,雁鹜空迟留。俗衰宾客尽,不见枚与邹。轻舟舍我南,吴越多清流。"④)以及《次韵刘贡父登黄楼怀子瞻二首》《送王适徐州赴举》《答徐州教授李昭玘书》等。

《宋史·苏辙传》曰:"苏辙,字子由,年十九,与兄轼同登进士科,又同策制举。……政和二年卒,年七十四,追复端明殿学士。淳熙中,谥文定。辙性沉静简洁,为文汪洋淡泊,似其为人不愿人知之,而秀杰之气终不可掩其高处,殆与兄轼相迫。所著《诗传》《春秋传》《古史》《老子解》《栾城文集》并行于世。"⑤

陈师道二十七岁,仍家居。当予苏轼九月九日黄楼之会。据苏轼《九日黄楼作》自注:"坐客三十余人,多知名之士。"⑥故应苏轼之命作《黄楼铭》:"熙宁十年,京东路安抚使臣某、转运使臣某、判官臣某稽首言:河决澶州,南倾淮泗,彭城

---

① 苏辙:《栾城集》,上册,183页,上海,上海古籍出版社,1987。
② 苏辙:《栾城集》,上册,194页,上海,上海古籍出版社,1987。
③ 苏辙:《栾城集》,上册,196页,上海,上海古籍出版社,1987。
④ 苏辙:《栾城集》,上册,199页,上海,上海古籍出版社,1987。
⑤ 《宋史》卷三三九《苏辙传》,见《二十五史》第8册《宋史》下,1220、1222页,上海,上海古籍出版社,1986。
⑥ 王文诰辑注:《苏轼诗集》,第3册,869页,北京,中华书局,1982。

当其冲。夹以连山,扼以吕梁,流泄不时,盈溢千里,平地水深丈余。下顾城中,井出脉发。东薄两隅,西入通洫,南坏水垣,土恶不支,百有余日而后已。守臣苏轼深惟流亡为天子忧,夙夜不怠,以劳其人,兴发戍兵,固敝应卒。外为长楗,乘高如虹,以杀其怒;内为大堤,附城如环,以待其溃。筑二防于南门之外,以通南山,以安危疑。发仓庾,明劝禁,以惠困穷,以督盗贼。宣布恩泽,巡行内外,吏民向化,兴于事功。法施四邑,诚格百神,可谓有功矣。宜有褒嘉,以劝郡县。十月二日甲子奏京师,明年元丰,正月甲子,制诰谕意。臣轼惟念祗承谟训,人神同力,敢自为功,以速大戾!而明扬褒大,无以报称,乃作黄楼于东门,具刻明诏,以承天休而有德意,使其客陈师道又为之铭。臣师道伏惟吕尚、南仲内抚百姓,外平诸侯,《诗》美文武;尹甫、召虎南伐淮夷,北伐猃狁,功歌宣王。君能使人以尽其才,臣能有功以报其上,古之义也。臣师道又惟感而通之者道也,行而化之者德也,制法明教者政也,治人成功者事也。昔之诗人,歌其政事,则并其道德而传之,后王有作,可举而行。顾臣之愚,何与于此,诚乐君臣之尽道云。忘其不佞,冒死上《黄楼铭》。其词曰:皇治惟成,修明法度,协和阴阳。十有一年,天灾时行,河失其防。齐鲁梁楚,千里四远,溃乱散亡。皇仁隐忧,临遗信臣,以惠东方。嬴老不穷,安慰抚养,发散积仓。流人如归,居人忘危,完聚靡伤。天叙地平,明圣成能,人神效祥。灵平告成,百谷丰盈,历邦乐康。郡县祗畏,允迪圣谟,终事无荒。皇功不居,归休臣民,迩昭远扬。守臣拜手,夸大休嘉,使民不忘。改作黄楼,以临泗上,述修故常。庶臣无佞,原始念终,铭之石章。以告成功,以扬德声,永永无疆。"①

苏辙所作《黄楼赋》,苏轼书的石碑,陈师道后亦有诗道及。《黄楼绝句》:"楼上当宵彻夜声,预人何事有枯荣。已传纸贵咸阳市,更恐书留后世名。"又《次韵应物有叹黄楼》:"一代苏长公,四海名未已。投荒忘岁月,积毁高城垒。斯楼亦何与,与人压复起。纷纷徒尔为,长剑须天倚。循分即可久,吾行谁与止。迩来贤达人,五十笑百里。赖有寇公子,众毁闻独美。直气慑狂童,牵联皆可纪。少公作长句,班扬安得拟。颇有喜事人,睥睨欲槌毁。一朝陵谷变,无语含深旨。惊倒楼前人,今朝有行履。"②诗中苏长公、少公即是指苏轼与苏辙。首句极赞苏轼,谓其名播四海。由"投荒积毁"句来看,似指苏轼投老炎荒,远谪儋州,时在元符二年(1099年)。因此诗未系年列在逸诗卷上,故暂系于此。陈师道还有一首五律《黄楼》:"楼以风流胜,情缘贵贱移。屏亡老毕篆,市发大苏碑。更觉江山好,难忘父

---

① 陈师道:《后山居士文集》,下册,752—757页,上海,上海古籍出版社,1984。
② 冒广生补笺:《后山诗注补笺》,下册,474—475页,北京,中华书局,1995。

老思。只应千载后,览古胜当时。"①大苏即苏轼。元时,方回过徐,曾览黄楼遗迹,大为感慨,曰:"回比过彭城,登览黄楼遗迹,所谓老毕篆、大苏碑犹存,而楼仅有破础在瓦砾中,居人寂寞。"②则黄楼到元时已破败不堪了。如今,为纪念苏轼在徐治水之绩,又重建了黄楼,且比前更为壮观。正应了陈师道所预言的"只应千载后,览古胜当时"了。

本年,陈师道家曾有诉讼之事,苏轼以官民避嫌,遂与二陈停止往来。苏轼《答陈师仲主簿书》曰:"曩在徐州,得一再见。及见颜长道辈,皆言足下文词卓玮,志节高亮,固欲朝夕相从。适会讼诉,偶有相关及者,遂不复往来。此自足下门中不幸,亦岂为吏者所乐哉!想彼此有以相照。已而,轼又负罪远窜,流离契阔,益不复相闻。今者蒙书教累幅,相属之厚,又甚于昔者。知足下释然,果不以前事介意。幸甚!幸甚!"③具体"讼诉"为何事,不详。大约自九月九日黄楼之会,师道作铭后,即"不复往来"了吧。直到苏轼谪居黄州时,始复通讯。这也就难怪苏轼在徐,苏轼、陈师道之间少有交游、唱和了。但有此一《铭》,足见苏轼对陈师道的器重与赏识。时陈师道仅一布衣,是"以民事太守"。

元丰二年己未(1079年)

苏轼四十四岁。三月,苏轼罢徐州任,以祠部员外郎,直史馆知湖州军州事,作词别徐。《江神子·别徐州》:"天涯流落思无穷。既相逢,却匆匆。携手佳人,和泪折残红。为问东风余几许?春纵在,与谁同! 隋堤三月水溶溶。背归鸿,去吴中。回首彭城,清泗与淮通。欲寄相思千点泪,流不到,楚江东。"又《减字木兰花》副题即是"彭门留别",词曰:"玉觞无味,中有佳人千点泪。学道忘忧,一念还成不自由。 如今未见,归去东园花似霰。一语相开,匹似当初本不来。"④诗则有《罢徐州,往南京,马上走笔寄子由五首》。

另,苏轼在徐期间所作诗词文甚多,约有三百余篇,有关徐州的如祷水退文《祷灵慧塔文三首》,有记黄楼之会《鹿鸣宴》《徐州鹿鸣宴赋诗叙》,有记游《百步洪二首》《登望𩜹亭》《放鹤亭记》,有访友《游张山人园》,有铭记《徐州莲华漏铭》《记徐州杀狗》,有书表《徐州上皇帝书》《徐州谢奖谕表》《徐州贺河平表》,有送弟《子由将赴南都,与余会宿于逍遥堂,作两绝句……》等。

---

① 冒广生补笺:《后山诗注补笺》,下册,394、395页,北京,中华书局,1995。
② 四川大学中文系唐宋文学研究室编:《苏轼资料汇编》,第3册,840页,北京,中华书局,1994。
③ 孔凡礼点校:《苏轼文集》,第4册,1428页,北京,中华书局,1986。
④ 薛瑞生:《东坡词编年笺证》,222、224页,西安,三秦出版社,1998。

在徐时,苏轼尝画赠陈师仲(传道)。此画以徐州平冈三百里为背景,画面则是枯株、瘦石之景物。画今不存。据道潜《参寥子诗集》卷九《过彭城观陈传道知录所藏东坡公画》云:"枯株瘦石两相望,南北悠悠径路长。卷尽平冈三百里,风枝雨叶更飘扬。"①

陈师道二十八岁,在徐家居。尊称苏轼为大苏,极赞其书。《从寇生求茶库纸绝句》曰:"南朝官纸女儿肤,玉版云英比不如。乞与此翁元不称,他年留待大苏书。"②这在何薳《春渚纪闻》卷八《十三家墨》中亦有记述,曰:"余为儿时,于彭门寇钧国家见其先世所藏李廷珪下至潘谷十三家墨。断珪残璧,粲然满目。其廷珪小挺,岁久不见胶彩,而书于纸闲视之,其黑皆非余墨所及。东坡先生临郡日,取试之,为书杜诗十三篇,各于篇下书墨工姓名,因第其品次云。"③

元丰四年辛酉(1081年)

苏轼四十六岁。元丰二年四月,苏轼离徐至湖州(今浙江湖州)上任,不久即因诗案下狱,幸免不死,谪居黄州(今湖北黄冈)。至本年仍在黄州。而陈氏兄弟前因家讼与苏轼停止往来后,自此复交。即在本年十一月二十二日,苏轼应所请,为其祖父陈洎(字亚之)撰写《题陈吏部诗后》:"故三司副使吏部陈公,轼不及见其人。然少时所识一时名卿胜士,多推尊之。迩来前辈凋丧略尽,能称诵公者,渐不复见,得其绪言遗事,皆当记录宝藏,况其文章乎?公之孙师仲,录公之诗二十五篇以示轼。三复太息,以想见公之大略云。元丰四年十一月廿二日,眉阳苏轼。"④陈师仲还为苏轼编辑了《超然》《黄楼》两部诗集,《超然》是苏轼在密州时的诗文结集,《黄楼》则是苏轼在徐州时的诗文结集。苏轼致书感谢。《答陈师仲主簿书》曰:"先吏部诗,幸得一观,辄题数字,继诸公之末。"时陈师仲为钱塘主簿。书又云:"见为编述《超然》《黄楼》二集,为赐尤重。从来不曾编次,纵有一二在者,得罪日,皆为家人妇女辈焚毁尽矣。不知今乃在足下处。……足下所至,诗但不择古律,以日月次之,异日观之,便是行记。"⑤苏辙亦有书寄陈师仲,书曰:"蒙惠书论诗,许以五百篇为惠。……辙少好为诗,与家兄子瞻所为,多少略相若也。

---

① 《全宋诗》,第一六册,卷九一九,10780页,北京,北京大学出版社,1995。
② 冒广生补笺:《后山诗注补笺》,下册,392—393页,北京,中华书局,1995。
③ 何薳:《春渚纪闻》,127页,北京,中华书局,1983。
④ 孔凡礼点校:《苏轼文集》,第5册,2133页,北京,中华书局,1986。
⑤ 孔凡礼点校:《苏轼文集》,第4册,1428、1429页,北京,中华书局,1986。

子瞻既以得罪,辙亦不复作诗。……"①据书中"子瞻既以得罪"推,此书大约写于本年。

  陈师道三十岁。本年陈师道至开封。当九月九日,苏轼与黄州太守徐大受(君猷)会于栖霞楼,赋《南乡子》(霜降水痕收)。词曰:"霜降水痕收,浅碧鳞鳞露远洲。酒力渐消风力软,飕飕。破帽多情却恋头。　佳节若为酬,但把清尊断送秋。万事到头都是梦,休休。明日黄花蝶也愁。"②陈师道即和了两首,并注明"九日用东坡韵"。其一:"晴野下田收。照影寒江落雁洲。禅榻茶炉深闭阁,飕飕。横雨旁风不到头。　登览却轻酬。剩作新诗报答秋。人意自阑花自好,休休。今日看时蝶也愁。"其二:"潮落去帆收。沙涨江回旋作洲。侧帽独行斜照里,飕飕。卷地风前更掉头。　语妙后难酬。回雁峰南未得秋。唤取佳人听旧曲,休休。瘴雨无花孰与愁。"③虽然陈师道认为"子瞻以诗为词,如教坊雷大使之舞,虽极天下之工,要非本色"④,但陈师道的这两首词却完全是步苏词之韵,可见他对苏词还是很喜爱的。和词未必即作于本年,因苏词作于本年,故将陈师道的和词系于此。

  陈师道在京师,曾巩曾荐其为英宗皇帝实录检讨,为朝廷以白衣难之而罢。陈师道遂南游吴越,"其秋八月,就舍钱塘"⑤,而作《登凤凰山怀子瞻》,诗云:"蜿蜒曲龙腹,山间隐楼观。孤高伏龙角,浮图刺云汉。修林霜雪余,落叶青红乱。想见洞中人,不知时节换。咳唾落江东,江东两眼中。举头触浮云,失脚惊飞鸿。逢人自笑谋身拙,坐使红尘生白发。入山便欲弃人间,出山又与松筠别。数篇曾见使君诗,前后登临各一时。妙舞新声难得继,清风明月却相宜。朱栏行遍花间路,看尽当年题壁处。更有何人问使君,青春欲尽花飞去。"(自注:子瞻云:应问使君何处去,凭花说与春风知。)诗后注引苏轼诗,苏轼原题为《留别释迦院牡丹呈赵倅》,此诗作于杭州,故陈师道到杭登山,见此诗而有是怀。冒广生为陈诗作补曰:"后山之谒苏,在元祐元年,此诗作于元丰四年,犹未识苏也。"⑥此误。陈师道在熙宁十年(1077年),苏轼知徐州时,即已谒苏,到本年,已别四年。故陈师道到杭州而有"怀子瞻",因苏轼在熙宁四年(1071年)曾为杭州通判。

---

① 苏辙:《栾城集》,上册,491页,上海,上海古籍出版社,1987。
② 薛瑞生:《东坡词编年笺证》,289页,西安,三秦出版社,1998。
③ 唐圭璋编:《全宋词》,第1册,585、586页,北京,中华书局,2011。
④ 吴文治主编:《宋诗话全编》,第2册,1022页,南京,凤凰出版社,1998。
⑤ 陈师道:《后山居士文集》,下册,652页,上海,上海古籍出版社,1984。
⑥ 冒广生补笺:《后山诗注补笺》,下册,496页,北京,中华书局,1995。

元丰五年壬戌（1082年）

苏轼四十七岁。陈师道三十一岁。本年苏轼与陈师道未有交往,但苏辙与陈师仲有诗书往还。陈师仲曾寄诗给苏辙,时苏辙谪居在筠州(今四川宜宾),得陈师仲诗即作《次韵陈师仲主簿见寄》,诗曰:"朽株难刻画,枯叶任凋零。旧友频相问,村酤独未醒。山牙收细茗,江实得流萍。颇似申屠子,都忘足被刑。"①惜陈诗不存。

元丰七年甲子（1084年）

苏轼四十九岁。本年苏轼由黄州移汝州(今河南汝州)。

陈师道三十三岁。奉母留居开封。闻苏轼移汝州,《后山谈丛》卷六"抚州杖鼓鞚"条记述曰:"苏公自黄移汝,过金陵见王荆公,公曰:'好个翰林学士,某久以此奉待。'公曰:'抚州出杖鼓鞚,淮南豪子以厚价购之,而抚人有之保之已数世矣,不远千里,登门求售'。豪子击之,曰:'无声!'遂不售。抚人恨怒,至河上,投之水中,吞吐有声,熟视而叹曰:'你早作声,我不至此!'"②

元丰八年乙丑（1085年）

苏轼五十岁。本年苏轼赴汝州途中过南都(即应天府,今河南商丘,为北宋之南京),与陈师道相晤。时陈师道曾暂客南都,三月初五日宋神宗卒,苏轼与陈师道商论作帖与江淮发运路昌衡,以慰宋神宗之丧。然中辍。陈师道于此记之曰:"往在南都,奉神宗讳,见苏尚书作路发运帖,莫知当慰与否也,相与商论,竟复中辍。乃知前辈礼法犹在,而近世士大夫之寡闻也。"③

陈师道三十四岁。在京师开封,适值秦观应举中第亦在京。陈师道《秦少游字序》曰:"元丰之末,余客东都,秦子从东来……"④夏五六月间,知枢密院事章惇,嘱秦观示意师道往见之,将荐于朝,师道辞不往。故苏轼《与李方叔书》赞其有

---

① 苏辙:《栾城集》,上册,279页,上海,上海古籍出版社,1987。
② 陈师道:《后山谈丛》卷六,见朱易安等主编,《全宋笔记》,第2编,第6册,118页,郑州,大象出版社,2006。
③ 陈师道:《后山谈丛》卷五,朱易安等主编,《全宋笔记》,第2编,第6册,107页,郑州,大象出版社,2006。
④ 陈师道:《后山居士文集》,下册,724页,上海,上海古籍出版社,1984。

节曰:"陈履常居都下逾年,未尝一至贵人之门,章子厚欲一见,终不可得。"①

又苏轼的堂兄苏不疑(字子明)卒于本年,陈师道与其堂兄亦有交往,曾有诗记与苏不疑避暑。《同苏不疑避暑法惠寺》曰:"酷暑不可处,相将寻昼凉。清谈荫广厦,甘寝就方床。莲剥明珠滑,瓜浮绀玉香。因知北窗卧,自信出羲皇。"②

苏不疑(1068年前后),字子明,苏轼堂兄。宋进士,"承议郎,通判嘉州"③。

哲宗元祐元年丙寅(1086年)

苏轼五十一岁。本年苏轼以七品服入侍延和,改赐银绯。二月又迁中书舍人。其弟苏辙于正月十四日亦就任右司谏。苏氏兄弟一同进京入朝(开封)。

苏轼到京,有《答张文潜县丞书》,寄望于陈师道等人能振起当时趋于衰陋之文字。其文曰:"轼顿首文潜县丞张君足下:久别思仰。到京公私纷然,未暇奉书。……文字之衰,未有如今日者也。其源实出于王氏。王氏之文,未必不善也,而患在于好使人同己。自孔子不能使人同,颜渊之仁,子路之勇,不能以相移。而王氏欲以其学同天下!地之美者,同于生物,不同于所生。惟荒瘠斥卤之地,弥望皆黄茅白苇,此则王氏之同也。近见章子厚言,先帝晚年甚患文字之陋,欲稍变取士法,特未暇耳。议者欲稍复诗赋,立《春秋》学官,甚美。仆老矣,使后生犹得见古人之大全者,正赖黄鲁直、秦少游、晁无咎、陈履常与君等数人耳。"④此虽非专答陈师道之书,然寄望于陈师道还是很明显的。

苏辙在京任谏官,不因与陈师道有旧而袒护其亲,于十八日上《乞责降成都提刑郭概状》,状曰:"右臣窃见朝廷近日察知蜀中卖盐、榷茶及市易比较收息,为远人所苦,委成都提点刑狱郭概体量事实。臣观此三事,利害易见,甚于黑白,凡有耳目,莫不闻知。而郭概观望阿附,公行欺罔,其所奏报,并不指言实弊。见今西川数州,卖邛州、蒲江井官盐,每斤一百二十文。为近年咸泉减耗,多夹杂沙土。而梓夔路客盐及民间小井白盐,贩入遂州,其价止七八十。以此,官中须至抑配,深为民害。概不念民间朝夕食此贵盐,出钱不易,却言限内难以报应。只此一事,已见情弊。至于榷茶之法,以贱价大秤侵损园户,以重辇峻限虐害递铺,以折博兴贩搅扰平民,其余百端非理,难以遍举。臣近已一一奏闻,乞委所差官体量诣实。概畏惮茶官陆师闵事势,不敢依限体量,此又足以见其意在拖延,观望附会。至于

---

① 孔凡礼点校:《苏轼文集》,第4册,1420页,北京,中华书局,1986。
② 冒广生补笺:《后山诗注补笺》,下册,524页,北京,中华书局,1995。
③ 苏辙:《伯父墓表》,见《栾城集》,上册,521页,上海,上海古籍出版社,1987。
④ 孔凡礼点校:《苏轼文集》,第4册,1427页,北京,中华书局,1986。

市易比较收息,始因提举官韩玠以灵泉小县收息增羡,遂督责诸县,以灵泉为比,务令多得息钱。概以韩玠叔祖缜见任右仆射,意欲趋附,不敢体量实状,妄言韩玠不曾以户口比较息钱。又代韩玠巧说词理,言诸路推行市易之法,不独成都,不可独治一路,及事已在三赦前。概以监司被命相度逐事利害,朝廷元不令概定夺韩玠罪名。概之职分,但当具的确事实闻奏。至于韩玠,或行遣,或释放,或原赦,或不原赦,自是临时圣旨指挥,非概人臣所当预定。今既不依朝旨相度,却于职分之外擅引三赦,意谓朝廷不合相度赦前之事,附下罔上,肆行胸臆,情理难恕。况概资品鄙陋,尝通判凤翔,坐失入死罪,去官系监。当资叙,因缘权幸致位监司,而附会欺谩,略无顾惮。其韩缜系韩玠有服之亲,显有妨碍。臣未委缜如何进呈,作何行遣?臣乞降圣旨,先行罢黜郭概所有卖盐、榷茶、市易等事,乞别委官体量施行。谨录奏闻,伏候敕旨。"①状中郭概即是陈师道的岳父,陈师道于诗中称外舅,如《寄外舅郭大夫》。苏辙于状中直斥郭概"资品鄙陋",毫不避讳。郭因其弹劾而罢西川提刑。

本年七月,苏辙还应陈师仲请为其祖父陈洎(字亚之)诗集作《题陈亚之诗帖》:"辙顷在南都,传道陈君以盐铁公诗草相示。辙甚爱公诗之精,且嘉君之孝恭,不坠世德。后六年,自歙州还京师,见君于鄘阳,复出此诗为示。不可以再见而不之志也。丙寅正月七日,赵郡苏辙题。"②

陈师道三十五岁,居开封。陈师道不因苏辙奏劾其岳父而有怨恨,而是有诗寄赠苏氏兄弟,诗题为《赠二苏公》,诗曰:"岷峨之山中巴江,桂椒楠栌枫柞樟。青金黄玉丹砂良,兽皮鸟羽不足当。异人间出骇四方,严王陈李司马扬。一翁二季对相望,奇宝横道骥伏箱。谁其识者有欧阳,大科异等固其常。小却盛之白玉堂,典谟雅颂用所长。度越周汉登虞唐,千载之下有素王。平陈郑毛视荒荒,后生不作诸老亡。文体变化未可量,万口一律如吃羌。妖狐幻人犬陆梁,虎豹却走逢牛羊。上帝惠顾祓不祥,天门夜下龙虎章。前驱吴回后炎皇,绛旗丹毂朱冠裳。从以甲胄万鬼行,乘风纵燎无留藏。天高地下日月光,授公以柄扶病伤。士如稻苗待公秧,临流不渡公为航。如大医王治膏肓,外证已解中尚强。探囊一试黄昏汤,一洗十年新学肠。老生塞口不敢尝。向来狂杀今尚狂,请公别试囊中方。"③诗中所言"一洗十年新学肠",即是指王安石的"新学",这与苏轼前所言"王氏欲以其

---

① 苏辙:《栾城集》,中册,803—804页,上海,上海古籍出版社,1987。
② 陈宏天、高秀芳点校:《苏辙集》,第4册,1446—1447页,北京,中华书局,1990。
③ 冒广生补笺:《后山诗注补笺》,上册,20—25页,北京,中华书局,1995。

学同天下",正相一致,故余嘉锡《四库提要辨证》卷二十二云:"味其语意,确是元祐元年之作。盖新学与新法不同。后山此诗,先言'文体变化''万口一律',乃诋其学,非诋其法也。新法虽不合人情,然后山方为处士,非所宜言,且自宣仁训政以来,已次第更张之矣,无取乎草泽私议。惟新学之行,始于熙宁八年之颁《三经新义》,至是已十年有余,朝廷犹用以取士,一时文体,务为剽窃穿凿。后山之所甚恶也,故为二苏言之。"①可见陈、苏之见是相同的。

九月十二日,苏轼以试中书舍人为翰林学士,是为内翰。时人张重有《上苏子瞻内翰》诗。陈师道则作有《奉陪内翰二友醴泉避暑》,诗曰:"疾雷倒海不成雨,墨云御日蚕不吐。深院回廊昼日长,青帘朱幕风铃语。神仙中人龙作马,翠旌绛节从天下。竹冠芒屦柴绮裘,曳杖林间观物化。清池照眼自生凉,修竹回阴欲过廊。樽酒未空高兴动,含毫欲下云飞扬。俗间道士业符医,未语已作庸人样。但知一扇博百金,岂识双松到千丈。蝇头小字密著行,四座欢叫醒而狂。忽惊天姥到庭户,风篁露草鸣塞螀。回天却日有余力,小试席间留翰墨。请公慎用补天手,入佐后皇和五石。"②冒笺谓"内翰当属东坡"。苏轼前曾因诗案下狱,故此处"请公慎用补天手",劝其为朝重慎以免祸。

元祐二年丁卯(1087年)

苏轼五十二岁,在京师,荐陈师道为徐州州学教授。《宋会要选举四十》:"元祐二年四月十九日,以徐州布衣陈师道为亳州司户参军,充徐州教授,以翰林学士苏轼等荐也。"③苏轼《荐布衣陈师道状》曰:"元祐二月四月十九日,翰林学士朝奉郎知制诰苏轼,同傅尧俞、孙觉状奏:右臣等伏见徐州布衣陈师道,文词高古,度越流辈,安贫守道,若将终身,苟非其人,义不往见。过壮未仕,实为遗才。欲望圣慈,特赐录用,以奖士类。兼臣轼、臣尧俞,皆曾以十科荐师道,伏乞检会前奏,一处施行。谨录奏闻,伏候敕旨。"④

又苏轼《与李方叔书》曰:"屡获来教,因循不一裁答,悚息不已。……陈履常居都下逾年,未尝一至贵人之门,章子厚欲一见,终不可得。中丞傅钦之、侍郎孙莘老荐之,轼亦挂名其间。会朝廷多知履常者,故得一官。轼孤立言轻,未尝独荐人也。爵禄砥世,人主所专,宰相犹不敢必,而欲责于轼,可乎?"⑤

---

① 见孔凡礼:《三苏年谱》,第3册,1786页,北京,北京古籍出版社,2004。
② 冒广生补笺:《后山诗注补笺》,上册,499页,北京,中华书局,1995。
③ 见郑骞:《陈后山年谱》,80页,台北,联经出版事业公司,1984。
④ 孔凡礼点校:《苏轼文集》,第2册,795页,北京,中华书局,1986。
⑤ 孔凡礼点校:《苏轼文集》,第4册,1420页,北京,中华书局,1986。

王明清《挥麈三录》卷一云:"陈无己元祐三年始以东坡先生、傅钦之、李邦直、孙同老荐于朝,自布衣起为教授。"郑骞就此说:记年与诸书均不合,三字乃二字,形近之误,荐后山者亦无李邦直,同老当是莘老之误①。

陈师道三十六岁,先居开封,四月因苏轼荐充徐州教授。

陈师道有《谢徐州教授启》云:"四月二十八日,蒙恩授亳州司户参军,充徐州教授。"②盖诏命始下在二十四日,闻命则在二十八日,故陈言如此。亳州司户参军是虚职,徐州教授是实职。是年夏,陈师道赴徐州教授任。陈师道《持善序》曰:"元祐二年春,徐之东禅主者怀超,梦出庭中,见二大师象系于木下,怪而问之,对曰:'此陈教授氏之物也。'是夏,师道始承命至,则馆于东禅。岂于二大士缘有素乎?"③

陈师道有一篇《贺水部传》文,写元祐二年,苏轼与一道者相交往的事,文曰:"……熙宁中,东坡居士为密州,岁大旱,请雨常山。既归而雨,居士却盖以行。贺从道旁见之,以为可授道也,欲往而疑无素,乃止。元祐二年,仝年八十余矣,见居士于东都,曰:'贺不忘君,语数及之。'已而求去,曰:'贺约岁首过我于龟蒙,不可失也。'居士因仝以诗寄之。后仝复来,出贺书,曰:'将使若人通言于君。'若人,居士向所见异人而人无知者。世言道家为方之外,而贺独喜与人事,岂世之所称自为不足,而贺之道又以及人耶? 不然,老氏之道同于杨朱,难与儒释并矣。贺一见东坡,欲强授之。士之求仙,自修足矣,而世方区区弊精神、卑词厚币,以致四方之士而幸一得,是果足以得之耶? 其不为贺笑乎?"④此文写一姓贺的道人因东坡求雨之诚,以解密州之旱,知其性有善根,故欲"授道"于东坡。文虽非一定作于此年,但乃是记本年之事,故列于此。

元祐三年戊辰(1088年)

苏轼五十三岁,在京师。前年(元祐元年,1086年),陈师道妻父郭槩因苏辙弹劾而罢西川提刑。今年,郭又因其婿御史赵挺之而擢为监司。苏轼再上《乞郡劄子》予以指斥。劄曰:"元祐三年十月十七日,翰林学士朝奉郎知制诰兼侍读苏轼劄子奏……挺之妻父郭槩为西蜀提刑时,本路提举官韩玠违法虐民,朝旨委槩

---

① 王明清:《挥麈三录》卷一,237—238页,北京,中华书局,1961。郑说见郑骞《陈后山年谱》,80页,台北,联经出版事业公司,1984。
② 陈师道:《后山居士文集》,下册,605页,上海,上海古籍出版社,1984。
③ 陈师道:《后山居士文集》,下册,738页,上海,上海古籍出版社,1984。
④ 陈师道:《后山居文文集》,下册,848—849页,上海,上海古籍出版社,1984。

体量,而檠附会隐庇,臣弟辙为谏官,劾奏其事,玠、檠并行黜责。……贴黄。郭檠人材凡猥,众所共知,既以附会小人得罪,近复擢为监司者,盖畏挺之之口,欲以苟悦其意。……"①

陈师道三十七岁,在徐州教授任。前苏辙斥其妻父郭檠"资品鄙陋",今苏轼又斥其"人材凡猥",陈师道皆无怨意,对二苏仍然如故。只是在《送外舅郭大夫夔路提刑》一诗中,对郭檠进行了规劝。诗曰:"天险连三峡,官曹据上游。百年双鬓白,万里一身浮。可使人无讼,宁须意外忧。平生晏平仲,能费几狐裘。"冒广生笺此诗曰:"《瀛奎律髓》:后山妻父郭檠,颇喜功利。前为西川提刑,以妻及三子讬之。送行古诗有云:'功名何用多,莫作非分虑。'今又为夔路提刑,谓身已老矣,使民无讼,自当无意外忧。晏平仲一狐裘三十年,外物亦不足多也,盖规诫之。"②由此可知,陈师道还是深知其妻父郭檠之为人的,所以对二苏无怨恨之心,而对妻父则多"规诫"之意。

元祐四年己巳(1089年)

苏轼五十四岁,在京师。三月,以翰林学士知杭州。五月起行,于赴任途中得陈师仲书,苏轼有答简,《答陈传道书》曰:"来书乃有遇不遇之说,甚非所以安全不肖也。某凡百无取,入为侍从,出为方面,此而不遇,复以何者为遇乎?"③

陈师仲再来简,叙收录钱塘诗之事,苏轼再复谓:钱塘诗"一一烦收录",据此,陈师仲当有继《超然》《黄楼》二集之后,编《钱塘集》之意。又谓"钱塘诗皆率然信笔","当俟稍暇,尽取旧诗文,存其不甚恶者,为一集"④。此钱塘诗当指苏轼熙宁倅杭时所作。

陈师道三十八岁,在徐州教授任。本年五月,苏轼赴杭经南京应天府,陈师道自徐告疾来南京与苏轼相会,留守李承之宴,陈师道亦与会。师道去南京会苏,为擅自离守,故遭弹劾。

刘安世《元城先生尽言集》卷六《论陈师道不合擅去官守游宴事》曰:"臣昨见朝廷用近侍之荐,起陈师道于布衣而任以徐州教授,其为恩礼固已厚矣。臣闻苏

---

① 孔凡礼点校:《苏轼文集》,第3册,827—829页,北京,中华书局,1986。
② 冒广生补笺:《后山诗注补笺》,上册,64页,北京,中华书局,1995。
③ 孔凡礼点校:《苏轼文集》,第4册,1574页,北京,中华书局,1986。
④ 孔凡礼点校:《苏轼文集》,第4册,1574页,北京,中华书局,1986。

轼出守钱塘,经由南都,师道以诚告徐守孙览,愿往见轼,而览不之许,乃托疾在告,私出州界,与轼游从凡累数日。而又同赴留守李承之宴会,不惮众目。及其东下送之,经宿而后归。监司不敢绳,州郡不敢诘,猖狂息傲,旁若无人,搢绅喧□,颇骇物听。臣窃谓士于知己,不无私恩,既效于官,则有法令。师道与轼交结固不足论,至于擅去官次,陵蔑郡将,则是以私欲而胜公义,厚权势而忽诏条,徇情乱法,莫此为甚,循名观行,恐无以副朝廷尊贤下士之意。伏望圣慈特降指挥,令本路不干碍官司依公体量,如果有实,乞正其罪,以为后来之戒取进止。"①刘安世,号元城,本年任左司谏。此弹劾后致陈师道改任颍州教授。《宋史·陈师道传》:"……起为徐州教授。又用梁焘荐为太学博士,言者谓在官尝越境出南京见轼,改教授颍州。"②

苏轼在南京逗留期间曾登楼而游,陈师道有《从苏公登后楼》,诗曰:"倏作三年别,才堪一解颜。楼孤带清洛,林缺见巴山。五月池无水,千年鹤自还。白鸥没浩荡,爱惜鬓毛斑。"③陈师道元祐二年因苏轼荐为徐州教授,至今年,首尾正好三年,故言"倏作三年别"。苏轼前因诗案下狱,此故言"白鸥没浩荡,爱惜鬓毛斑"劝其退隐以安晚景。

苏轼离南京,陈师道为之送行,至宿而归,并作《送苏公知杭州》:"平生羊荆州,追送不作远。岂不畏简书,放麑诚不忍。一代不数人,百年能几见。昔如马口衔,今为禁门键。一雨五月凉,中宵大江满。风帆目力短,江空岁年晚。"④任渊于此诗目下注曰:"东坡出知杭州,道由南京。后山时为徐州教授,告徐守孙览,愿往见。而览不之许,乃托疾谒告,来南京送别。同舟东下,至宿而归。事见东坡《送陈传道书》及刘安世弹章。"⑤任注有误,时知徐州者乃彭汝砺,而非孙览。若是孙览,则孙览乃是荐师道者,未必不从陈请。

本年三月初四日,中书舍人刘攽(字贡夫)卒,苏轼与刘攽在元祐同朝期间,过从甚密,《后山谈丛》卷六"刘攽苏轼互谑"条尝为记述云:"世以癞疾鼻陷为死证,刘贡夫晚有此疾,又尝坐和苏子瞻诗罚金。元祐中,同为从官,贡夫曰:'前于曹州,有盗夜入人家,室无物,但有书数卷尔。盗忌空还,取一卷而去,乃举子所著五

---

① 刘安世:《元城先生尽言集》卷六《论陈师道不合擅去官守游宴事》,见孔凡礼《三苏年谱》,第3册,2015页,北京,北京古籍出版社,2004。
② 《宋史》卷四四四《陈师道传》,见《二十五史》第8册《宋史》下,1487页,上海,上海古籍出版社,1986。
③ 冒广生补笺:《后山诗注补笺》,上册,67页,北京,中华书局,1995。
④ 冒广生补笺:《后山诗注补笺》,上册,68—70页,北京,中华书局,1995。
⑤ 冒广生补笺:《后山诗注补笺》,上册,68页,北京,中华书局,1995。

七言也。就库家质之,主人喜事,好其诗不舍手。明日盗败,吏取其书,主人赂吏而私录之,吏督之急,且问其故,曰:"吾爱其语,将和之也。"吏曰:"贼诗不中和他。'",子瞻亦曰:'少壮读书,颇知故事。孔子尝出,颜、仲二子行而过市,而卒遇其师,子路趫捷,跃而升木,颜渊懦缓,顾无所之,就市中刑人所经幢避之,所谓"石幢子"者。既去,市人以贤者所至,不可复以故名,遂共谓"避孔塔"。'坐者绝倒。"①

元祐五年庚午(1090年)

苏轼五十五岁,在杭州。陈师仲有书致苏轼,苏轼简答之。《答陈传道五首》之三曰:"某近绝不作诗,盖有以,非面莫究。顷作神道碑、墓志数篇。碑盖被旨作,而志文以景仁丈世契不得辞。欲写呈,又未有暇,闻都下已开板,想即见之也。某顷伴房使,颇能诵某文字,以知房中皆有中原文字,故为此碑,欲使房知通好用兵厉害之所在也。昔年在南京,亦常言此事,故终之。"并赞其日作一诗②。

陈师道三十九岁,在徐州教授任。冬移颍州(今安徽阜阳)。时苏轼子苏迨自杭赴京师礼部试,经颍州时,陈师道有诗送别。《送苏迨》:"胸中历历著千年,笔下源源赴百川。真字飘扬今有种,清谈绝倒古无传。出尘悟解多为路,随世功名小著鞭。白首相逢恐无日,几时书札到林泉。"③孔凡礼将其系于本年,而任渊的《后山诗注》则系于元祐六年,今从孔。

苏迨(1070—1126),苏轼次子,初名叔寄、竺僧,字仲豫。曾任承务郎、饶州太常博士、进士、朝汉大夫、参广东省政、朝散郎、尚书驾部员外郎。著有《正蒙序》《洛阳论议》。

元祐六年辛未(1091年)

苏轼五十六岁。二月寒食日,苏轼罢杭州守,八月五日为龙图阁直学士知颍州。八月二十二日,苏轼到颍州任,直到明年二月,在颍整半年时间。

苏轼官颍时,欲收陈师道为门弟子,陈师道以曾子固弟子自守。《宋史·陈师道传》:"官颍时,苏轼知州事,待之绝席,欲参诸门弟子间,而师道赋诗有'向来一

---

① 陈师道:《后山谈丛》卷五,朱易安等主编,《全宋笔记》,第2编,第6册,112—113页,郑州,大象出版社,2006。
② 孔凡礼点校:《苏轼文集》,第4册,1575页,北京,中华书局,1986。
③ 冒广生补笺:《后山诗注补笺》,上册,102页,北京,中华书局,1995。

瓣香,敬为曾南丰'之语,其自守如是。"①时陈师道正为颍州教授,此可看作苏轼对人才的爱惜,而陈师道又重视操守。虽然陈师道未为苏氏门弟子,但当苏轼知颍时,两人唱和则非常多,是苏、陈交往中历年之最。苏轼《复次韵谢赵景贶、陈履常见和,兼简欧阳叔弼兄弟》诗题下《施注》曰:"东坡在颍半载,自《放鱼》以后,凡五六十诗,盖陈、赵、两欧阳相与周旋,而刘景文季孙自高邮来,履常之兄传道又至,故赋咏独多。"②《王直方诗话》"东坡挑二欧诗"条云:"东坡云:在颍时,陈无己、赵德麟辈适亦守官于彼,而欧阳叔弼与季默亦又居闲,日相唱和。而二欧颇不作诗,东坡以句挑之……"③现缕述其唱和之事。

1. 九月某日,颍州西湖徙鱼,苏轼作《放鱼》二首。其一《西湖秋涸,东池鱼窘甚,因会客,呼网师迁之西池,为一笑之乐。夜归,被酒不能寐,戏作放鱼一首》曰:"东池浮萍半黏块,裂碧跳青出鱼背。西池秋水尚涵空,舞阔摇深吹荇带。吾僚有意为迁居,老守纵馋那忍脍。纵横争看银刀出,溅潝初惊玉花碎。但愁数罟损鳞鬣,未信长堤隔涛濑。涉涉发发须臾间,囷囷洋洋寻丈外。安知中无蛟龙种,尚恐或有风云会。明年春水涨西湖,好去相忘渺淮海。"其二《复次放鱼韵,答赵承议、陈教授》曰:"扰扰万生同大块,抢榆不羡培风背。青丘已吞云梦芥,黄河复潦天门带。长讥韩子隘且陋,一饱鲸鲵何足脍。东坡也是可怜人,披抉泥沙收细碎。迤将归修八节滩,又欲往钓七里濑。正似此鱼逃网中,未与造物游数外。且将新句调二子,湖上秋高风月会。为君更唤木肠儿,脚扣两舷歌《小海》。"④

陈师道次其韵作《次韵苏公西湖徙鱼三首》其一:"穷秋积雨不破块,霜落西湖露沙背。大鱼泥蟠小鱼乐,高丘覆杯水如带。鱼穷不作摇尾怜,公宁忍口不忍鲙。修鳞失水玉参差,晚日摇光金破碎。咫尺波涛有生死,安知平陆无滩濑。此身宁供刀几用,著意更须风雨外。是间相忘不为小,濠上之意谁得会。枯鱼虽泣悔可及,莫待西江与东海。"后四句,任注曰:"言外郡亦足为乐,优游卒岁,可以避祸也。"其二:"赤手取鱼如拾块,布网鸣舷攻腹背。岂知激浊与清流,恐惧骈头牵翠带。居士仁心到鱼鸟,会有微生化余鲙。宁容网目漏吞舟,谁能烹鲜作苛碎。我亦江湖钓竿手,误作轻车从下濑。生当得意落鸥边,何用封侯坠鸢外。不如此鱼今得所,置身暗与神明会。径须作记戒鲸鲵,防有任公钓东海。"其三:"诗成笔落

---

① 《宋史》卷四四四《陈师道传》,《二十五史》第8册《宋史》下,1487页,上海,上海古籍出版社,1986。
② 王文诰辑注:《苏轼诗集》,第6册,1791页,北京,中华书局,1982。
③ 《王直方诗话》之五十三,见吴文治主编《宋诗话全编》,第2册,1152页,南京,凤凰出版社,1998。
④ 王文诰辑注:《苏轼诗集》,第6册,1787—1790页,北京,中华书局,1982。

骥历块,不用安西题纸背。小家厚敛四壁立,拆东补西裳作带。堂下榖棘牛何罪,太山之阳人作鲙。同生异趣有如此,瓶悬罋间终一碎。流水长者今公是,雨花散乱投金瀬。人言充庖须此辈,慈观更须容度外。赐墙及肩人得视,公才盘盘一都会。有怜其穷与不朽,我亦牵联书《玉海》。"①后苏轼复次韵。

2. 九月十五日,苏轼与客听琴西湖,苏轼赋诗《九月十五日,观月听琴西湖示坐客》:"白露下众草,碧空卷微云。孤光为谁来,似为我与君。水天浮四坐,河汉落酒樽。使我冰雪肠,不受曲蘖醺。尚恨琴有弦,出鱼乱湖纹。哀弹奏旧曲,妙耳非昔闻。良时失俯仰,此见宁朝昏。悬知一生中,道眼无由浑。"②

陈师道有和诗,题为《次韵苏公观月听琴》:"清湖纳明月,远览无留云。人生亦何须,有酒与桐君。自醉宁问客,一樽复一樽。平生今不饮,意得同酬醺。清言冰玉质,坏衲山水纹。弹精有后悟,畜耳无前闻。潜鱼避流光,归鸟投重昏。信有千丈清,不如一尺浑。"③后苏轼亦复次韵。但此诗在查慎行《苏诗补注》中列为赵令畤作,而另附陈师道《次韵苏公西湖观月听琴》一诗,曰:"公诗端王道,亭亭如紫云。落世不敢学,谓是诗中君。独有黄太史,抱朴抱其尊。韵出百家上,诵之心已醺。黄锺毁少合,大裘摈不文。世事如病耳,蚁斗作牛闻。苦怀太史惠,养豹烟雨昏。后世无高学,举俗爱许浑。"④比较这两首诗,还是第一首诗更像是陈师道所作。任渊注第一首后四句曰:"四句皆劝苏公含垢纳污之意。《涉颍》诗亦云:至洁而纳污,此水真吾师。苏公《送鲁远翰》诗云:皎皎千丈清,不如尺水浑。故后山言信有以印之。"

3. 苏轼以上之《九月十五日》韵,再作诗,题为《复次韵谢赵景贶、陈履常见和,兼简欧阳叔弼兄弟》:"能诗李长吉,识字扬子云。端能望此府,坐啸获两君。逝将江湖去,浮我五石樽。眷焉复少留,尚为世所醺。或劝莫作诗,儿辈工织纹。朱弦寄三叹,未害俗耳闻。共寻两欧阳,伐薪照黄昏。是家有甘井,汲多终不浑。"⑤

陈师道次其韵,《再次韵苏公示两欧阳》:"公诗周鲁后,曳曳垂天云。府中顾长康,风味如曲君。非公无此客,请寿两山樽。叔季大儒后,偏醒亦同醺。心与柏石坚,章成绮绣纹。多难独不补,少戆今无闻。时无古今异,智有功名昏。可使百

---

① 冒广生补笺:《后山诗注补笺》,上册,105—110 页,北京,中华书局,1995。
② 王文诰辑注:《苏轼诗集》,第 6 册,1790 页,北京,中华书局,1982。
③ 冒广生补笺:《后山诗注补笺》,上册,111—112 页,北京,中华书局,1995。
④ 查慎行补注:《苏诗补注》,中册,1009 页,南京,凤凰出版社,2013。
⑤ 王文诰辑注:《苏轼诗集》,第 6 册,1792 页,北京,中华书局,1982。

尺底,不作数斗浑。"后四句,任注曰:"四句皆劝公洁身高退之意。"①

4. 苏轼与陈师道诸人泛舟颍水,赋诗《泛颍》:"我性喜临水,得颍意甚奇。到官十日来,九日河之湄。吏民相笑语,使君老而痴。使君实不痴,流水有令姿。绕郡十余里,不驶亦不迟。上流直而清,下流曲而漪。画船俯明镜,笑问汝为谁?忽然生鳞甲,乱我须与眉。散为百东坡,顷刻复在兹。此岂水薄相,与我相娱嬉。声色与臭味,颠倒眩小儿。等是儿戏物,水中少磷缁。赵陈两欧阳,同参天人师。观妙各有得,共赋泛颍诗。"②

陈师道次其韵,《次韵苏公涉颍》:"冲风不成寒,脱木还自奇。坐看白日晚,起行清颍湄。三穴未为得,一舟不作痴。(任渊于此二句下注曰:"二句似托意,以坡避谤请郡为得策。")路暗鸟遗音,江清鱼弄姿。宇定怪物变,意行觉舟迟。公与两公子,妙语含风漪。但怪笑谈剧,莫知宾主谁。得句未肯吐,郁郁见睫眉。相从能几何,行乐当及兹。生忍自作难,百忧间一嬉。时寻赤眼老,不探黄口儿。解公头上巾,一洗七年缁。至洁而纳污,此水真吾师。须公晓二子,人自穷非诗。"③

5. 陈师道不饮酒,苏轼欲破其酒戒,作诗《次韵赵景贶督两欧阳诗,破陈酒戒》:"商也哀未忘,岁月忽已秋。祥琴虽未调,余悲不敢留。矧此乃韵语,未入金石流。羲之生五子,总角出银钩。吾家有二许,下笔两不休。君言不能诗,此语人信不?千钟斯为尧,百榼斯为丘。陋矣陶士衡,当以大白浮。酒中那有失,醉则不惊鸥。明当罚二子,已洗两玉舟。"④时欧阳棐、欧阳辩(欧阳修子)母丧,两兄弟尚在服中。欧阳棐、欧阳辩母薛夫人卒于元祐四年八月,故有"君言不能诗,此语人信不"之句,益劝之。苏轼诗后者题为《叔弼云,履常不饮,故不作诗,劝履常饮》:"我本畏酒人,临觞未尝诉。平生坐诗穷,得句忍不吐。吐酒茹好诗,肝胃生滓污。用此较得丧,天岂不足付。吾侪非二物,岁月谁与度。悄然得长愁,为计已大误。二欧非无诗,恨子不饮故。强为醮一酹,将非作愁具。成言如皎日,援笔当自赋。他年五君咏,山王一时数。"⑤

陈师道有《次韵苏公劝酒与诗》:"五士三不同,烦公以诗诉。强酒古所辞,妙语神其吐。自念每累人,举扇无我污。复使两欧阳,缩手不分付。平生西方社,努力须自度。不忧龟九头,肯畏语一误。顿悟而渐修,从此辞世故。公看万金产,宁

---

① 冒广生补笺:《后山诗注补笺》,上册,115—116 页,北京,中华书局,1995。
② 王文诰辑注:《苏轼诗集》,第 6 册,1794—1795 页,北京,中华书局,1982。
③ 冒广生补笺:《后山诗注补笺》,上册,112—114 页,北京,中华书局,1995。
④ 王文诰辑注:《苏轼诗集》,第 6 册,1798—1799 页,北京,中华书局,1982。
⑤ 王文诰辑注:《苏轼诗集》,第 6 册,1799—1800 页,北京,中华书局,1982。

能一朝具。两生文章家,夙记《鸣蝉赋》。请公坚城垒,兵来后无数。"①

6. 苏轼臂痛,作三绝句,《臂痛谒告,作三绝句示四君子》,其一:"公退清闲如致仕,酒余欢适似还乡。不妨更有安心病,卧看萦帘一炷香。"其二:"心有何求遣病安,年来古井不生澜。只愁戏瓦闲童子,却作泠泠一水看。"其三:"小阁低窗卧宴温,了然非默亦非言。维摩示病吾真病,谁识东坡不二门。"②

陈师道次其韵,《次韵苏公谒告三首》,其一:"静中有业官成集,醉里无何老是乡。文宝向来无一物,却须天女与拈香。"其二:"竭泽回波不作难,未应平地起风澜。是身非有从何病,试下先生一著看。"其三:"纸帐熏炉作小春,狸奴白牯对忘言。更无人问维摩诘,始是东坡不二门。"③

7. 苏轼赋诗挑欧阳棐(叔弼)、欧阳辩(季默)兄弟,时棐、辩闲居于颍,苏轼作《景贶、履常屡有诗,督叔弼、季默倡和,已许诺矣,复以此句挑之》:"君家文律冠西京,旋筑诗坛按酒兵。袖手莫轻真将种,致师须得老门生。明朝郑伯降谁受,昨夜条侯壁已惊。从此醉翁天下乐,还应一举百觞倾。(自注:文忠公赠苏、梅诗云:我亦愿助勇,鼓旗噪其旁。快哉天下乐,一醻宜百觞。)"④

陈师道有《次韵苏公督两欧阳诗》:"吟声正可候虫鸣,酒面犹须作老兵。岂有文章妨要务,孰知诗律自前生。向来怀璧真成罪,未必含光不屡惊。血指汗颜终缩手,此怀端复向谁倾。"⑤

8. 十月十四日,苏轼以病在告独酌,招诸君子明日赏月,各赋诗,苏轼作《十月十四日以病在告独酌》曰:"翠柏不知秋,空庭失摇落。幽人得嘉荫,露坐方独酌。月华稍澄穆,雾气尤清薄。小儿亦何知,相语翁正乐。铜炉烧柏子,石鼎煮山药。一杯赏月露,万象纷酬酢。此生独何幸,风缆欣初泊。誓逃颜跖网,行赴松乔约。莫嫌风有待,漫欲戏寥廓。泠然心境空,仿佛来笙鹤。"又《独酌试药玉滑盏,有怀诸君子。明日望夜,月庭佳景不可失,作诗招之》:"镕铅煮白石,作玉真自欺。琢削为酒杯,规摹定州瓷。荷心虽浅狭,镜面良渺瀰。持此寿佳客,到手不容辞。曹侯天下平,定国岂其师。一饮至数石,温克颇似之。风流越王孙,诗酒屡出奇。喜我有此客,玉杯不徒施。请君诘欧陈,问疾来何迟。呼儿扫月榭,扶病及良时。"⑥

---

① 冒广生补笺:《后山诗注补笺》,上册,116—117页,北京,中华书局,1995。
② 王文诰辑注:《苏轼诗集》,第6册,1800—1801页,北京,中华书局,1982。
③ 冒广生补笺:《后山诗注补笺》,下册,571—572页,北京,中华书局,1995。
④ 王文诰辑注:《苏轼诗集》,第6册,1802页,北京,中华书局,1982。
⑤ 冒广生补笺:《后山诗注补笺》,上册,118—119页,北京,中华书局,1995。
⑥ 王文诰辑注:《苏轼诗集》,第6册,1807—1809页,北京,中华书局,1982。

53

陈师道有《次韵苏公独酌》:"云月酒下明,风露衣上落。是中有何好,草草成独酌。使君顾谓客,老子兴不薄。饮以全吾真,醉则忘所乐。未解饮中趣,中之如狂药。起舞屡跳踉,骂坐失酬酢。终然厌多事,超然趋淡薄。功名无前期,山林有成约。身将岁华晚,意与天宇廓。醒醉各有适,短长听凫鹤。"①

又《次韵苏公独酌试药玉滑盏》:"仙人弃余粮,玉色已可欺。小试换骨方,价重十冰瓷。灌以长白虹,渺若江海漪。浮之端不恶,举者亦何辞。但愧闻道晚,早从雁门师。律部无明文,可复时中之。汝阳佳少年,三斗出六奇。家有持杯手,两好当一施。风吹酒面灰,月度杯心迟。百年容有命,一笑更须时。"②

9. 苏轼游西湖,赋《木兰花令·次欧公西湖韵》:"霜余已失长淮阔。空听潺潺清颍咽。佳人犹唱醉翁词,四十三年入电抹。　草头秋露流珠滑。三五盈盈还二八。与余同是识翁人,惟有西湖波底月!"③

陈师道亦赋《木兰花令》,于题下自注曰:"汝阴湖上同东坡用六一韵",词曰:"湖平木落摇空阔。叶底流泉鸣复咽。酒边清漏往时同,花里朱弦纤手抹。　风光过手春冰滑。十事违人常七八。不将白发并黄花,拟下清流揽明月。"④

10. 十月二十八日,苏轼与赵令畤、陈师道同访欧阳棐和欧阳辩,作诗《与赵、陈同过欧阳叔弼新治小斋,戏作》:"江湖渺故国,风雨倾旧庐。东来三十年,愧此一束书。尺椽亦何有,而我常客居。羡君开此室,容膝真有余。拊床琴动摇,弄笔窗明虚。后夜龙作雨,天明雪填渠。(自注:时方祷雨龙祠。作此句时,星斗灿然。四更风雨大至,明日,乃雪。)梦回闻剥啄,谁乎赵陈予。添丁走沽酒,通德起挽蔬。主孟当唉我,玉鳞金尾鱼。一醉忘其家,此身自籧篨。"⑤

陈师道亦有诗,《次韵苏公题欧阳叔弼息斋》:"行者悲故里,居者爱吾庐。生须著锥地,何赖汗牛书。丈室百尺床,称子闭门居。百为会有还,一足不愿余。纷纷老幼间,失得了悬虚。客在醉则眠,听我莫问渠。论胜已绝倒,句妙方愁予。竹几无留尘,霜畦有余蔬。相从十五年,不为食有鱼。时须一俛仰,君可待籧篨。"⑥诗中"相从十五年,不为食有鱼",苏轼与陈师道相识始于熙宁十年(1077年),至本年元祐六年(1091年),正好是15年。

11. 十一月一日,苏轼祷雨张龙公行祠,得小雪,与陈师道等人饮于聚星堂。

---

① 冒广生补笺:《后山诗注补笺》,下册,480—481页,北京,中华书局,1995。
② 冒广生补笺:《后山诗注补笺》,下册,481页,北京,中华书局,1995。
③ 薛瑞生:《东坡词编年笺证》,599页,西安,三秦出版社,1998。
④ 唐圭璋编:《全宋词》,第1册,585页,北京,中华书局,2011。
⑤ 王文诰辑注:《苏轼诗集》,第6册,1812—1813页,北京,中华书局,1982。
⑥ 冒广生补笺:《后山诗注补笺》,上册,119—120页,北京,中华书局,1995。

苏轼赋诗《聚星堂雪》,此诗小引叙其事,谓步欧阳修守颍时聚星堂,各赋一诗。惜师道诗未留。"元祐六年十一月一日,祷雨张龙公,得小雪,与客会饮聚星堂。忽忆欧阳文忠公作守时,雪中约客赋诗,禁体物语,于艰难中特出奇丽。尔来四十余年,莫有继者。仆以老门生继公后,虽不足追配先生,而宾客之美,殆不减当时,公之二子,又适在郡,故辄举前令,各赋一篇。　　窗前暗响鸣枯叶,龙公试手初行雪。映空先集疑有无,作态斜飞正愁绝。众宾起舞风竹乱,老守先醉霜松折。恨无翠袖点横斜,只有微灯照明灭。归来尚喜更鼓永,晨起不待铃索掣。未嫌长夜作衣棱,却怕初阳生眼缬。欲浮大白追余赏,幸有回飙惊落屑。模糊桧顶独多时,历乱瓦沟裁一瞥。汝南先贤有故事,醉翁诗话谁续说。当时号令君听取,白战不许持寸铁。"①

12. 是年十月,颍州因久旱不雨,州守苏轼为祷雨,乃遣其子苏迨与陈师道祷雨,并作《祈雨迎张龙公祝文》曰:"维元祐六年,岁次辛未,十月丙辰朔,二十五日庚辰,龙图阁学士左朝奉郎知颍州军州事苏轼,谨请州学教授陈师道,并遣男承务郎迨,以清酌庶羞之奠,敢昭告于昭灵侯张公之神。……"②十一月又作《送张龙公祝文》曰:"维元祐六年,岁次辛未,十一月乙酉朔,十日甲午,龙图阁学士左朝奉郎知颍州军州事兼管内劝农使轻车都尉赐紫金鱼袋苏轼,谨以清酌庶羞之奠,敢昭告于昭灵侯张公之神。……惟师道、迨,复饯公还。咨尔庶邦,益敬事神。尚飨。"③祷雨张龙公祠后,陈师道有诗,苏轼有和,《次韵陈履常张公龙潭》:"明经宣城宰,家此百尺澜。郑公不量力,敢以非意干。玄黄杂两战,绛青表双蟠。(自注:事见《龙公碑》。)烈气毙强敌,仁心恻饥寒。精诚祷必赴,苟简求亦难。萧条麦䆃枯,浩荡日月宽。念子无吏责,十日勤征鞍。春蔬得雨雪,少助先生盘。龙不惮往来,而我独宴安。闭阁默自责,神交清夜阑。"④并书。

陈师道原诗《龙潭》:"清渊下无际,落日回风澜。凛然毛发直,敢以笑语干。坡陀百尺台,葱翠万木蟠。惊飙振积叶,清霜作朝寒。水旱或有差,精祷神其难。鱼龙同一波,信有水府宽。向来三日雨,赖子一据鞍。何以报嘉惠,寒瓜荐金盘。万口待一饱,归卧神其安。犹须雪三尺,盛意莫得阑。"⑤

此次祷雨,赵景贶、陈师道、二欧阳皆有诗,苏轼为作《书颍州祷雨诗》记之曰:"元祐六年十月,颍州久旱,闻颍上有张龙公神祠,极灵异,乃斋戒遣男迨与州学教

---

① 王文诰辑注:《苏轼诗集》,第6册,1813—1814页,北京,中华书局,1982。
② 孔凡礼点校:《苏轼文集》,第5册,1924页,北京,中华书局,1986。
③ 孔凡礼点校:《苏轼文集》,第5册,1925页,北京,中华书局,1986。
④ 王文诰辑注:《苏轼诗集》,第6册,1825—1827页,北京,中华书局,1982。
⑤ 冒广生补笺:《后山诗注补笺》,下册,484—485页,北京,中华书局,1995。

授陈履常往祷之。迨亦颇信道教,沐浴斋居而往。明日,当以龙骨至,天色少变。二十六日,会景贶、履常、二欧阳,作诗云:'后夜龙作云,天明雪填渠。梦回闻剥啄,谁呼赵陈予?'景贶拊掌曰:'句法甚新,前此未有此法。'季默曰:'有之。长官请客吏请客,目曰"主簿、少府、我"。即此语也。'相与笑语。至三更归时,星斗灿然,就枕未几,而雨已鸣檐矣。至朔旦日,作五人者复会于郡斋。既感叹龙公之威德,复嘉诗语之不谬。季默欲书之,以为异日一笑。是日,景贶出迨诗云:'吾侪归卧髋骨裂,会友携壶劳行役。'仆笑曰:'是男也,好勇过我。'"①

13. 苏轼在颖以得陈师道、赵令畤、欧阳棐、欧阳辩兄弟为乐,有《西湖戏作一绝》云:"一士千金未易偿,我从陈赵两欧阳。举鞭拍手笑山简,只有并州一葛强。"②

又《用前韵作雪诗留景文》:"万松岭上黄千叶,载酒年年踏松雪。刘郎去后谁复来,花下有人心断绝。东斋夜坐搜雪句,两手龟坼霜须折。无情岂亦畏嘲弄,穿帘入户吹灯灭。纷纷儿女争所似,碧海长鲸君未掣。朝来云汉接天流,顾我小诗如点缀。欧阳赵陈在户外,急扫中庭铺木屑。交游虽似雪柏坚,聚散行作风花瞥。晴光融作一尺泥,归有何事真无说。泥干路稳放君去,莫倚马蹄如蹈铁。"③诗中"欧阳赵陈在户外"即是欧阳叔弼、赵景贶、陈履常。

又《次前韵送刘景文》:"白云在天不可呼,明月岂肯留庭隅。怪君西行八百里,清坐十日一事无。路人不识呼尚书,但见凛凛雄千夫。岂知入骨爱诗酒,醉倒正欲蛾眉扶。一篇向人写肝肺,四海知我霜鬓须。欧阳赵陈皆我有,岂谓夫子驾复迂。迩来又见三黜柳,共此暖热餐毡苏。酒肴酸薄红粉暗,只有颖水清而姝。一朝寂寞风雨散,对影谁念月与吾。(自注:郡中,日与欧阳叔弼、赵景贶、陈履常相从,而景文复至,不数日柳戒之亦见过。宾客之盛,顷所未有。然不数日,叔弼、景文、戒之皆去矣。)何时归帆泝江水,春酒一变甘棠湖。"④

陈师道于苏轼的《西湖戏作一绝》作和诗,《次韵苏公竹间亭绝句》曰:"竹里高亭灯烛光,今年复得杜襄阳。倏看老盖千年后,更想霜林百尺强。"陈师道于此诗自注曰:"是夕公画枯木。"⑤

14. 苏轼与客小饮西湖,时欧阳辩(季默)离颖赴京师,苏轼赋诗《小饮西湖,怀欧阳叔弼兄弟,赠赵景贶、陈履常》:"岁暮自急景,我闲方缓舫。欢饮西湖晚,步

---

① 孔凡礼点校:《苏轼文集》,第5册,2147—2148页,北京,中华书局,1986。
② 王文诰辑注:《苏轼诗集》,第6册,1818页,北京,中华书局,1982。
③ 王文诰辑注:《苏轼诗集》,第6册,1820页,北京,中华书局,1982。
④ 王文诰辑注:《苏轼诗集》,第6册,1822页,北京,中华书局,1982。
⑤ 冒广生补笺:《后山诗注补笺》,上册,121页,北京,中华书局,1995。

转北渚长。地坐略少长,意行无涧冈。久知荠麦青,稍喜榆柳黄。盎盎春欲动,激激夜未央。水天鸥鹭静,月露松桧香。抚景方惋晚,怀人重凄凉。岂无一老兵,坐念两欧阳。我意正麋鹿,君材亦珪璋。此会不可再,此欢不可忘。"①

又次陈师道蜡梅诗韵作《蜡梅》诗赠赵令畤。《蜡梅一首赠赵景贶(一题:次履常蜡梅韵)》:"天工点酥作梅花,此有蜡梅禅老家。蜜蜂采花作黄蜡,取蜡为花亦其物。天工变化谁得知,我亦儿嬉作小诗。君不见万松岭上黄千叶,玉蕊檀心两奇绝。醉中不觉度千山,夜闻梅香失醉眠。归来却梦寻花去,梦里花仙觅奇句。此间风物属诗人,我老不饮当付君。君行适吴我适越,笑指西湖作衣钵。"②

陈师道于苏诗皆有和。《次韵苏公蜡梅》:"化人乃作细样花,何年落子空山家。羽衣霓袖洝香蜡,从此人间识尤物。青琐诸郎却未知,天公下取仙翁诗。乌丸鸡距写玉叶,却怪寒花未清绝。北风驱雪度关山,把烛看花夜不眠。明朝诗成公亦去,长使诗仙诵佳句。湖山信美更负人,已觉西湖属此君。坐想明年吴与越,行酒赋诗听击钵。"

又《次韵苏公竹间亭小酌》:"自昔有遗韵,小饮不尽觞。坐待竹间月,奈此云影长。起行林下路,散策踚平岗。破眼一枝春,著意千叶黄。暄寒会有分,蜂蝶来无央。鸟语带余寒,竹风回妙香。缅想两公子,作恶变清凉。谁怜尘沙底,疲马踏朝阳。斯人班马后,如圭复如璋。相逢了无得,佳处每难忘。"③

15. 欧阳棐、欧阳辩兄弟先后离颍,苏轼赠诗,次陈师道诗韵。《新渡寺席上,次赵景贶、陈履常韵,送欧阳叔弼。比来诸君唱和,叔弼但袖手傍睨而已,临别,忽出一篇,颇有渊明风致,坐皆惊叹》:"神屠不目全,妙额惟妆半。更刀乃族庖,倚市必丑悍。平生魏公筹,忽靳郐人缦。诗书亦何用,适道须此馆。多言虽数穷,微中或排难。子诗如清风,寥寥发长旦。胡为久闭匿,绮语真自患。许时笑我痴,隔屋相咏叹。竟识彦道不?绝叫呼百万。清朝固多士,人门子皆冠。莫言清颍水,从此隔河汉。异时我独来,得鱼杨柳贯。持归不忍食,尺素解凄断。中有清圆句,铜丸飞柘弹。春愁结凌溿,正待一笑泮。百篇倘寄我,呻吟郑人缓。"④诗题是"次陈履常韵",但陈诗已佚。查慎行即曰:"《陈后山集》中失去此题原作。无从采录。"⑤在《后山集》中有一首《赠欧阳叔弼》:"早知汝颍多能事,晚以诗书托下寮。大府礼容宽懒慢,故家文物尚嫖姚。只将忧患供谈笑,敢望功言答圣朝。岁历四

---

① 王文诰辑注:《苏轼诗集》,第6册,1827—1828页,北京,中华书局,1982。
② 王文诰辑注:《苏轼诗集》,第6册,1828页,北京,中华书局,1982。
③ 冒广生补笺:《后山诗注补笺》,下册,498、486页,北京,中华书局,1995。
④ 王文诰辑注:《苏轼诗集》,第6册,1823—1825页,北京,中华书局,1982。
⑤ 查慎行补注:《苏诗补注》,中册,1032页,南京,凤凰出版社,2013。

三仍此地,家余五一见今朝。"①但此诗不像是被苏轼次韵之作。

16. 有人送洞庭春色酒,苏轼作《洞庭春色并引》:"安定郡王以黄柑酿酒,谓之洞庭春色,色香味三绝。以饷其犹子德麟。德麟以饮余,为作此诗。醉后信笔,颇有沓拖风气。　　二年洞庭秋,香雾长噀手。今年洞庭春,玉色疑非酒。贤王文字饮,醉笔蛟龙走。既醉念君醒,远饷为我寿。瓶开香浮座,盏凸光照牖。方倾安仁醴,莫遣公远嗅。要当立名字,未用问升斗。应呼钓诗钩,亦号扫愁帚。君知蒲萄恶,正是嫫母黝。须君滟海杯,浇我谈天口。"②

陈师道亦作诗,《和苏公洞庭春色》:"洞庭千木奴,寸丝不挂手。来输步兵厨,酿作青田酒。王家玉东西,未觉岁华走。方从罗浮山,已作南阳寿。还将瓮头春,慰予雪入牖。我方缚禅律,一举烦屡嗅。东坡酒中仙,醉墨粲星斗。诗成以属我,千金须弊帚。何曾樽俎间,著客面櫜黝。定须笑美人,醮甲不濡口。"③

17. 都曹路虬归老丹阳,苏轼作诗送之。《送路都曹》:"积雪困桃李,春心谁为容。淮光酿山色,先作归意浓。我亦倦游者,君恩系疎慵。欲留耿介士,伴我衰迟踪。吏课升斗积,崎岖等铅舂。那将露电身,坐待收千锺。结发空百战,市人看先封。谁能搔白首,抱关望夕烽。子意谅已成,我言宁复从。恨无乖崖老,一洗芥蒂胸。我田荆溪上,伏腊亦粗供。怀哉江南路,会作林下逢。"诗前小叙云:"……今都曹路公,以小疾求致仕,予诵此诗,留之不可。乃采前人意,作诗送之,并邀赵德麟、陈履常同赋一篇。"④

陈师道遂亦作《送路纠归老丹阳》:"身退不待年,意足不待余。宁闻有余论,但问我何如。才名四十年,盛气盖诸儒。独无金水力,竟与鼋龟俱。晚为府中掾,直前不趑趄。曾何愧俯仰,颇亦困嗫嚅。有粟尚可糊,有酒尚可娱。一朝脱章绶,用意不踌躇。富贵亦何有,惜君宁挽裾。人生一世间,仅得还其躯。谢公江海人,此计竟亦疎。千金一大钱,两子双明珠。妙语发幽光,东坡为歔欷。不知两疏去,能亦有此无。聊为三径资,从子并门居。"⑤

18. 冬,连日大雪,苏轼简招赵令畤至,议赈济,散赐柴米。陈师道为之作《连日大雪,以疾作不出,闻苏公与德麟同登女郎台》,诗曰:"掠地冲风敌万人,蔽天密雪几微尘。漫山塞壑疑无地,投隙穿帷巧致身。晚积读书今已老,闭门高卧不缘

---

① 冒广生补笺:《后山诗注补笺》,上册,94—95页,北京,中华书局,1995。
② 王文诰辑注:《苏轼诗集》,第6册,1835—1836页,北京,中华书局,1982。
③ 冒广生补笺:《后山诗注补笺》,下册,462页,北京,中华书局,1995。
④ 王文诰辑注:《苏轼诗集》,第6册,1837—1838页,北京,中华书局,1982。
⑤ 冒广生补笺:《后山诗注补笺》,下册,465页,北京,中华书局,1995。

贫。遥知更上湖边寺,一笑潜回万室春。"诗后师道自注曰:"是日赐柴米。"①苏轼次其韵。《次韵陈履常雪中》曰:"可怜扰扰雪中人,饥饱终同寓一尘。老桧作花真强项,冻鸢储肉巧谋身。忍寒吟咏君堪笑,得暖欢呼我未贫。坐听屐声知有路,拥裘来看玉梅春。"②

这在赵令畤《侯鲭录》卷四中即详载"赐柴米"以及三人和诗之事。"元祐六年,汝阴久雪。一日,天未明,东坡来召议事,曰:'某一夕不寐,念颍人之饥,欲出百余千造饼救之。老妻谓某曰:"子昨过陈,见傅钦之言签判在陈赈济有功,何不问其赈济之法?"某遂相召。'余笑谢曰:'已备之矣。今细民之困,不过食与火耳。义仓之积谷数千硕,可以支散以救下民。作院有炭数万称,酒务有余柴数十万称,依原价卖之,二事可济下民。'坡曰:'吾事济矣。'遂草放积欠赈济奏檄上台寺。教授陈履常闻之,有诗:'……'坡次韵曰:'……'予次韵曰:'坎壈中年坐废人,老来貌鼎视埃尘。铁霜带面惟忧国,机阱当前不为身。发廪已康诸县命,蠲逋一洗几年贫。归来又扫宽民奏,惭愧毫端尔许春。'"③

苏轼知颍半载,陈师道与其从游唱和,甚得其乐。此为苏、陈两人交往最密的一段时期,有游乐,有唱诗,更有情谊。其唱和之作,赵令畤曾编为《汝阴唱和集》,晁说之为之序,李廌(方叔)为后序。惜集已逸。

集虽未存,然周必大在其《益公题跋》卷五中记录下了东坡与陈师道等人在颍州唱和之事,云:"东坡以元祐六年秋到颍州。明年春,赴维扬,作此诗。题曰《西湖月夜泛舟》,今集序以《赵德麟饯饮湖上》为题是也。按公在颍仅半年,集中自《放鱼》长韵而下,凡六十余诗。历考东坡所至岁月,惟颍为少,而留诗反多。盖陈传道、履常、赵德麟、欧阳叔弼、季默,适聚于颍,故临别诗云:'五君从我游,倾泻出怪珍。'又中间刘景文特来送行,诗云:'欧阳赵陈皆我有,岂谓夫子驾复迁。迩来又见三黜柳,共此暖热餐毡苏。'自注云:'郡中日与叔弼、景贶、陈履常相从,而景文复至,不数日,柳戒之亦ామ过,宾客之盛,顷所未有。'乃知抒发妙思,罗列于此,抑有由也。"④

---

① 冒广生补笺:《后山诗注补笺》,下册,531—532页,北京,中华书局,1995。
② 王文诰辑注:《苏轼诗集》,第6册,1839—1840页,北京,中华书局,1982。
③ 赵令畤:《侯鲭录》,见朱易安等主编《全宋笔记》,第2编,第6册,227—228页,郑州,大象出版社,2006。
④ 四川大学中文系唐宋文学研究室编:《苏轼资料汇编》,第2册,546页,北京,中华书局,1994。

元祐七年壬申(1092年)

苏轼五十七岁,二月前仍在颍州任上,之后(一月二十八日)除知扬州军州事,充淮南东路兵马钤辖。颍任由晏殊之子晏知止代。

正月十五日,陈师道兄陈师仲(传道)来颍,苏轼与陈师仲雪中观灯,有诗《和陈传道雪中观灯》:"新年乐事叹何曾,闭阁烧香一病僧。未忍便倾浇别酒,且来同看照愁灯。颍鱼跃处新亭近,湖雪消时画舫升。只恐樽前无此客,清诗还有士龙能。"末句"士龙",王注次公曰:"以言履常也。"①惜陈传道诗未留。

苏轼在颍时,曾与陈师道论画,《后山谈丛》"范琼赵承祐孙位画品"条记述曰:"蜀人句龙爽作《名画记》,以范琼、赵承祐为神品,孙位为逸品,谓琼与承祐类吴生,而设色过之,位虽工,不中绳墨。苏长公谓:'彩色非吴生所为,二子规模吴生,故长于设色尔。孙位方不用矩,圆不用规,乃吴生之流也。'余谓二子学吴生,而能设色,不得其本,故用意于末,其巧者乎?"②

又论词。《艇斋诗话》曰:"东坡《大江东去》词,其中云:'人道是三国周郎赤壁。'陈无己见之,言不必道三国,东坡改云'当日'。今印本两出,不知东坡已改之矣。"③

陈传道离颍时,苏轼有《和赵德麟送陈传道》亦及陈师道,诗曰:"二陈既妙士,两欧惟德人。王孙乃龙种,世有笯云麟。五君从我游,倾写出怪珍。俗物败人意,兹游实清醇。那知有聚散,佳梦失欠伸。我舟下清淮,沙水吹玉尘。君行踏晓月,疏木挂寸银。尚寄别后诗,剪刻淮南春。"④

苏轼离颍后,晏知止代,《实录》:"二月辛酉,少府监晏知止除知颍州。六月甲子,以礼部侍郎韩川换知止。"⑤韩来后,尽改苏政,师道为叹。陈师道有《离颍》诗,其中有两句"丛竹防供爨,池鱼已割鲜"。任渊于此句下注曰:"当是东坡去颍后,代者韩川变其旧政。向也徒鱼,今乃割鲜,行将及竹矣。后山所叹,意盖不止此也。"⑥苏轼亦有《乞罢学士除闲慢差遣札子》曰:"及蒙擢为学士后,便为……韩川、赵挺之等攻击不已,以致罗织语言,巧加酝酿,谓之诽谤。"⑦任注言"代者韩

---

① 王文诰辑注:《苏轼诗集》,第6册,1842页,北京,中华书局,1982。
② 陈师道:《后山谈丛》卷二,见朱易安等主编《全宋笔记》,第2编,第6册,87页,郑州,大象出版社,2006。
③ 吴文治主编:《宋诗话全编》,第3册,2645页,南京,凤凰出版社,1998。
④ 王文诰辑注:《苏轼诗集》,第6册,1847页,北京,中华书局,1982。
⑤ 转引自冒广生补笺:《后山诗注补笺》,上册,目录,7页,北京,中华书局,1995。
⑥ 冒广生补笺:《后山诗注补笺》,上册,171页,北京,中华书局,1995。
⑦ 孔凡礼点校:《苏轼文集》,第2册,816页,北京,中华书局,1986。

川",则宴知止未到任或虽到任旋即罢,故代者为韩川。

苏轼到扬州任不及半年,即于八月二十二日,以兵部尚书龙图阁学士除侍读。陈师道遂即奉寄贺启,《贺兵部苏尚书启》曰:"入侍迩英,出司武部,成命一下,欢声四来。窃惟八座之崇,以待二府之选。章帝之眷郅寿,岂惟词艺之工;文宗之用赞皇,亦为登进之渐。昔有故事,号为美谈。尚书侍读亦俎豆之闻,为军旅之事;以道德之老,备师传之官,偃革修文,尚须伯益之赞;拜章归道,益隆桓氏之风。遂正洪钧,以绥四海。周登鲁卫,深惟政事之同;唐用孝温,或为前后之继。公望如此,私心与同,致庆以还,执笔而俟。"①

但同时,陈师道亦知苏轼个性,乃作书劝其为朝要慎言。《上苏公书》曰:"师道启……近见赵承议,说得阁下书,欲复伸理前所举剥文广狱事,闻之未以为然。窃谓阁下必不出此,而愚虑所及,亦不能忍也。君子之于事,以位为限,居位而不言则不可,去位而言则又不可。其言之者,义也;其不言者,亦义也。阁下前为颍州,言之可也。今为扬守,而预颍事,其亦可乎?岂以昔尝言之而不置耶?此取胜之道也。近岁士大夫类皆如此,以为成言,而非阁下之所当为也。苟不公言而私请之,又不如已也。天下之事,行之不中理,使人不平者,岂此一事,阁下岂能尽争之耶?争之岂能尽如人意耶?徒使呫呫者以为多事耳。常谓士大夫视天下不平之事,不当怀不平之意。平居愤愤,切齿扼腕,诚非为己;一旦当事而发之,如决江河,其可御耶?必有过甚覆溺之忧。前日王荆公、司马温公是也。夫言之以行义耳,岂如冯妇攘臂下车,取众人之一快耶?窃谓阁下必不出此,而宁一陈之,以效其愚耳。秋益高,惟为朝重慎,不胜区区。师道再拜。"②书中有"秋益高",正是苏轼八月除兵部尚书时。

陈师道还作诗劝其早休,以免祸。《寄侍读苏尚书》:"六月西湖早得秋,二年归思与迟留。一时宾客余枚叟,在处儿童说细侯。经国向来须老手,有怀何必到壶头。遥知丹地开黄卷,解记清波没白鸥。"③诗中"枚叟"是西汉枚乘,取以自比,"细侯"是东汉郭伋,以属苏轼,一联之中两人并举。末句"解记清波没白鸥"则是用苏轼在颍州时所作次韵子由的诗句"明年兼与士龙去,万顷沧波没两鸥"④,意思是说我还记得你说过的"万顷沧波没两鸥"的诗,当适时归隐了啊。

本年,苏辙在京师,陈师道代颍守宴知止作贺苏辙启。《代贺门下苏侍郎启》

---

① 陈师道:《后山居士文集》,下册,614—615页,上海,上海古籍出版社,1984。
② 陈师道:《后山居士文集》,下册,564—570页,上海,上海古籍出版社,1984。
③ 冒广生补笺:《后山诗注补笺》,上册,141页,北京,中华书局,1995。
④ 王文诰辑注:《苏轼诗集》,第6册,1772页,北京,中华书局,1982。

曰："显膺明制,登进东台。贤能所居,位望加重。成命四达,众言一同。窃以帝者不难于信任,而难于知人;君子不患乎富贵,而患乎所立。上以为贤而下不异;名之所善而实与同。故能邪正不乱,而用究其能;终始如一,而人不失望。不有君臣之合,孰明治乱之分。恭惟某官行法于身,成言于德,名在三君之列,行为百世之师。方其在布衣之中,已有经天下之志。对嘉祐之问,则刺切明主;议熙宁之法,则违忤权臣。人之所难,行而甚易;事之未效,识其当然。故身虽穷于江湖,而望已在于廊庙。遂膺大用,显有丕功。人欲未充,恩言狎至。期年而化,已如汉相之言;三揖而升,遂正商衡之任。某系官汝颍,阻拜门庭。实与斯民,不胜至愿。"①

元祐八年癸酉(1093年)

苏轼五十八岁,在京师。至九月十三日,端明殿学士兼翰林侍读学士礼部尚书知定州(今河北保定)。

陈师道四十二岁,在颍州教授任。闻苏轼知定州,寄送苏轼诗,《寄送定州苏尚书》:"初闻简策侍前旒,又见衣冠送作州。北府时清惟可饮,西山气爽更宜秋。功名不朽聊通袖,海道无违具一舟。枉读平生三万卷,貂蝉当复自兜牟。"诗云"功名不朽聊通袖,海道无违具一舟",仍以早休相劝。任渊于此两句注曰:"此两句皆拈出东坡语以劝之,意谓功成名遂,自足不朽,政可缩手袖间,而遂湖海之本志也。东坡《沁园春》词:'用舍有时,行藏在我,袖手何妨闲处看。'《八声甘州》词有云'约他年东还海道,愿谢公雅志莫相违'。"②

又陈师道有《颍州祭佛陀波利文》,其首曰"惟岁之初,雨雪间作",又曰"前守苏某,以闻于朝"。陈师道本年尚在颍州,明年罢颍任,而称苏为"前守",则知此文当作于本年。文章赞扬苏轼任颍守时对颍州人民的关心。其文曰:"惟岁之初,雨雪间作。吏失其职,而民为忧。徧于群祀,不承其休。顾惟其穷,敢以礼清。大士哀其不幸,报以如愿,天地开霁,三辰粲然,蚕桑以时,谷麦布野。前守苏某,以闻于朝,请以大士之所居为光梵寺,以俟民之敬心。月既晦矣,吏其忘之?惟大士之天眼妙心,求施且不得,宁复有报?而礼有祈谢,不敢不共。"③

哲宗绍圣元年甲戌(1094年)

苏轼五十九岁。四月,苏轼罢定州任,责知英州(今广东英州),六月又诏谪惠

---

① 陈师道:《后山居士文集》,下册,612—614页,上海,上海古籍出版社,1984。
② 冒广生补笺:《后山诗注补笺》,上册,146—148页,北京,中华书局,1995。
③ 陈师道:《后山居士文集》,下册,779—780页,上海,上海古籍出版社,1984。

州(今广东惠州)。

陈师道四十三岁。夏,罢颍州任,到开封吏部注官,得监海陵酒税(今江苏泰县)任。居京师时,恰值吴复古南往惠州谒苏轼,陈师道作诗送行,题为《送吴先生谒惠州苏副使》:"闻名欣识面,异好有同功。我亦惭吾子,人谁恕此公。百年双白鬓,万里一秋风。为说任安在,依然一秃翁。"末句任渊注曰:"后山自谓不负苏公之门,时亦坐党事废锢,故云秃翁。"①

绍圣二年乙亥(1095年)
苏轼六十岁,在惠州贬所。

陈师道四十四岁。早春,居开封,由监海陵酒税改官江州彭泽令。是岁三月,其母卒,未赴彭泽任,即扶丧归徐。七月,葬其父母后,遂寄食于曹州其岳父郭概处。时晁补之弟晁无斁为曹州教官,陈师道作《次韵无斁偶作二首》之二以怀东坡,诗曰:"此老三年别,何时万里回。更无南去雁,犹见北枝梅。会有哀笼鸟,宁须溺死灰。圣朝无弃物,与子赋归哉。"②诗的首句,言从元祐壬申(1092年)别于颖州,至本年,恰好是三年。诗的末句,则希望苏轼从贬所早日归来。

绍圣四年丁丑(1097年)
苏轼六十二岁。本年苏轼再遭贬谪。二月十九日,苏轼由惠州责授琼州别驾,移昌化军(今儋州)安置,七月到儋州。

陈师道四十六岁。绍圣三年(1096年),在曹州。本年在徐州,闻苏轼贬儋州,赋诗《怀远》,以致感念。"海外三年谪,天南万里行。生前只为累,身后更须名。未有平安报,空怀故旧情。斯人有如此,无复涕纵横。"任渊注此诗云:"此诗属东坡。"③

陈师道在徐州时,作《柏山》诗,用苏轼之事。柏山亦作桓山,在徐州彭城县北,有宋司马桓魋墓。苏轼为徐守时,曾作《游桓山记》,曰:"元丰二年正月己亥晦,春服既成,从二三子游于泗之上。登桓山,入石室,使道士戴日祥鼓雷氏之琴,

---

① 冒广生补笺:《后山诗注补笺》,上册,166—169页,北京,中华书局,1995。
② 冒广生补笺:《后山诗注补笺》,上册,184页,北京,中华书局,1995。
③ 冒广生补笺:《后山诗注补笺》,下册,343—344页,北京,中华书局,1995。

操《履霜》之遗音,曰:'噫嘻悲夫,此宋司马桓魋之墓也。'……"①陈师道因之而作《柏山》诗曰:"平江如抱贯秦洪,双岭驰来欲并雄。是物皆为万世计,开棺犹有一朝穷。(任注:东坡守徐州时,有《游桓山记》,言之详矣。)林岔特起终有污,美恶千年竟不空。尚有风流羊叔子,稍经湔洗与清风。"诗后陈师道自注曰:"有东坡记刻石。"②陈师道在诗的尾联用羊叔子登岘山事,以比苏轼。羊叔子即羊祜,魏晋时期的著名政治家。此前,陈师道亦曾以羊叔子比曾巩,应是陈师道特别崇拜的人物。

陈师道有一篇《颖师字序》,其中说"于时东坡居士三徙万里岛海之间",正是指儋州。又"涪翁亦再逐髽微庐彭之故处",时黄庭坚亦被贬逐到了黔州,即今之彭水。故知此文大约作于此时。其文曰:"吾里中少年每岁首,簪饰箕帚,召紫姑以戏。一岁有神下焉,曰吾蓬莱仙伯徐君也,自是累累而降。喜句画,有求必答,笔下不休如写。熟读,曰:'诗拟谢灵运,书效黄鲁直,使黄、谢见之不能别也。'后数岁来京师,遇参寥子,始识其孙颖沙弥者,自言资不解书,夜梦有人授以笔意,既窹,急起索火,下笔即为苏书。于是东坡居士三徙万里岛海之间,蛮蜑之与居,涪翁亦再逐髽微庐彭之故处。人方藉鳞困苦,必欲其死,世亦无敢语之者,而神官海伯方喜好字画,又以传世,信所谓人厄,非天穷也。颖师,钱塘朱氏子,既丧父,与其母俱出家。年七八岁时,举止意气已如成人,逢时嬉娱,居士见而戒之,遂去不复出。居士怪叹曰:'不出十年,闻名东南。'此参寥之法孙,东坡之门僧也。今十余年,句有家法,书稍逼真矣。尝以寄海上,居士以书遗祖师曰:'妙总门下龙象也,吾不复期以句画矣。'……"③文章写一叫颖师者,其字似苏东坡。而更主要的是写到苏东坡,还有黄庭坚在谪居地,"人方藉鳞困苦,必欲其死,世亦无敢语之者",表达了对远在万里之外的苏、黄的同情。

哲宗元符元年戊寅(1098 年)
苏轼六十三岁,在儋州。

陈师道四十七岁,在徐州家居。时与其弟子魏衍同登黄楼、快哉亭而思念万里之外的苏轼。因黄楼是苏轼为徐守时所建,快哉亭亦是苏轼所命名。《和魏衍元夜同登黄楼》曰:"永怀寂寞人,南北忘在所。横岭限鱼鸟,作书欲谁与。"任渊于

---

① 孔凡礼点校:《苏轼文集》,第 2 册,370 页,北京,中华书局,1986。
② 冒广生补笺:《后山诗注补笺》,下册,231 页,北京,中华书局,1995。
③ 陈师道:《后山居士文集》,下册,721—723 页,上海,上海古籍出版社,1984。

此四句注曰:"寂寞人,谓东坡。言其身世两忘,不知谪在海外也。"又,"情生文自哀,意动足复伫。"任渊注曰:"欧阳诗:足虽欲往意已休。此反用之,恨不能往见东坡也。"《和魏衍同登快哉亭》,则曰:"来牛去马中年眼,朗月清风万里心。"任渊注曰:"当属东坡。"①由此可见,陈师道对苏轼之情深。

元符二年己卯(1099 年)
苏轼六十四岁,在儋州。

陈师道四十八岁,在徐州家居。于新岁元日作诗怀苏轼。《元日雪二首》其一曰:"半夜风如许,平明雪皓然。帘疏穿琐细,竹压更婵娟。窘兔走留迹,饥乌鸣乞怜。遥忻炎海上,还复得新年。"后两句任渊注曰:"末句谓东坡在海外无恙也。"方回《瀛奎律髓》亦曰:"末句,为东坡在儋州。"②本年陈师道在其他诗作中还不时提到苏轼,如《南乡子》词后自注曰:"东坡为赋续丽人行。"又词前的引曰:"晁大夫增饰披云,务欲压黄楼……黄楼不可胜也。"③《寄题披云楼》诗尾句亦曰"只今未可压黄楼"④,这是以黄楼言苏轼,意谓苏轼是不可胜的。

元符三年庚辰(1100 年)
苏轼六十五岁。本年四月十四日,宋徽宗元子生,以生皇子恩,诏授苏轼舒州团练副使,永州(今湖南零陵)安置,到十一月初一日,又授苏轼朝奉郎,提举成都府玉局观,外州军任便居住。也就在本年,陈师道除秘书省正字,其兄陈师仲致书苏轼,苏轼作《答陈传道五首》之四曰:"见近报,履常作正字,伯仲介特之操,处穷益励,时流孰知之者?用是占之,知公议少伸也耶!"又之五言及陈师道,作于同时或稍后。书曰:"闲居亦有少述作,何日得见昆仲稍出之也。宫观之命,已过忝矣。此外只有归田为急。承见教,想识此怀。履常未及拜书,因家讯道区区。"⑤

陈师道四十九岁,本年七月,除棣州教授,十一月改除秘书省正字。时得苏轼海外诗篇,吟咏不绝,推崇备至。朱弁《曲洧旧闻》卷九"参寥谓东坡天才无施不可"条云:"或曰:'东坡诗始学刘梦得,不识此论诚然乎哉?'予应之曰:'予建中靖

---

① 冒广生补笺:《后山诗注补笺》,下册,243、246 页,北京,中华书局,1995。
② 冒广生补笺:《后山诗注补笺》,下册,294 页,北京,中华书局,1995。
③ 唐圭璋编:《全宋词》,第 1 册,589 页,北京,中华书局,1965。
④ 冒广生补笺:《后山诗注补笺》,下册,341 页,北京,中华书局,1995。
⑤ 孔凡礼点校:《苏轼文集》,第 4 册,1575、1576 页,北京,中华书局,1986。

国间,在参寥座,见宗子士暕以此问参寥。参寥曰:"此陈无己之论也。东坡天才,无施不可。而少也实嗜梦得诗,故造词遣言、峻峙渊深,时有梦得波峭。然无己此论,施于黄州以前可也。坡自元丰末还朝后,出入李杜,则梦得已有奔逸绝尘之叹矣。无己近来得渡岭越海篇章,行吟坐咏,不绝舌吻,尝云:此老深入少陵堂奥,他人何可及。其心悦诚服如此,则岂复守昔日之论乎?予闻参寥此说三十余年矣,不因吾子,无由发也。'"①参寥的话在建中靖国间,即明年。既言"近来得",事当在本年前后,由此"以见后山对于苏诗之终始评论"②。

徽宗建中靖国元年辛巳(1101年)

苏轼六十六岁,六月,苏轼上表请老,以本官致仕。六月二十八日,卒于常州。

陈师道五十岁,在京师。闻苏轼死,记太学生为苏轼举哀。《后山谈丛》卷六"太学生为苏轼饭僧"条曰:"眉山公卒,太学生侯泰、武学生杨选素不识公,率众举哀,从者二百余人,欲饭僧于法云,主者惟白下听,慧林佛陀禅师闻而招致之。"③又朱弁《风月堂诗话》卷上谓陈师道建中靖国间到京师,见晁冲之(叔用)诗,以下曰:"晁伯宇少与其弟冲之、叔用俱从陈无己学。无己建中靖国间到京师,见叔用诗,曰:'子诗造此地,必须得一悟门。'叔用初不言,无己再三诘之,叔用云:'别无所得,顷因看韩退之杂文,自有入处。'无己首允之,曰:'东坡言杜甫似司马迁,世人多不解,子可与论此矣。'"④这是陈师道用苏轼论诗之言以勉晁冲之,亦可见其对苏轼之论的重视。

十二月二十九日,陈师道感寒得疾,卒。

二、陈师道论苏轼

陈师道除了在诗词中与苏轼唱和和文中论及外,在《后山诗话》与《后山谈丛》中亦有多处论及苏轼。现从中辑录陈师道有关苏轼的论述数条,以见陈苏关系之全貌。文中已用的,则略。

---

① 朱弁:《曲洧旧闻》卷九,见孔凡礼点校《唐宋笔记史料丛刊·曲洧旧闻》,208页,北京,中华书局,2002。
② 郑骞:《陈后山年谱》,111页,台北,联经出版事业公司,1984。
③ 陈师道:《后山谈丛》卷六,见朱易安等主编《全宋笔记》,第2编,第6册,121页,郑州,大象出版社,2006。
④ 朱弁:《风月堂诗话》卷上,见吴文治主编《宋诗话全编》,第3册,2947—2948页,南京,凤凰出版社,1998。

（一）《后山诗话》

1. 欧阳永叔不好杜诗，苏子瞻不好司马《史记》，余每与黄鲁直怪叹，以为异事。（第4条）

2. 苏子瞻云："子美之诗，退之之文，鲁公之书，皆集大成者也。"（第11条）

3. 诗欲其好，则不能好矣。王介甫以工，苏子瞻以新，黄鲁直以奇。而子美之诗，奇常、工易、新陈莫不好也。（第24条）

4. 熙宁初，有人自常调上书，迎合宰相意，遂丞御史。苏长公戏之曰："有甚意头求富贵，没些巴鼻使奸邪。"有甚意头、没些巴鼻，皆俗语也。（第25条）

5. 苏诗始学刘禹锡，故多怨刺，学不可不慎也。晚学太白，至其得意，则似之矣。然失于粗，以其得之易也。（第28条）

6. 往时青幕之子妇，妓也，善为诗词。同府以词挑之，妓答曰："清词丽句，永叔、子瞻曾独步；似恁文章，写得出来当甚强。"（第37条）

7. 子瞻谓孟浩然之诗，韵高而才短，如造内法酒手而无材料尔。（第39条）

8. 子瞻谓杜诗、韩文、颜书、左史，皆集大成者也。（第42条）

9. 退之以文为诗，子瞻以诗为词，如教坊雷大使之舞，虽极天下之工，要非本色。今代词手，惟秦七、黄九尔，唐诸人不迨也。（第49条）

10. 昔之黠者，滑稽以玩世。曰彭祖八百岁而死，其妇哭之恸。其邻里共解之曰："人生八十不可得，而翁八百矣，尚何尤！"妇谢曰："汝辈自不谕尔，八百死矣，九百犹在也。"世以痴为九百，谓其精神不足也。又曰，令新视事而不习吏道，召胥魁问之，魁具道笞十至五十，及折杖数。令遽止之曰："我解矣，笞六十为杖十四邪？"魁笑曰："五十尚可，六十犹痴邪！"长公取为偶对曰："九百不死，六十犹痴。"（第53条）

11. 世语云："苏明允不能诗，欧阳永叔不能赋。曾子固短于韵语，黄鲁直短于散语。苏子瞻词如诗，秦少游诗如词。"（第65条）

12. 眉山长公守徐，尝与客登项氏戏马台，赋诗云："路失玉钩芳草合，林亡白鹤野泉清。"广陵亦有戏马台，其下有路号"玉钩斜"。唐高宗东封，有鹤下焉，乃诏诸州为老氏筑宫，名以白鹤。公盖误用，而后所取信，故不得不辩也。（第70条）

13. 苏公居颍，春夜对月。王夫人曰："春月可喜，秋月使人愁耳。"公谓前未及也。遂作词曰："不似秋光，只与离人照断肠。"老杜云："秋月解伤神。"语简而益工也。（第80条）

14. 东坡居惠，广守月馈酒六壶，吏尝跌而亡之。坡以诗谢曰："不谓青州六从事，翻成乌有一先生。"（第83条）

67

(二)《后山谈丛》

1. 苏黄善书不悬手

苏、黄两公皆善书,皆不能悬手。逸少非好鹅,效其宛颈尔,正谓悬手转腕。而苏公论书,以手抵案使腕不动为法,此其异也。(卷二)

2. 欧阳修像

欧阳公像,公家与苏眉山皆有之,而各自是也。盖苏本韵胜而失形,家本形似而失韵,夫形而不韵,乃所画影尔,非传神也。(卷二)

3. 范琼赵承祐孙位画品

(卷二,见文中)

4. 阮逸作伪书

(卷二,见文中)

5. 李公麟苏轼品画

李公麟云"吴画学于张而过之",盖张守法度而吴有英气也。眉山公谓:"孙知微之画,工匠手尔。"(卷二)

6. 苏洵送石扬休北使引乃苏轼少时书

余于石舍人扬休家得苏明允送石北使引,石氏子谓明允书也。以示秦少游,少游好之,曰:"学不逮其子,而资过之。"乃东坡少所书也。故尝谓书为难,岂余不知书,遂以为难邪?(卷二)

7. 寇准慰国哀贺登极书

余读《魏氏杂编》,见真宗时公卿大夫慰国哀、登极往还书,盖大臣同忧戚,宜有庆吊。往在南都,奉神宗讳,见苏尚书作路发运帖,莫知当慰与否也,相与商论,竟复中辍。乃知前辈礼法犹在,而近世士大夫之寡闻也,因录之。寇侍郎《慰书》曰:"伏以大行皇帝,奄弃万邦,天下臣子,毕同号慕。昔同华缀,俱受异恩。攀灵驭以无由,望天颜而永诀。方缠悲绪,遽捧台函。摧咽之诚,倍万常品。"《贺书》曰:"伏以圣人出震,大明初耀于四方;王泽如春,普庆载颁于九有。凡在照临之下,毕同欢忭之心。侍郎久滞外藩,已成美政。廊庙佇征于旧德,云雷始洽于新恩。未果驰诚,先蒙飞翰。感铭欣慰,无以喻名。"(卷五)

8. 刘攽苏轼互谑

(卷五,见文中)

9. 抚州杖鼓鞚

(卷六,见文中)

10. 东坡居士种松法

中州松子,虽秕小不可食,然可种,惟不可近手,以杖击蓬,使子堕地,用探锥

刺地,深五寸许,以帚扫入之,无不生者。东坡居士种松法。(卷六)

11. 太学生为苏轼饭僧

(卷六,见文中)

12. 刘攽为苏轼说新浑

苏长公以诗得罪,刘攽贡夫以继和罚金,既而坐事贬官湖外,过黄而见苏,寒温外问有新浑否,贡夫曰:"有二屠父,至其子而易业为儒、贾,二父每相见,必以为患。甲曰:'贤郎何为?'曰:'检典与解尔。'乙复问,曰:'与举子唱和诗尔。'他日,乙曰:'儿子竟不免解著贼赃,县已逮捕矣。'甲曰:'儿子其何免邪?'乙曰:'贤郎何虞?'曰:'若和著贼诗,亦不稳便。'"公应之曰:"贤尊得似忧里。"(卷六)

三、宋元明清各家论陈、苏之关系

宋及金元明清各代均有对陈师道与苏轼关系的论述,现据有关资料选辑若干条,论述相同或相近的只用最早的;文中已用的,不再采录。

1. 彭门题壁　陈传道尝于彭门壁间见书一联云:"一鸠鸣午寂,双燕话春愁。"后以语东坡:"世谓公作,然否?"坡笑曰:"此唐人得意句,仆安能道此?"(宋　蔡绦《西清诗话》)

2. 东坡与陈传道书云:"知传道日课一诗,甚善。此技,虽高才,非甚习不能工。"盖梅圣俞法也。又韩少师云:"梅圣俞学诗日,欲极赋象之工,作《挑灯杖子》诗尚数十首。"(宋　邵博《邵氏闻见录》卷十八)

3. 《后山诗话》谓:"退之以文为诗,子瞻以诗为词,如教坊雷大使之舞,虽极天下之工,要非本色。"余谓后山之言过矣。子瞻佳词最多,其间杰出者,如:"大江东去,浪淘尽千古风流人物"(赤壁词)……凡此十余词,皆绝去笔墨畦径间,直造古人不到处,真可使人一唱而三叹。若谓以诗为词,是大不然。子瞻自言平生不擅唱曲。故间有不入腔处,非尽如此。后山乃比之教坊雷大使舞,是何每况愈下,盖其谬耳!(宋　阮阅《诗话总龟·后集》卷三十一)

4. 何颉尝见陈无己,李廌尝见东坡,二人文字所以过人。(宋　吴可《藏海诗话》)

5. "闭门觅句陈无己,对客挥毫秦少游。正字不知温饱未,春风吹泪古藤州。"此黄鲁直诗也。鲁直作此诗时,无己作正字尚无恙。建中靖国间,楼异试可知襄邑县,梦无己来相别,且云:"东坡、少游,在杏园相待久矣。"明日,无己之讣至,乃大惊异!作书与参寥言其事。"杏园",见道家书,乃海上神仙所居之地也。仙龛虚室以待,白乐天之说,岂不信然耶!(宋　朱弁《风月堂诗话》卷上)

6. 陈无己跋旧词云:"晁无咎云:'眉山公词,盖不更此境也。'余谓不然。宋玉初不识巫山神女,而能赋之,岂特更而后知也……"古语所谓"但解闭门留我住,主人不问是谁家"者。此语东坡《题藏春坞》两绝之一,全篇云:"莫寻群玉峰头路,休看玄都观里花。但解闭门留我住,主人莫问是谁家。"盖无己托为古语耳。(宋　吴聿《观林诗话》)

7.《后山诗话》云:"少游谓《元和盛德诗》,于韩文为下,与《淮西碑》如出两手,盖其少作也。孙学士觉喜论文,谓退之《淮西碑》,叙如《书》,铭如《诗》。子瞻谓杜诗、韩文、颜书、左史,皆集大成者也。"苕溪渔隐曰:"少游集中进卷,有《韩愈论》,云:'韩氏、杜氏,其集诗文大成者与!'非子瞻有此语也。"(宋　胡仔《苕溪渔隐丛话》前集卷十八)

8. 苕溪渔隐曰:"东坡《梅词》云:'花谢酒阑春到也,离离,一点微酸已着枝。'《张右史集》有《梅花十绝》,《后山集》有《梅花七绝》,其无己七绝,乃文潜十绝中诗,但三绝不是,未知竟谁作者。其间有云:'谁知檀萼香须里,已有调羹一点酸。'用东坡语也。"(同上)

9. 咏假山诗刺荆公　陈无己《诗话》云:"某公用事,排斥端士,矫节伪行。范蜀公咏《僧房假山》曰:'倏忽平为险,分明假夺真。'盖刺公也。"某公,荆公也。予又尝记一假山诗云:"安石作假山,其中多诡怪。虽然知是假,争奈主人爱"云云。世以为东坡所作,不知是否。(宋　吴曾《能改斋漫录》卷九)

10. 王子敬黄甘帖　东坡尝记云:"世传王子敬帖有'黄甘三百颗'之语,此帖在刘季孙景文家。景文死,不知今入谁家矣。韦苏州有诗云:'书后欲题三百颗,洞庭须待满林霜。'盖苏州亦见此帖也。"故《东坡集》中有《刘景文藏王子敬帖》诗,略云:"君家两行十二字,气压邺侯三万签。"然山谷及陈无己之说,乃右军帖。其语云:"'奉橘三百枚,霜未降,未可多得。'非子敬帖也。东坡以为子敬,何也?"子敬,乃献之字。(同上)

11. 子瞻、子由门下客最知名者,黄鲁直、张文潜、晁无咎、秦少游,世谓之"四学士"。至若陈无己,文行虽高,以晚出东坡门,故不及四人之著。故无己作《佛指记》云:"余以词义名次四君,而贫于一代"是也。而无咎诗云:"黄子似渊明,城市亦复真。陈君有道泽,化行间井淳;张侯公瑾流,英思春泉新。高才更难及,淮海一髯秦。"当时以东坡为长公,子由为少公。无己《答李端叔书》云:"苏公之门有四客人:黄鲁直、秦少游、晁无咎,则长公之客也;张文潜,则次公之客也。"又《次韵黄楼诗》云:"一代苏长公,四海名未已。"又云:"少公作长句,班马安得拟。"谓二苏也。然而四客皆有所长,鲁直长于诗词,秦、晁长于议论。鲁直《与秦觏书》曰:"庭坚心醉于《诗》与《楚词》,似若有得,至于议论文字,今日乃当付之少游及晁、张、无己,足下可从此四君子一一问之。"其后张文潜《赠李德载》诗亦云:"长公波涛万顷海,少公峭拔千寻麓。黄郎萧萧日下鹤,陈子峭峭霜中竹。秦文倩丽纾桃李,晁论峥嵘走珠玉。"乃知人材各有所长,虽苏门不能兼全也。(宋 吴曾《能改斋漫录》卷三十引)

12. **张籍陈无己诗** 张籍在他镇幕府,郓帅李师古又以书币辟之,籍却而不纳,而作《节妇吟》一章寄之,曰:"君知妾有夫,赠妾双明珠。感君缠绵意,系在红罗襦。妾家高楼连苑起,良人执戟明光里。知君用心如日月,事夫誓拟同生死。还君明珠双泪垂,何不相逢未嫁时?"陈无己为颖州教授,东坡领郡,而陈赋《妾薄命》篇,言为曾南丰作。其首章云:"主家十二楼,一身当三千。古来妾薄命,事主不尽年。起舞为主寿,相送南阳阡。忍着主衣裳,为人作春妍?有声当彻天,有泪当彻泉。死者恐无知,妾身长自怜。"全用籍意。或谓无己轻坡公,是不然。前此无己官于彭城,坡公由翰林出守杭,无己越境见之于宋都,坐是免归,故其诗云:"一代不数人,百年能几见?昔为马首衔,今为禁门键。一雨五月凉,中宵大江满。风帆目力短,江空岁年晚。"其尊敬之尽矣。薄命拟况,盖不忍师死而遂倍之,忠厚之至也!(宋 洪迈《容斋随笔》卷六)

13. **苏明允不能诗** 《后山诗话》载世语云:"苏明允不能诗,欧阳永叔不能赋。曾子固短于韵语,黄鲁直短于散语。苏子瞻词如诗,秦少游诗如词。"苕溪渔隐引苏明允"佳节每从愁里过,壮心还傍醉中来"等语,以谓后山谈何容易,便谓老苏不能诗,何诬之甚!仆谓后山盖载当时之语,非自为之说也。所谓明允不能诗者,非谓其真不能,谓非其所长耳。且如欧公不能赋,而《鸣蝉赋》岂不佳邪?鲁直短于散语,而《江西道院记》脍炙人口,何邪?渔隐云尔,所谓痴儿面前不得说梦也。(宋 王楙《野客丛书》卷六)

14. **黄楼铭跋** 熙、丰间以文鸣国家之盛者,不但一东坡耳。子由、太虚作赋,履常作铭。二赋坡自谓"子由实胜仆",又称曰:"夫子(指秦观)独何妙。"惟铭最古最有法度,时诸贤见者,皆敛衽,独坡偶不及之。斯文遇不遇,抑有时耶?(宋 吴泳《鹤林集》卷三十八)

15. 后山云:"苏公之门,有客四人:黄鲁直、秦少游、晁无咎,则长公之客也;张文潜,则少公之客也。"鲁直诗云:"晁子智囊,可以括四海;张子笔端,可以回万牛。"文潜诗云:"长公波涛万顷陂,少公巉秀千寻麓。黄郎萧萧日下鹤,陈子峭峭霜中竹。秦文倩丽舒桃李,晁论峥嵘走珠玉。"可以见一时文献之盛。(宋 王应麟《困学纪闻》卷十八)

16. 陈后山云:"子瞻以诗为词,虽工,非本色。今代词手,唯秦七、黄九耳。"予谓后山以子瞻词如诗,似矣;而以山谷为得体,复不可晓。晁无咎云:"东坡词,多不谐律吕;盖横放杰出,曲子中缚不住者。"其评山谷则曰:"词故高妙,然不是当

行家语,乃著腔子唱如诗耳。"此言得之。(金 王若虚《滹南遗老集》卷三十八《诗话》上)

17. 陈后山谓"子瞻以诗为词",大是妄论,而世皆信之,独茆荆产辨其不然,谓公词为古今第一。今翰林赵公亦云:"此与人意暗同。"盖诗词只是一理,不容异观。自世之末作,习为纤艳柔脆,以投流俗之好,高人胜士亦或以是相胜,而日趋于委靡,遂谓其体当然,而不知流弊之至此也。(同上)

18. 读后山诗注跋 后山元符元年戊寅《和魏衍同登快哉亭》诗,任渊注:"《栾城集》有此亭记。亭在黄州,不知此诗属何处也。"回近读贺铸《庆湖遗老集》,始知亭在彭城郡之东南隅,提点刑狱官废廨也。熙宁初,魏郡李公持节作亭,郡太守眉山苏公命曰"快哉亭"。……至元符戊寅,则东坡又谪儋耳,故后山诗云:"来牛去马中年眼,朗月清风万里心。"怀东坡也。……任渊不知徐州有快哉亭,盖南渡后鲜有中原图经耳。子由在徐州,又有《邦直见邀终日对卧南城亭上》诗云:"旧书半卷都如梦,清簟横眠似欲秋。闻说归朝终不久,尘埃还有此亭不?"即快哉此亭者。回比过彭城,登览黄楼遗迹,所谓老毕篆、大苏碑犹存,而楼仅有破础在瓦砾中,居人寂寞,一时亦不知"快哉"之何在云。(元 方回《桐江集》卷三)

19. 陈后山《送吴先生谒惠州苏副使》 此吴子野,有道术者。东坡以绍圣元年谪惠州,意谓子野之访东坡,我其门下士,亦惭之也。"任安、秃翁"事,后山自以不负东坡,自颍教既罢之后,绍圣中不求仕也。(元 方回《瀛奎律髓》卷二十四)

20. 陈后山先生诗引(节录) 公字无己,讳师道,后山其号也。……元祐初,苏子瞻在翰林,结侍从列荐之,任教授其乡。未几,除太学博士。子瞻寻以被诉移海南,诉者以公与苏契,并移彭泽令,又未几以母病去,绝口不言仕事。(明 潘是仁《陈后山诗集》卷首)

21. 陈后山寄晁大夫诗云:"堕絮随风化作尘,黄楼桃李不成春。只今容有名驹子,困倚栏杆一欠伸。"自注云:"周昉画美人,有背立欠伸者,最为妍绝,东坡所赋《丽人行》也。"(明 单宇《菊坡丛话》,张思岩《词林纪事》卷六引)

22. 后山师曾黄 《猗觉寮记》云:陈后山平生尊黄山谷,末年乃云:"向来一瓣香,敬为曾南丰。"……惟于两苏公,虽在及门六子之列,而其言殊不然。其《答李端叔书》云:"两公之门,有客四人:黄鲁直、秦少游、晁无咎,长公之客也;张文潜,少公之客也。"言外自寓倔强之意,此则不可解耳。(清 王士禛《带经堂诗话》卷六《题识类》)

23. 陈无己平生皈向苏公,而学诗于黄太史。然其论坡诗(词),谓如教坊雷大使舞,又有诗云:"人言我语胜黄语,扶竖夜燎齐朝光。"其自负不在二公之下。然予反复其诗,终落钝根,视苏黄远矣。(同上卷十)

24.《次韵德麟西湖新成见怀绝句》"犹有赵陈同李郭",时陈无己亦官于颍,故以赵陈比李郭。(清 查慎行《初白庵诗评》)

25. 陈师道(节录) 元祐三年,苏轼、傅尧俞、孙觉荐为徐州教授。……东坡出知杭州,道由南京,后山为教授,时欲往迎之,告徐守孙莘老,孙不之许,乃托疾私行。至南京与坡公同舟直下,抵宿而后返,为刘安世所弹。余观后山越境而见东坡,当轴而不见子厚,曾何得丧足系其胸次哉?……坡公最重后山书,曾有一贴,已遗荆州李翘叟,继亡其本,借来誊出,适为役夫盗去,鬻于僧寺,追取得之,复归翘叟。翘叟犹恐此卷再为盗所得也,肩镵藏之。坡公闻之,不禁抚掌。惜乎扈从南郊,不屑服赵挺之衣,竟以寒疾死,悲夫!(清 张泰来《江西诗社宗派图录》)

26.《后山诗话》云:"……子瞻以诗为词,如教坊雷大使之舞,虽极天下之工,要非本色。"余谓后山言太过。东坡词最多,其间佳者如"大江东去"赤壁词、中秋词、快哉亭、咏笛、咏梅,直造古人不到处,"以诗为词"是大不然。谓东坡不善唱曲,故间有不入腔处,信之矣。(清 王晓堂《匡山丛话》卷五)

27. 坡门酬唱集二十三卷江苏巡抚采进本 宋邵浩编。……浩自作引云:"绍兴戊寅,浩年未冠,肄业成均。……因取两苏公兄唱弟和及门下六君子平日属和两公之诗,撮而录之,曰《苏门酬唱》。……"末题绍兴庚戌四月一日。……前十六卷为轼诗,而辙及诸人和之者,次辙诗四卷,次黄庭坚、秦观、晁补之、张耒、陈师道等诗三卷。……其诗大抵同题共韵之作,比而观之,可以知其才力之强弱与意旨之异同,较之散见诸集,易于互勘,谈艺者亦深有裨也。(清 纪昀《四库全书总目提要》卷一八七)

28. 后山诗话一卷江苏巡抚采进本(节录) 旧本题宋陈师道撰。……今考其中于苏轼、黄庭坚、秦观俱有不满之词,殊不类师道语。且谓苏轼词如教坊雷大使舞,极天下之工,而终非本色。案蔡绦《铁围山丛谈》称雷庆宣和中以善舞隶教坊,轼卒于建中靖国元年六月,师道亦卒于是年十一月,安能预知宣和中雷大使借为譬况?其出于依托,不问可知矣。疑南渡后旧稿散佚,好事者以意补之耶?其……驳苏轼《戏马台》诗之"玉钩""白鹤",亦间有考证,流传既久,固不妨存备一家尔。(清 纪昀《四库全书总目提要》卷一九五)

29.《次韵陈季常张公龙潭》,逊后山原唱多矣。(清 纪昀《苏文忠公诗集》)

30. 陈履常谓东坡以诗为词,赵闲闲、王从之辈,均以为不然。称其词起衰振靡,当为古今第一。愚谓王、赵之徒推举太过也。何则?以诗为词,犹之以文为诗也。韩昌黎、苏眉山皆以文为诗,故诗笔健崛骏爽,终非本色。……持此为例,则东坡之诗词未能独占古今,而亦扫除凡近者与?(清 潘德舆《养一斋诗话》卷

二)

31. 东坡词如雷大使舞　"东坡以诗为词,如雷大使之舞,虽极天下之工,要非本色。"此后山《谈丛》语也。然考蔡绦《铁围山丛谈》,称:"上皇在位,时属升平,手艺之人有称者……舞则雷中庆,世皆呼之为雷大使,笛则孟水清,此数人者,视前代之技皆过之。"然则雷大使乃教坊绝技,谓非本色,将外方乐乃为本色乎?(清　沈曾植《海日楼札丛》卷七《菌阁琐谈》)

32. 后山集序(节录)　……若后山之于杜,神明于矩镬之中,折旋于虚无之际,较苏之驰骋跌宕,气似稍逊,而格律精严过之。若黄之所有,无一不有,黄之所无,陈则精诣。其于少陵,以云具体,虽未敢知,然超黄匹苏,断断如也。……至其古文……方以苏氏,犹为犹之,此尤非俗学所能知也。(清　王原《赵骏烈刻本〈后山集〉》卷首)

第三节　陈师道与黄庭坚

一、陈师道与黄庭坚交往系年

宋仁宗庆历五年乙酉(1045年)

黄庭坚,一岁。本年六月十二日生于今江西省分宁县高城乡双井村。字鲁直,号山谷道人、涪翁、黔安居士。其父庶,字亚夫,庆历丙戌进士。知康州,赠中大夫。雅好诗文,有《伐檀集》传世。

仁宗皇祐四年壬辰(1052年)

黄庭坚八岁,黄庭坚自幼即聪颖过人,读书数过辄能成诵。其八岁时作《送人赴举》诗即已非同一般,诗曰:"青衫乌帽芦花鞭,送君归去明主前。若问旧时黄庭坚,谪在人间今八年。"[1]

陈师道一岁,字履常,一字无己,号后山。生于徐州彭城县王乡任化里,亦或为雍丘(今河南杞县)。《御书记》:"臣生于皇祐四年。"[2]

---

[1] 刘尚荣校点:《黄庭坚诗集注》,第5册,1416—1417页,北京,中华书局,2003。
[2] 陈师道:《后山居士文集》,下册,710—711页,上海,上海古籍出版社,1984。

神宗熙宁七年甲寅(1074年)

黄庭坚三十岁。自嘉祐八年(1063年),黄庭坚十九岁首次参加考试,得洪州第一,以乡贡进士入京师(今河南开封)参加省试。英宗治平四年(1067年)春,黄庭坚赴礼部试,登许安世进士第,调汝州叶县(今河南叶县)尉。神宗熙宁五年(1072年),黄庭坚参加四京学官考试,除北京(今河北大名)国子监教授。至本年,仍在北京,与介休县君谢氏之婚姻盖在此时。陈师道《后山诗话》于此事记述云:"唐人不学杜诗,惟唐彦谦与今黄亚夫庶、谢师厚景初学之。鲁直,黄之子,谢之婿也。其于二父,犹子美之于审言也。"①

陈师道二十三岁,在金州。嘉祐八年(1063年),陈师道时十二岁,随其父陈琪在冀州,时其父为冀州(今河北冀县)度支使。英宗治平二年(1065年),师道父陈琪由冀州度支使迁大理寺丞,旋出知陇州汧阳县(今陕西汧阳),师道随往。神宗熙宁四年(1071年),陈师道父又迁官通判金州(今陕西安康),师道亦至金州。本年二月,罢诗赋及明经诸科,以经义论策试进士。此为用王安石新学考试开始。陈师道不喜王学,故不应科举。直至今年,仍在金州。

熙宁八年乙卯(1075年)

黄庭坚三十一岁,本年仍在北京任学官。

陈师道二十四岁。本年(或去年下半年)随父离开金州往开封,途经襄州(今湖北襄阳),时曾巩(子固)知襄州,师道以文往谒,曾大器之。

神宗元丰元年戊午(1078年)

黄庭坚三十四岁,仍在北京国子监教授。二月,寄书苏轼,并以《古风二首上子瞻》,初通消息。陈师道闻黄之名,大约始于此时。

陈师道二十七岁,在徐州。熙宁九年(1076年),陈师道随父居雍丘,当年四月二十三日,父卒,年六十岁,师道扶丧归徐州。本年在徐州守制家居。时苏轼自密州移知徐州。春,苏轼为纪念去年水患,于徐州东门起黄楼,陈师道作《黄楼

---

① 见[清]何文焕辑:《历代诗话》,上册,307页,北京,中华书局,1981。

铭》,"曾子固谓如秦石"①。

陈师道的《黄楼铭》甚有名,"当时诸公都敛衽"②。黄庭坚亦欲得而读之,其《答秦少章帖》曰:"前承惠诗,并得教,极荷相与不怠,诗辄和呈。所问文体,大似击钟,叩其旋虫与枘虡,不若发其全体之声耳。欲得陈无己旧作《黄楼赋记》及《答李端叔书》,如有本,且借示。"这里把《黄楼铭》写作《黄楼赋记》,因苏辙、秦观均有《黄楼赋》,故有此误。书无年月,暂列于此。

紧列此信之后尚有《答秦少章帖》一信,亦言及陈师道,曰:"辱简记,承学问不怠为慰。……前承陈无己语,有人问:'老杜诗如何是巧处?'但答之:'直须有孔窍始得。'因相见,试道之。"③

元丰四年辛酉(1081年)

黄庭坚三十七岁。去年罢北京教授任赴京师吏部,改官知吉州太和县(今江西泰和县),本年春到任。

陈师道三十岁。是年西游京师(今河南开封)。七月二十四日(己酉),诏曾巩充史馆修撰,专典史事。曾荐陈师道为其属官,朝廷以布衣难之,事不果行。

元丰七年甲子(1084年)

黄庭坚四十一岁。是年移监德州德平镇。赴任途中经金陵、扬州、泗州,路过颍昌(今河南许昌)时,与陈师道相遇。是为两人首次相见。

黄庭坚有《赠陈师道》曰:"陈侯学诗如学道,又似秋虫噫寒草。日晏肠鸣不俛眉,得意古人便忘老。君不见向来河伯负两河,观海乃知身一蠡。旅床争席方归去,秋水黏天不自多。春风吹园动花鸟,霜月入户寒皎皎。十度欲言九度休,万人丛中一人晓。贫无置锥人所怜,穷到无锥不属天。呻吟成声可管弦,能与不能安足言。"史容注此诗曰:"元祐元年、二年,陈无己在京师,寓居陈州门,按《实录》,二年四月乙巳,徐州布衣陈师道充徐州州学教授。赠此诗时,未得官也。按黄䇮

---

① 《宋史》卷四四四《陈师道传》,见《二十五史》第8册《宋史》下,第1487页,上海,上海古籍出版社,1986。
② 朱熹:《朱子语类》,卷一百三十九,见傅璇琮编《黄庭坚和江西诗派资料汇编》,下册,501页,北京,中华书局,1978。
③ 刘琳、李勇先、王蓉贵校点:《黄庭坚全集·别集卷十八》,第3册,1866页,成都,四川大学出版社,2001。此帖无年月,暂附于此。

《年谱》：王景文质闻之荣茂世云：'得之前辈。'言山谷与后山相遇于颍昌，因及。"①

陈师道三十三岁。奉母留居开封，时客颍昌府，遇黄庭坚于其地，遂拜在山谷门下。陈师道《赠鲁直》诗曰："相逢不用早，论交宜晚岁。……陈诗传笔意，愿立弟子行。何以报嘉惠，江湖永相望。"②此诗当作于元祐二年，因句首有"相逢不用早"语，故移于此。由"愿立弟子行"一句，可见陈师道对黄庭坚的膜拜之意。陈师道遇黄之前，其诗已颇有声望，及一见山谷，即尽弃所学而从山谷，诗笔大变。

陈师道弟子魏衍《彭城陈先生集记》亦曰："初，先生学于曾公，誉望甚伟。及见豫章黄公庭坚诗，爱不舍手，卒从其学，黄亦不让。士或谓先生过之，惟自谓不及也。"③魏之《集记》本之陈诗。陈师道有《答魏衍黄预勉余作诗》提到己诗与黄诗之关系，曰："我诗短浅子贡墙，众目俯视无留藏。句中有眼黄别驾，洗涤烦热生清凉。人言我语胜黄语，扶竖夜齐燎朝光。三年不见万里外，安得奋身置汝傍。"④黄庭坚呼陈师道是"吾友"，而陈师道称黄庭坚或曰"豫章公"，或曰"黄公"，其尊敬之意甚明。所谓"人言我语胜黄语"，陈师道是并不这么认为的。宋人朱熹对此评说道："择之云：'后山诗恁地深，他资质尽高，不知如何肯去学山谷？'曰：'后山雅健强似山谷，然气力不似山谷较大，但却无山谷许多轻浮底意思。然若论叙事，又却不及山谷，山谷善叙事情，叙得尽，后山叙得较有疏处。若散文，则山谷大不及后山。'"⑤

朱弁《风月堂诗话》卷上曰："陈无己与晁以道俱学文于曾子固，子固曰：'二人所得不同，当各自成一家。然晁文必以著书名于世。'无己晚得诗法于鲁直。他日二人相与论文，以道曰：'吾曹不可负曾南丰。'又论诗，无己曰：'吾此一瓣香，须为山谷道人烧也。'"⑥

元人刘光（字符辉）读后山诗感其获遇山谷云："闭户觅佳句，平生苦用工。然非豫章叟，谁识后山翁。无复才相忌，由来道本同。嗟余生较晚，不预品题中。"刘光诗今不存，诗见方回《桐江集》。方回引录评之曰："有一朋友过回见此诗，亦曰不然。回问何以不然，曰：'后山纵不值山谷，亦必不无闻于世。'回退思之：后山为

---

① 刘尚荣校点：《黄庭坚诗集注》，第4册，1314页，北京，中华书局，2003。
② 冒广生补笺：《后山诗注补笺》，下册，485页，北京，中华书局，1995。
③ 冒广生补笺：《后山诗注补笺》，上册，16页，北京，中华书局，1995。
④ 冒广生补笺：《后山诗注补笺》，上册，218—219页，北京，中华书局，1995。
⑤ 傅璇琮编：《黄庭坚和江西诗派资料汇编》，下册，501—502页，北京，中华书局，1978。
⑥ 傅璇琮编：《黄庭坚和江西诗派资料汇编》，下册，491—492页，北京，中华书局，1978。

文,早师南丰,不知何年,以诗见山谷,听山谷说诗,读山谷所为诗,焚弃旧作,一变而学豫章。然未尝学山谷诗字字句句同调也,意有所悟,落花就实而已。然后山平生诗,初不因山谷品题而后增价也。"①方回还在其《桐江续集》卷三十二中说:"陈后山弃所学学双井,黄致广大,陈极精微,天下诗人北面矣。"②

元丰八年乙丑(1085年)

黄庭坚四十一岁。四月十四日,奉诏为秘书省校书郎,九月自德平到京(开封)。

有《与元勋不伐书》赞陈师道能学诗,书曰:"……所示诗殊清壮,若足下之诗,视今之学诗者,若吞云梦八九于胸中矣。如欲方驾古人,须识古人关捩,乃可下笔。今代少年能学诗者,前者王逢原,后者陈无己,两人而已。文章无他。但要直下道而语不粗俗耳。"③由"今代少年能学诗"语,当是指陈师道初拜黄学诗之时,故知此信当写于此年前后。

又《与赵伯充帖》曰:"某虽官居闲冷,亦匆匆度日,不获时通问。……《解嘲》诗遣上,不足观也。……前篇已示晁无咎、陈无己,皆钦爱之。无可措笔矣。"④此信亦无年月,然"前篇已示陈无己",当是陈师道在京师,黄陈相处,仅是京师之时,此后唯和诗通信,未再共处过,故列此信于此。

又《与秦少章觏书》曰:"……庭坚心醉于《诗》与《楚词》,似若有得,然终在古人后。至于论议文字,今日乃当付之少游及晁、张、无己,足下可从此四君子一二问之。……"⑤

陈师道三十四岁,在开封。本年五六月间,知枢密院事章惇(子厚)嘱秦观示意陈师道往见之,将荐于朝。师道辞不往。

大约在黄庭坚(九月)到京后,其弟黄叔达亦来京。陈师道与黄叔达、邢惇夫过画家李公麟(字伯时)处。《王直方诗话》曰:"双井黄叔达,字知命。初自江南

---

① 方回:《桐江集》,卷五,第326—327页,南京,江苏古籍出版社,1988。
② 傅璇琮编:《黄庭坚和江西诗派资料汇编》,下册,455页,北京,中华书局,1978。
③ 刘琳、李勇先、王蓉贵校点:《黄庭坚全集·别集卷十九》,第3册,1897页,成都,四川大学出版社,2001。
④ 刘琳、李勇先、王蓉贵校点:《黄庭坚全集·别集卷十五》,第3册,1792页,成都,四川大学出版社,2001。
⑤ 刘琳、李勇先、王蓉贵校点:《黄庭坚全集·正集卷十九》,第2册,483页,成都,四川大学出版社,2001。

来,与彭城陈履常俱谒法云禅师于城南。夜归过龙眠李伯时,知命衣白衫,骑驴,缘道摇头而歌,履常负杖挟囊于后,一市大惊,以为异人。伯时因画为图,而邢惇夫作长歌云(略)。惇夫时年未二十也。"①陈师道也有《赠知命》以咏其事:"黑头居士元丹弟,不肯作公称法嗣。外人怪笑那得知,他日灵山亲授记。学诗初学杜少陵,学书不学王右军。黄尘扶杖笑邻女,白衫骑驴惊市人。静中作业此何因,醉里逃禅却甚真。顾我无钱呼毕曜,有人载酒寻子云。君家鲁直不解事,爱作文章可人意。一人可以穷一家,怪君又以才为累。请将饮酒换吟诗,酒不穷人能引睡。不须无事与多愁,老不欲醒惟欲醉。"②诗赠黄叔达(知命),亦提到其兄黄庭坚(鲁直),由陈师道与黄叔达的关系,可见其与黄庭坚相交之深。

黄叔达,字知命,分宁人。黄庭坚弟。哲宗绍圣二年(1095年),黄庭坚贬黔州,同年秋,黄叔达携家及黄庭坚子自芜湖登舟,于三年五月抵黔南。元符三年(1100年)归江南,卒于荆州途中③。

又前有黄庭坚《与秦少章觏书》,欲其问学于陈师道,当是秦觏尊其意而就教于陈,故陈师道遂有《答秦觏书》曰:"师道启:辱书,谕以志行事。贤大夫友良士,斯至矣,复有意于不肖,何也?……仆于诗初无师法,然少好之,老而不厌,数以千计。及一见黄豫章,尽焚其稿而学焉。豫章以谓譬之奕焉,弟子高师,一着仅能及之,争先则后矣。仆之诗,豫章之诗也。豫章之学博矣,而得法于杜少陵,其学少陵而不为者也。故其诗近之,而其进则未已也。故仆尝谓豫章之诗如其人,近不可亲,远不可疏,非其好莫闻其声。而仆负戴道上,人得易之。故谈者谓仆诗过于豫章。足下观之,则仆之所有,从可知矣,何以教足下?虽然,仆所闻于豫章,愿言其详,豫章不以语仆,仆亦不能为足下道也。而足下歉然欲受仆之言,其何求之下耶?……师道再拜。"④书虽答秦,而意则推黄。陈师道还在《次韵答秦少章》诗中以仙人金华伯称道黄庭坚,曰:"黄公金华伯,莞尔回一盼。"⑤此典后亦数用。

哲宗元祐元年丙寅(1086年)

黄庭坚四十二岁,本年在秘书省。三月十九日(丙子),受司马光推荐,与范祖禹、司马康等共同校定《资治通鉴》,与亦已来京的苏轼相见。与陈师道亦有过从。

---

① 《王直方诗话》已轶,此条见[宋]魏庆之辑:《诗人玉屑》,下册,411页,上海,上海古籍出版社,1978。
② 冒广生补笺:《后山诗注补笺》,下册,490—491页,北京,中华书局,1995。
③ 黄䇕:《山谷年谱》,卷二十七,钦定四库全书荟要本集部。
④ 陈师道:《后山居士文集》,下册,541—543页,上海,上海古籍出版社,1984。
⑤ 冒广生补笺:《后山诗注补笺》,下册,469页,北京,中华书局,1995。

其赠陈师道的诗除上引之《赠陈师道》,尚有赠他人诗中提到陈师道者。如《奉和文潜赠无咎篇末多以见及以既见君子云胡不喜为韵》之八:"吾友陈师道,抱独门扫轨。晁张作荐书,射雉用一矢。吾闻举逸民,故得天下喜。两公阵堂堂,此事可摩垒。"①任渊注此诗曰:"按《实录》,元祐二年乙巳,徐州布衣陈师道,充徐州州学教授。观此诗'陈师道'之篇,以为'逸民',盖犹未得官也。"又据第四首之"红榴罅多子"句,而定此诗为元祐元年秋所作②。

又《和邢惇夫秋怀十首》之九:"吾友陈师道,抱瑟不吹竽。文章似扬马,咳唾落明珠。固穷有胆气,风壑啸于菟。秋来入诗律,陶谢不枝梧。"③

又《谢公定和二范秋怀五首邀予同作》之五:"用智常恨耄,用决常恨早。推毂天下士,诚心要倾倒。海宇日清明,庙堂勤洒扫。何为陈师道,白发三径草。"④

又《书倦壳轩诗后》曰:"潘邠老早得诗律于东坡,盖天下奇才也。予因邠老故识二何,二何尝从吾友陈无己学问,此其渊源深远矣。"⑤

是年冬作《戏咏蜡梅二首》,其一:"金蓓锁春寒,恼人香未展。虽无桃李颜,风味极不浅。"其二:"体熏山麝脐,色染蔷薇露。披拂不满襟,时有暗香度。"⑥此诗后为陈师道所和。

陈师道三十五岁,居开封。时苏轼兄弟及黄庭坚亦俱在开封。苏门诸人仅秦观外任蔡州教授,陈师道与诸人互有赠答之作。

元祐二年丁卯(1087年)

黄庭坚四十三岁,在秘书省兼史局。正月十八日(辛未)除著作郎,时秦观弟秦觏过陈师道书院同观黄庭坚诗。黄庭坚有诗纪其事。《次韵秦觏过陈无己书院观鄙句之作》:"陈侯大雅姿,四壁不治第。碌碌盆盎中,见此古罍洗。薄饭不能羹,墙阴老春荠。惟有文字性,万古抱根柢。我学少师承,坎井可窥底。何因蒙赏味,相享当牲醴。试问求志君,文章自有体。玄钥锁灵台,渠当为君启。"⑦陈师道

---

① 刘尚荣校点:《黄庭坚诗集注》,第1册,159页,北京,中华书局,2003。
② 刘尚荣校点:《黄庭坚诗集注》,第1册,10页,北京,中华书局,2003。
③ 刘尚荣校点:《黄庭坚诗集注》,第1册,169—170页,北京,中华书局,2003。
④ 刘尚荣校点:《黄庭坚诗集注》,第1册,174页,北京,中华书局,2003。
⑤ 刘琳、李勇先、王蓉贵校点:《黄庭坚全集·正集卷二十七》,第2册,742页,成都,四川大学出版社,2001。
⑥ 刘尚荣校点:《黄庭坚诗集注》,第1册,201—202页,北京,中华书局,2003。
⑦ 刘尚荣校点:《黄庭坚诗集注》,第1册,229页,北京,中华书局,2003。

来京师时寓居陈州门,有书院曰"求志书院"。李鹰的《济南集》卷二有《求志书院诗四首,陈师道履常之所居也》其一曰:"癯槁岩下士,迹隐心捷径。汗颜尘中夫,诒笑幸游骋。贤哉陈夫子,两不伤厥性。洁身风波涂,独若万钧锭。"故这里称其为"求志君"。

这是次陈师道的《次韵答少章》诗,陈诗见后。

陈师道改字为无己,改字后,原字履常仍旧并用。黄庭坚为其改字作《陈师道字说》曰:"师道陈氏,怀璧连城,字曰无己。我琢为万乘之器,维求王明。我则无师,道则是我;其师道者,即水而为波。高明一路,入自圣门,观己无己,而我尚何存?入以万物,出以万物,寂寥法窟,伏兴用其律。其入无底,其出无窍,是谓要妙。噫!来,陈子,在汝后之人,则不我敢知。我观万世,未有困于母而食于舅,嬉息巢于外舅。无以昏昼,文章满胵。士之号穷,屋瓦无牡,造物者报,而天无壁以为牖。不病其倾,惟有德者能之。"①此文不署年月,然以"困于母而食于舅,嬉息巢于外舅"语,当作于元祐元、二年,陈师道在京时,尚未得徐州教授。

元祐元年九月尚书左仆射兼门下省侍郎司马光卒,元祐二年正月葬。黄庭坚虽写了《司马文正公挽词四首》,但对陈师道的《丞相温公挽词三首》中的"政虽随日化,身已要人扶"一联深表赞赏。惠洪《冷斋诗话》卷二曰:"予问山谷:'今之诗人谁为冠?'曰:'无出陈师道无己。'问其佳句如何,曰:'吾见其作温公挽词一联,便知其才不可敌,曰:"政虽随日化,身已要人扶。"'"②

陈师道三十六岁,居开封。四月二十日(己巳),因苏轼等人推荐于朝,特授亳州司户参军,充徐州州学教授。旋即赴任,馆于徐州东禅寺。此为陈师道仕宦之始。

去年,黄庭坚曾作《戏咏蜡梅二首》,陈师道于今年则有《和豫章公黄梅二首》,其一:"寒里一枝春,白间千点黄。道人不好色,行处若为香。"其二:"色轻花更艳,体弱香自永。玉质金作裳,山明风弄影。"③黄庭坚就此在《与王立之书》中说:"辱教,并惠示《蜡梅》诗,感叹!恨多病不能继声尔。……小诗若能令每篇不苟作,须有所属乃善。顷来诗人,惟陈无己得此意,每令人叹伏之。盖渠勤学不

---

① 刘琳、李勇先、王蓉贵校点:《黄庭坚全集·正集卷二十四》,第 2 册,620 页,成都,四川大学出版社,2001。
② 傅璇琮编:《黄庭坚和江西诗派》,下册,481 页,北京,中华书局,1978。
③ 冒广生补笺:《后山诗注补笺》,上册,47—49 页,北京,中华书局,1995。

倦,味古人语精深,非有为不发于笔端耳。"①

又陈师道有《陈留市隐者》:"陈留人物后,疑有隐屠耕。斯人岂其徒,满腹一杯羹。婷婷小家子,与翁同醉醒。薄暮行且歌,问之讳姓名。子岂达者欤,槁竹聊一鸣。老生何所因,稍稍声过情。闭门十日雨,吟作饥鸢声。诗书工发冢,刀笴得养生。飞走不同穴,孔突不暇黔。"②这次是黄庭坚作和诗《陈留市隐》,曰:"市井怀珠玉,往来人未逢。乘肩娇小女,邂逅此生同。养性霜刀在,阅人清镜空。时时能举酒,弹镂送飞鸿。"并在序中说:"陈无己为赋诗,庭坚亦拟作。"③《王直方诗话》亦曰:"陈留市中有一刀镊工,随其所得为一日费,醉吟于市,负其子以行歌。江端礼以为达者,为作传,而要无己赋诗。无己诗有'闭门十日雨,吟作饥鸢声',大为山谷所爱。山谷后亦有拟作,有云:'养性霜刀在,阅人清镜空。'无以复加。"④

陈师道尚有《次韵答少章》:"秦郎淮海士,才大难为弟。蔚然霜雪后,不受江汉洗。春畦不满眼,采掇到芹茮。多病促余年,秋光欲辞抵。儒林丈人行,崛起三界底。出入银台门,为米不为醴。白头容北面,斯文分一体。愧我无异闻,口阙不得启。"此诗为黄所次。冒广生笺此诗曰:"《山谷集》有《次秦觏过陈无己书院观鄙句》之作,即次此韵,但'弟'韵作'第','抵'韵作'柢'。"⑤

陈师道尚有《赠鲁直》诗曰:"相逢不用早,论交宜晚岁。平生易诸公,斯人真可畏。见之三伏中,凛凛有寒意。名下今有人,胸中本无事。神物护诗书,星斗见光气。惜无千人力,负此万乘器。生前一樽酒,拨弃独何易。我亦奉斋戒,妻子以为累。君如双井茶,众口愿其尝。顾我如麦饭,犹足填饥肠。陈诗传笔意,愿立弟子行。何以报嘉惠,江湖永相望。"⑥此诗当作于陈师道改字之后,因诗中有"负此万乘器",则是用黄庭坚的《陈师道字说》中语:"我琢为万乘之器。"

元祐三年戊辰(1088 年)

黄庭坚四十四岁,本年在秘书省兼史局。时秦观、张耒、晁补之等同任馆职。所谓"苏门四学士"由此得名。

---

① 刘琳、李勇先、王蓉贵校点:《黄庭坚全集·外集卷二十一》,第 3 册,1370 页,成都,四川大学出版社,2001。
② 冒广生补笺:《后山诗注补笺》,上册,265 页,北京,中华书局,1995。
③ 刘尚荣校点:《黄庭坚集注》,第 1 册,230 页,北京,中华书局,2003。
④ 傅璇琮编:《黄庭坚和江西诗派》,下册,480 页,北京,中华书局,1978。
⑤ 冒广生补笺:《后山诗注补笺》,下册,464—465 页,北京,中华书局,1995。
⑥ 冒广生补笺:《后山诗注补笺》,下册,485 页,北京,中华书局,1995。

作《嘲小德》:"中年举儿子,漫种老生涯。学语啭春鸟,涂窗行暮鸦。欲嗔王母惜,稍慧女兄夸。解著《潜夫论》,不妨无外家。"①此诗后引陈师道作《赠黄氏子小德》。

陈师道三十七岁,在徐州教授任。作《送杨侍禁兼寄颜长道黄鲁直二公二首》之二以怀黄庭坚:"多问黄居士,终年欠一书。因人候消息,有使报何如。向晚逢杨子,真堪托后车。亲年方赖禄,不惜借吹嘘。"②

由黄庭坚之《嘲小德》,陈师道乃作《赠黄氏子小德》曰:"黄童三尺世无双,笔头滚滚悬秋江。不忧老子难为父,平生崛强今心降。我来喜共阿戎语,应敌纵横如急雨。生子还如孙仲谋,豚犬漫多何足数。黄家小儿名小德,眉如长林目如漆。只今数岁已动人,老人留眼看他日。笑君老蚌生明珠,自笑此物吾家无。君当置酒吾当贺,有儿传业更何须。"③此诗未系年,在《后山诗注补笺》的逸诗中,有黄庭坚的诗,故系此诗于此年。

元祐四年己巳(1089年)

黄庭坚四十五岁,本年在秘书省兼史局。作《答太平州梁大夫书》赞梁举荐陈师道事。

陈师道三十八岁。五月,苏轼自翰林学士出知杭州,途经应天(今南京),陈师道未经知州许可,私往谒送。七月,应左谏议大夫梁焘举荐,除太学博士。左司谏刘安世奏劾陈师道私往谒苏事,遂罢。黄庭坚作《答太平州梁大夫书》赞梁举荐事,曰:"陈无己蒙朝廷简拔,岂但慰亲戚朋友,于学士大夫劝焉。仁人在位,国家宜数有美政如此耳。"④

元祐五年庚午(1090年)

黄庭坚四十六岁。本年仍在秘书省兼史局。

陈师道三十九岁,先在徐州教授任,后改官颍州(今安徽阜阳)教授,冬,自徐

---

① 刘尚荣校点:《黄庭坚诗集注》,第2册,360—361页,北京,中华书局,2003。
② 冒广生补笺:《后山诗注补笺》,上册,63页,北京,中华书局,1995。
③ 冒广生补笺:《后山诗注补笺》,下册,501页,北京,中华书局,1995。
④ 刘琳、李勇先、王蓉贵校点:《黄庭坚全集·续集卷一》,第3册,1922页,成都,四川大学出版社,2001。

赴颍。

有《寄豫章公三首许官茶未寄》，其一："密云不雨卧乌龙，已足人间第一功。得诺向来轻季子，打门何日走周公。"其二："愧无一缕破双团，惯下姜盐枉肺肝。誓酒不应忘此老，论诗宁肯乞粗官。"其三："人须百斛买双鬟，水截龙章试虎斑。老觉才疏浑不称，自携云月泻潺缓。"①

元祐七年壬申（1092年）

黄庭坚四十八岁。自神宗元丰八年九月至元祐六年一直在京。元祐六年母丧，元祐七年护母丧抵家分宁。本年居丧分宁。请陈师道为母作铭。

陈师道四十一岁。自元祐五年移颍州教授，本年仍在颍州教授任。

为黄庭坚作《李夫人墓铭》，曰："夫人，建昌人，李姓，溧水尉、赠特进之子，大理丞、知康州黄庶之妻，集贤校理、佐著作庭坚之母也。……元祐六年，年七十二，卒于东都。五男，大临、叔献、叔达、仲熊，校理其次也。四女，有妇行，长为洪氏妇，其死不幸，校理是以赋《毁璧》也。……明年，合于康州之墓……"②黄母本拟元祐七年葬而延至八年早春，墓铭当是本年预先撰写，故云六年之明年。黄庭坚请陈师道为其母写墓志铭，可见对师道之古文极为推重。其《题苏子由黄楼赋草》即曰："铭欲顿挫崛奇，赋欲宏丽。故子瞻作诸物铭，光怪百出。子由作赋，纡徐而尽变。二公已老，而秦少游、张文潜、晁无咎、陈无己方驾于翰墨之场，亦望而可畏者也。"③宋人王正德《余师录》逸事亦曰："山谷高吟，交臂老杜，至古文不自谓所长，每推无己。"④关于陈师道为黄庭坚母写铭提到"毁璧"一词，宋人吴曾恐后人不晓，在《能改斋漫录》卷十四《记文》中特为记之曰："陈后山为豫章先生铭母夫人李氏墓云：'李四女，有妇行，长为洪氏妇，其死不幸，校理是以赋毁璧也。'陈之意，盖叙豫章所作黄夫人碑所谓'毁璧兮陨珠'，此碑正为洪氏母而作。玉父建炎间为胡少汲编定豫章诗文，遂削，今洪州印本是已。迄今三十年，所在雕印豫章文，正以玉父所编为定，而'毁璧'之篇不存。后世将有读后山之铭不能晓者，今载之曰（略）。"⑤而黄庭坚亦曾为陈师道的祖父陈洎（字亚之）的诗写过《书陈亚之

---

① 冒广生补笺：《后山诗注补笺》，上册，88—89页，北京，中华书局，1995。
② 陈师道：《后山居士文集》，下册，785—789页，上海，上海古籍出版社，1984。
③ 刘琳、李勇先、王蓉贵校点：《黄庭坚全集·别集卷六》，第3册，1592页，成都，四川大学出版社，2001。
④ 王正德：《余师录》，见《丛书集成初编》，北京，中华书局，1985。
⑤ 傅璇琮编：《黄庭坚和江西诗派资料汇编》，上册，414页，北京，中华书局，1978。

诗后》,曰:"岷山之发江,仅若瓮口,淮出桐柏,力能泛觞,卒之成川注海,以其所从来远也。学问文章,震耀一世,考其祖曾,发源必有自。陈氏昆仲多贤,是中将有名世者。观吏部公之诗,可谓源清矣。"①陈亚之曾官吏部员外郎,故黄庭坚称其吏部公。由陈师道为山谷母写《铭》与黄庭坚为后山祖作《书》,可见两人交情之深厚。

在颍州时,陈师道作《观兖国文忠公家六一堂图书》,陈鹄《耆旧续闻》卷二由此言及陈师道的以黄为师,曰:"元祐初,东坡率莘老、李公择荐之,得徐州教授,徙颍州。东坡出守,无己但呼二丈,而谓子固南丰先生也。《过六一堂》诗略云:'向来一瓣香,敬为曾南丰。世虽嫡孙行,名在恶子中。斯人日已远,千岁幸一逢。吾老不可待,露草湿寒蛰。'盖不以东坡比欧阳公也。至论诗,即以鲁直为师,谓豫章先生。"②

哲宗绍圣元年甲戌(1094年)

黄庭坚五十岁,本年居乡待辞免之命。十二月二十七日(甲午),被贬涪州(今四川涪陵县)别驾,黔州(今重庆彭水)安置。先,在陈留被问状时,寓佛寺,题其所居,作《寂住阁》《深明阁》。后陈师道至陈留,亦宿是阁,而有诗。

陈师道四十三岁,在颍州教授任。夏末,因苏轼谪惠州,坐余党,以例罢官,赴部得监海陵(今江苏泰县)酒税,未赴任。

有《与鲁直书》云:"绍元夏末,以例罢官,遂赴部,得监海陵酒。明年之春,复遭家祸。"③

绍圣三年丙子(1096年)

黄庭坚五十二岁,在黔州。

陈师道四十五岁,在曹州。作《宿深明阁二首》以怀黄庭坚。方回《瀛奎律髓》曰:"山谷修《神宗实录》,盖皆直笔。绍圣初,蔡卞恶其书王安石事,摘谓失实,召至陈留问状。寓佛寺,题曰深明阁。寻谪居黔州。绍圣三年,后山省庞丞相

---

① 刘琳、李勇先、王蓉贵校点:《黄庭坚全集·正集卷二十七》,第2册,723页,成都,四川大学出版社,2001。
② 傅璇琮编:《黄庭坚和江西诗派资料汇编》,下册,507页,北京,中华书局,1978。
③ 陈师道:《后山居士文集》,下册,575页,上海,上海古籍出版社,1984。

墓,至陈留,宿是阁,有此诗。"诗曰:"窈窕深明阁,晴寒是去年。老将灾疾至,人与岁时迁。默坐元如在,孤灯共不眠。暮年身万里,赖有故人怜。"任注"人与岁时迁"谓"此句属鲁直"。尾联表达了对黄庭坚的关切。诗之二曰:"缥缈金华伯,人间第一人。剧谈连昼夜,应俗费精神。时要平安报,反愁消息真。墙根霜下草,又作一番新。"①首句以仙人金华伯比黄庭坚,谓其"人间第一人"。"时要平安报,反愁消息真"一联表达了十分复杂的感情,既希望黄庭坚有书信来报平安,又担心有不好的消息。

绍圣四年丁丑(1097年)

黄庭坚五十三岁,本年仍在谪居地黔州。

陈师道四十六岁。绍圣二年岳父郭概移知曹州(今山东曹县),遂携眷往依之。至今年离曹州归徐州。

作《答魏衍黄预勉予作诗》:"我诗短浅子贡墙,众目俯视无留藏。句中有眼黄别驾,洗涤烦热生清凉。人言我语胜黄语,扶竖夜齐燎朝光。三年不见万里外,安得奋身置汝傍。迩来诸子复秀发,曾未几见加端章。剩欲摧藏让头角,岂是有意群儿伤。于人无怨我何憾,爱者尚众犹吾乡。平生不自解嘲诮,祸来亦复非周防。我衰气索不自振,正赖好语能恢张。诗家小魏新有声,旧传秀句西里黄。后生学行阙师友,临路不进空回遑。看君事业青云上,听渠螟蛻生膏肓。"②诗中的"黄别驾"即黄庭坚,时黄庭坚为涪州别驾,黔州安置。又"三年不见万里外,安得奋身置汝傍",尤见其对黄感情之深。其《送刘主簿》一诗亦作于本年,诗的首句即直呼"平生师友豫章公"③,敬之以师,交之为友。

哲宗元符元年戊寅(1098年)

黄庭坚五十四岁,在黔州。后以避表外兄张向之嫌移戎州(今四川宜宾市)。

陈师道四十七岁,在徐州家居。

时有何郎中者出示黄庭坚的草书,陈师道观后作《何郎中出示黄公草书四首》,其一:"龙蛇起伏笔无前,江汉渊回语更妍。好事无须一赏足,藏家不必万人

---

① 冒广生补笺:《后山诗注补笺》,上册,202—204页,北京,中华书局,1995。
② 冒广生补笺:《后山诗注补笺》,上册,218—220页,北京,中华书局,1995。
③ 冒广生补笺:《后山诗注补笺》,上册,233页,北京,中华书局,1995。

传。"其二:"此诗此字有谁知,画省郎官自崛奇。罪大从来身万里,政成今见麦三岐。"其三:"四海声名何水曹,新诗旧德自相高。一官早要称三字,二鬓何须著两毛。"其四:"当年阙里与论诗,晚岁河山断梦思。妙手不为平世用,高怀犹有故人知。"黄庭坚曾于元祐五年写有草书,并作《李伯时画刀笁工跋尾》曰:"龙眠李伯时为庐江何琬子温作。子温有远韵,其赏咏古今人诗,得其致意处,故伯时肯以妙墨予之。元祐五年九月己巳黄某题。"①陈师道即据此而题。诗中"罪大从来身万里"指黄庭坚谪居戎州。"四海声名何水曹"则是用黄庭坚的诗句"向来四海习凿齿"(《次韵奉答存道主簿》),正是陈学黄诗之一例。"当年阙里与论诗,晚岁河山断梦思",是说自己当年向黄庭坚学诗,如今黄庭坚迁谪蜀中,河山阻隔,只能在梦中相见了。

元符二年己卯(1099年)

黄庭坚五十五岁,自在戎州作《谒金门·示知命弟》词:"山又水,行尽吴头楚尾。兄弟灯前家万里,相看如梦寐。　君似成蹊桃李,入我草堂松桂。莫厌岁寒无气味,馀生吾已矣!"②陈师道在《与鲁直书》中提及此词曰:"近有人传《谒金门》词,读之爽然。"全信见后。

陈师道四十八岁,在徐州家居。

有《与鲁直书》云:"师道再启:绍元夏末,以例罢官,遂赴部,得监海陵酒。明年之春,复遭家祸。居贫口众,转舍往来,而卒归乡里,迨今三岁矣。而法当居外射阙,亦既申部而请矣。不辨一到京师又不敢数数申部;今亦再岁矣,不蒙注拟。罢官六年,内无一钱之入,艰难困苦,无所不有,沟壑之忧,近在朝夕,甚可笑也。自私自幸者,大儿年十六,解作史论;小儿八岁,能赋绝句,时有好语,即为绝倒。不知天欲穷之耶?欲达之耶?迩来绝不为诗文,然不废书,时作小词以自娱,用以卒岁,毋以为念也。"③

信中提到作小词,陈师道有一首《满庭芳·咏茶》的词:"闽岭先春,琅函联璧,帝所分落人间。绮窗纤手,一缕破双团。云里游龙舞凤,香雾起,飞月轮边。华堂静,松风竹雪,金鼎沸浽潺。　门阑。车马动,扶黄籍白,小袖高鬟。渐胸里轮

---

① 冒广生补笺:《后山诗注补笺》,上册,261—263页,北京,中华书局,1995。
② 刘琳、李勇先、王蓉贵校点:《黄庭坚全集·正集卷十四》,第1册,386页,成都,四川大学出版社,2001。
③ 陈师道:《后山居士文集》,下册,575—576页,上海,上海古籍出版社,1984。

困,肺腑生寒。唤起谪仙醉倒,翻湖海、倾泻涛澜。笙歌散,风帘月幕,禅榻鬓丝斑。"①此词即是用黄庭坚同题同词牌所作。黄词曰:"北苑春风,方圭圆璧,万里名动京关。碎身粉骨,功合上凌烟。樽俎风流战胜,降春睡、开拓愁边。纤纤捧,熬波溅乳,金缕鹧鸪斑。　　相如,虽病渴,一觞一咏,宾友群贤。为扶起樽前,醉玉颓山。搜搅胸中万卷,还倾动、三峡词源。归来晚,文君未寝,相对小妆残。"②宋人吴曾的《能改斋漫录》说:"豫章先生少时,尝为《茶》词,寄《满庭芳》。其后增损其词,止咏建茶,词意益工。后山陈无己,用韵和之。"③即是指此。吴曾说是黄庭坚的少作,且词有增损,现黄集中即有两首茶词,确是文字仅有小异。陈师道晚年作小词,并用黄词的韵,亦是寄托对远在黔、戎的老友的怀念。

又《渔家傲·从叔父乞苏州湿红笺》:"一舸姑苏风雨疾。吴笺满载红犹湿。色润朝花光触日。人未识,街南小阮应先得。　　青入柳条初著色,溪梅已露春消息,拟作新词酬帝力。轻落笔。黄秦去后无强敌。"④词中黄、秦即是指黄庭坚与秦观。陈师道认为"子瞻以诗为词",虽工非本色,而独推崇秦观和黄庭坚,曰:"今代词手惟秦七、黄九耳。"⑤人谓陈师道对黄词过誉,但这不妨碍陈师道对黄词的特别喜爱,故屡屡作词以和。

元符三年庚辰(1100年)
黄庭坚五十六岁,在戎州。

陈师道四十九岁。先在徐州,七月除棣州(今山东惠民)教授。有《元符三年七月蒙恩复除棣学喜而成诗》诗。赴任不久,十一月,改除秘书省正字。

是年春,有书信寄黄庭坚。《与鲁直书》曰:"师道启:往岁刘壮舆在济阴,尝遣人至黔中,附书必达。尔后无便,而仕者畏慎,不许附递,用是不果为问,必蒙深察。比日伏维尊候万福,未缘瞻近,临书惘惘。万冀以时为道自重。"

又:"无咎向过此,服阕赴贬所,相从数日,颇见言色,他皆不通问矣。某有诗文数篇在王立之处,托渠转致,必能上达也。迩来起居何如,不至乏绝否?何以自存,有相恤者否?令子能慰意否?风土不甚恶否?平居有谁相从?有可与语否?

---
① 唐圭璋编:《全宋词》,第1册,586页,北京,中华书局,2011。
② 刘琳、李勇先、王蓉贵校点:《黄庭坚全集·正集卷十三》,第1册,322页,成都,四川大学出版社,2001。
③ 转引自《后山诗注补笺》,上册,31页,北京,中华书局,1995。
④ 唐圭璋编:《全宋词》,第1册,591页,北京,中华书局,2011。
⑤ 吴文治主编:《宋诗话全编》,第2册,1022页,南京,凤凰出版社,1998。

仕者不相陵否？何以遣日，亦著文否？近有人传《谒金门》词，读之爽然，便如侍语，不知此生能复相从如前日否？朱时发能复相济否？某素有脾疾，近复暴得风眩，时时间作，亦有并作时，极以为苦，若不饥死寒死，亦当疾死。然人生要须死，宁校长短，但恨与释氏未有厚缘，少假数年，积修香火，亦不恨矣。"

又："王立之遣人来相周，云欲遣信，且索书甚急，作此殊不尽怀，语所不及，亦可自了，何必多耶？知命闻在左右，偶多作报书，不暇奉问，万万深察，不敢疏也。王家人还，万觊一字。令郎计康胜，为学想有可观，人还，可以数首见寄否？丰、登两稚，不敢草草上状，向慕之意，甚于乃翁。正夫有幼子明诚，颇好文义，每遇苏、黄文诗，虽半简数字，必录藏；以此失好于父，几如小邢矣，乃知歆、向无足怪者。"①

由此可知，黄庭坚在黔州、戎州期间，陈师道曾有数书寄达，先是通过刘壮舆附寄，后是通过王直方附寄。且一书十数问，可谓关心备至。

本年，陈师道有诗《徐仙书三首》，写蓬莱女官徐清诗作谢体，书效黄庭坚。诗曰："蓬壶仙子补天手，笔妙诗清万世功。肯学黄家元祐脚，信知人厄非天穷。"又："诗成已作客儿语，笔下还为鲁直书。岂是神仙未贤圣，不随时事向人疏。"又："金华牧羊小家子，西真攘挑何代儿。诗著海山书落爪，向来何免世人疑。"②诗中"肯学黄家元祐脚""笔下还为鲁直书""诗著海山书落爪"等句皆是指徐仙学黄庭坚之书。陈师道有一篇《颖师字序》亦言及此，文曰："吾里中少年，每岁首，簪饰箕帚，召紫姑以戏。一岁有神下焉，曰吾蓬莱仙伯徐君也，自是累累而降。喜句画，有求必答，笔下不休如写。熟读，曰，诗拟谢灵运，书效黄鲁直，使黄、谢见之不能别也。"此即言蓬莱仙伯徐君效黄庭坚的书法到了逼真的地步。文后又曰："于时……涪翁亦再逐掣微庐彭之故处。人方藉辚困苦，必欲其死，世亦无敢语之者，而神官海伯方喜好字画，又以传世，信所谓人厄，非天穷也。"③这里表达了陈师道对远谪"掣微庐彭之故处"的黄庭坚的深切关怀与同情。然人欲其死，神好其字，黄庭坚所遭受的乃是"人厄"，而非天意，"信所谓人厄非天穷也"，此句与前引之诗句"信知人厄非天穷"相同，则知《颖师字序》亦当作于此年。

徽宗建中靖国元年辛巳（1101 年）

黄庭坚五十七岁。元符三年五月复宣德郎。监鄂州（湖北武昌县）在城监税。

---

① 陈师道：《后山居士文集》，下册，574—579 页，上海，上海古籍出版社，1984。
② 冒广生补笺：《后山诗注补笺》，上册，352—354 页，北京，中华书局，1995。
③ 陈师道：《后山居士文集》，下册，721 页，上海，上海古籍出版社，1984。

十月又被朝廷委任为奉议郎,签书宁国库(今安徽宣城县)节度判官。遂出川,过江安(今四川江安县)。本年从江安继续东下荆州。

是年冬,有《答王子飞书》,对陈师道推崇备至。书曰:"陈履常正字,天下士也。读书如禹之治水,知天下之络脉,有开有塞,而至于九川涤源,四海会同者也。其作诗渊源,得老杜句法,今之诗人不能当也。至于作文,深知古人之关键。其论事救首救尾,如常山之蛇,时辈未见其比。公有意于学者,不可不往扫斯人之门。古人云:'读书十年,不如一诣习主簿。'端有此理。若见,为问讯,千万。"①王子飞(即王云)跋魏衍《彭城陈先生集记》亦云:"建中靖国辛巳之冬,云别涪翁于荆州。翁曰:'陈无己,天下士也。其读书如禹之治水,知天下之络脉,有开有塞,至于九州涤源,四海会同者也。其论事救首救尾,如常山之蛇。其作文深知古人之关键。其作诗深得老杜之句法,今之诗人,不能当也。子有意学问,不可不往扫斯人之门。'云再拜受教。"②

又《和王观复洪驹父谒陈无己长句》云:"陈君今古焉不学,清渭无心映泾浊。汉官旧仪重九鼎,集贤学士见一角。王侯文采似于菟,洪甥人间汗血驹。相将问道城南隅,无屋正借舡官居。有书万卷绕四壁,樵苏不爨谈至夕。主人自是文章伯,邻里颇怪有此客。食贫各仕天一方,佳人可思不可忘。河从天来砥柱立,爱莫助之涕淋浪。"任渊注此诗曰:"王蕃字观复,沂公之裔,官阆中。时多以书从山谷问学,至是自京师来,会山谷于荆州。洪刍字驹父,山谷之甥也。无己元符三年冬为秘书正字。"③

此年,黄庭坚尚有《病起荆江亭即事十首》之八写到陈师道,曰:"闭门觅句陈无己,对客挥毫秦少游。正字不知温饱未,西风吹泪古藤州。"④秦观(字少游)死于元符三年(1100年),而陈师道亦于元符三年除秘书省正字,故知此诗当作于此年或去年。

又有《与欧阳元老》书曰:"到都下,可首往谒陈履常正字,此天下士也。"⑤

陈师道五十岁,在开封,官秘书省正字。本年,陈师道作诗《酬王立之二首》,

---

① 刘琳、李勇先、王蓉贵校点:《黄庭坚全集·正集卷十八》,第2册,467页,成都,四川大学出版社,2001。
② 冒广生补笺:《后山诗注补笺》,上册,32页,北京,中华书局,1995。
③ 刘尚荣校点:《黄庭坚诗集注》,第2册,512—513页,北京,中华书局,2003。
④ 刘尚荣校点:《黄庭坚诗集注》,第2册,520页,北京,中华书局,2003。
⑤ 刘琳、李勇先、王蓉贵校点:《黄庭坚全集·续集卷八》,第4册,2091页,成都,四川大学出版社,2001。

有怀苏轼与黄庭坚。诗曰:"顿有亭前玉色梅,情知不肯破寒开。似怜憔悴两公客,独倚东风遣信来。"所谓"两公客"即苏轼、黄庭坚,怜其憔悴,冀其信来。又:"重梅双杏巧相将,不为游人只自芳。应怪诗翁非老手,相逢不作旧时香。"①所谓"老手"即指苏、黄,"诗翁"乃自谓,言自己的诗不如苏、黄。

陈师道于晚年,常于诗中以仙人金华伯称黄庭坚,除前引之外,尚有"金华仙伯哦七字,好事不复千金尊"(《和饶节咏周昉画李白真》),"恨君不见金华伯,何处如今更有诗"(《赠吴氏兄弟三首》)等②,皆是表达对黄庭坚的尊敬之意。

十一月二十三日,陈师道预郊祀礼,感寒得疾。十二月二十九日卒。

徽宗崇宁元年壬午(1102年)

黄庭坚五十八岁。本年春初在荆州,九月至鄂州,居住年余。

有《与李端叔书》,对陈师道之死似尚不确知:"或传陈履常病且死,岂有是乎?"③

待确知后又有与其外甥徐师川书,以怀念逝去之友。《与徐师川书》曰:"自东坡、秦少游、陈履常之死,常恐斯文之将坠。"④

又《杂简》曰:"去年失秦少游,又失东坡苏公,今年又失陈履常,余意文星已宵坠矣。然幸此三君子者,皆有佳儿未死,犹待其崭然见头角尔。……"⑤

崇宁四年乙酉(1105年)

黄庭坚六十一岁。崇宁二年(1103年)十一月谪宜州(今广西宜山县)。本年在宜州。九月三十日(甲子)卒。

有《次韵文潜》诗云:"年来鬼祟覆三豪,词林根柢颇摇荡。"⑥任渊注黄诗以"三豪"为苏东坡、秦少游、范淳夫(范祖禹),恐非是。范祖禹是史学家,但并不以文学名,其亡与"词林根柢"无关。据《与徐师川书》与《杂简》,则三豪当指苏东坡、秦少游与陈师道也。

---

① 冒广生补笺:《后山诗注补笺》,上册,425—426页,北京,中华书局,1995。
② 冒广生补笺:《后山诗注补笺》,上册,430、446页,北京,中华书局,1995。
③ 刘琳、李勇先、王蓉贵校点:《黄庭坚全集·别集卷十四》,第3册,1751页,成都,四川大学出版社,2001。
④ 刘琳、李勇先、王蓉贵校点:《黄庭坚全集·正集卷十九》,第2册,480页,成都,四川大学出版社,2001。
⑤ 刘琳、李勇先、王蓉贵校点:《黄庭坚全集·别集卷十七》,第3册,1852页,成都,四川大学出版社,2001。
⑥ 刘尚荣校点:《黄庭坚诗集注》,第2册,611页,北京,中华书局,2003。

二、陈师道论黄庭坚

陈师道除了在诗词中与黄庭坚唱和和文中论及外,在《后山诗话》与《后山谈丛》中亦有多处论及黄庭坚。现从中辑录陈师道有关黄庭坚的论述数条,以见陈、黄关系之全貌。

(一)《后山诗话》

1. 望夫石在处有之。古今诗人,共用一律,惟刘梦得云:"望来已是几千岁,只似当年初望时。"语虽拙而意工。黄叔达,鲁直之弟也,以顾况为第一云:"山头日日风和雨,行人归来石应语。"语意皆工。江南有望夫石,每过其下,不风即雨,疑况得句处也。(第3条)

2. 欧阳永叔不好杜诗,苏子瞻不好司马《史记》,余每与黄鲁直怪叹,以为异事。(第4条)

3. 黄鲁直云:"杜之诗法出审言,句法出庾信,但过之尔。杜之诗法,韩之文法也。诗文各有体,韩以文为诗,杜以诗为文,故不工尔。"(第9条)

4. 黄鲁直谓白乐天云"笙歌归院落,灯火下楼台",不如杜子美云"落花游丝白日静,鸣鸠乳燕青春深"也。孟浩然云"气蒸云梦泽,波撼岳阳城",不如九僧云"云中下蔡邑,林际春申君"也。(第10条)

5. 黄诗、韩文,有意故有工,左、杜则无工矣。然学者先黄后韩,不由黄、韩而为左、杜,则失之拙易矣。(第20条)

6. 诗欲其好,则不能好矣。王介甫以工,苏子瞻以新,黄鲁直以奇。而子美之诗,奇常、工易、新陈莫不好也。(第24条)

7. 鲁直谓荆公之诗,暮年方妙,然格高而体下。如云:"似闻青秧底,复作龟兆坼。"乃前人所未道。又云:"扶舆度阳焰,窈窕一川花。"虽前人亦未易道也。然学二谢,失于巧尔。(第27条)

8. 王荆公暮年喜为集句,唐人号为四体,黄鲁直谓正堪一笑尔。司马温公为定武从事,同幕私幸营妓,而公讳之。尝会僧庐,公往迫之,使妓踰墙而去,度不可隐,乃具道。公戏之曰:"年去年来来去忙,暂偷闲卧老僧床。惊回一觉游仙梦,又逐流莺过短墙。"又杭之举子中老榜第,其子以绯裹之,客贺之曰:"应是穷通自有时,人生七十古来稀。如今始觉为儒贵,不着荷衣便着绯。"寿之医者,老娶少妇,或嘲之曰:"偎他门户傍他墙,年去年来来去忙。采得百花成蜜后,为他人作嫁衣裳。"真可笑也。(第29条)

9. 唐人不学杜诗,惟唐彦谦与今黄亚夫庶、谢师厚景初学之。鲁直,黄之子,谢之婿也。其于二父,犹子美之于审言也。然过于出奇,不如杜之遇物而奇也。

三江五湖,平漫千里,因风石而奇尔。(第31条)

10. 鲁直有痴弟,畜漆琴而不御,虫虱入焉。鲁直嘲之曰:"龙池生壁虱。"而未有对。鲁直之兄大临,旦见床下以溺器畜生鱼,问知其弟也,大呼曰:"我有对矣。"乃"虎子养溪鱼"也。(第34条)

11. 黄词云:"断送一生惟有,破除万事无过。"盖韩诗有云:"断送一生惟有酒,破除万事无过酒。"才去一字,遂为切对,而语益峻。又云:"杯行到手更留残,不道月明人散。"谓思相离之忧,则不得不尽。而俗士改为"留连",遂使两句相失。正如论诗云,"一方明月可中庭","可"不如"满"也。(第38条)

12. 鲁直《乞猫诗》云:"秋来鼠辈欺猫死,窥瓮翻盘搅夜眠。闻道狸奴将数子,置鱼穿柳聘衔蝉。"虽滑稽而可喜。千载而下,读者如新。(第40条)

13. 退之以文为诗,子瞻以诗为词,如教坊雷大使之舞,虽极天下之工,要非本色。今代词手,惟秦七、黄九尔,唐诸人不迨也。(第49条)

14. 鲁直与方蒙书:"顷洪甥送令嗣二诗,风致洒落,才思高秀,展读赏爱,恨未识面也。然近世少年,多不肯治经术及精读史书,乃纵酒以助诗,故诗人致远则泥。想达源自能追琢之,必皆离此诸病,漫及之尔。"与洪朋书云:"龟父所寄诗,语益老健,甚慰相期之意。方君诗,如凤雏出毂,虽未能翔于千仞,竟是真凤凰尔。"与潘邠老书曰:"大受今安在?其诗甚有理致,语又工也。"又曰:"但咏五言,觉翰墨之气如虹,犹足贯日尔。"(第59条)

15. 世语云:"苏明允不能诗,欧阳永叔不能赋。曾子固短于韵语,黄鲁直短于散语。苏子瞻词如诗,秦少游诗如词。"(第65条)

(二)《后山谈丛》

1. 苏黄善书不悬手

苏、黄两公皆善书,皆不能悬手。逸少非好鹅,效其宛颈尔,正谓悬手转腕。而苏公论书,以手抵案使腕不动为法,此其异也。(卷二)

2. 论墨二

南唐于饶置墨务,歙置砚务,扬置纸务,各有官,岁贡有数。求墨工于海东,纸工于蜀,中主好蜀纸,既得蜀工,使行境内,而六合之水与蜀同。李本奚氏,以幸赐国姓,世为墨官云。唐之问,质肃公之子,有墨曰"饶州供进墨务官李仲宣造",世莫知其何。子颇有家法,以遗黄鲁直,鲁直以谓不迨孙氏所有。而予谓过之。陈留孙待制家有墨半锭,号称廷珪,但色重尔,非古制也。(卷二)

3. 榆条准此

鲁直为礼部试官,或以柳枝来,有法官曰:"漏泄春光有柳条。"鲁直曰:"榆条准此。"盖律语有"余条准此"也。一坐大哄,而文吏共深恨之。(卷五)

93

三、宋元明清各家论陈、黄之关系

宋及金元明清各代均有对陈师道与黄庭坚关系的论述,现据有关资料,选辑若干条,论述相同或相近的只用最早的;文中已用的,不再采录。

1. 苏王黄秦诗词 ……陈无己云:"荆公晚年诗伤工,鲁直晚年诗伤奇。"余戏之曰:"子欲居工奇之间邪?"(宋 王直方《王直方诗话》)

2. 《古书托名》 "先君为武学传授日,被旨校正武举孙吴等七书。先君言,《六韬》非太公所作,内有考证处,先以禀司业朱服,服言,此书行之已久,未易遽废也。又疑《李卫公对问》亦非是。后为徐州教授,与陈无己为交代。陈云,尝见东坡先生言,世传王氏《元经》《薛氏传》、关子明《易传》《李卫公对问》,皆阮逸著撰。逸尝以草示奉常公也。非独此,世传《龙城记》载六丁取易说事,《树萱录》载杜陵老李太白诸人赋诗事,诗体一律。而《龙城记》乃王铚性之所为,《树萱录》刘焘无言自撰也。至于书刻亦然,小字《乐毅论》实王著。所书李太白《醉草》则葛叔忱戏欺其妇翁者,山谷道人尝言之矣。(宋 何薳《春渚纪闻》卷五)

3. 黄陈学义山 义山《雨》诗:"摵摵度瓜园,依依傍水轩。"此不待说雨,自然知是雨也。后来鲁直、无己诸人多用此体。(宋 吕本中《东莱吕紫薇诗话》)

4. 苕溪渔隐曰:吕居仁近时以诗得名,自言传衣江西,尝作《宗派图》,自豫章以降,列陈师道、潘大临……合二十五人,以为法嗣,谓其源流皆出豫章也……(宋 胡仔《苕溪渔隐丛话》前集卷四十八)

5. 苕溪渔隐曰:后山谓鲁直作诗,过于出奇。诚哉是言也。如《和文潜赠无咎诗》:"本心如日月,利欲食之既。"……凡此之类,出奇之过也。(同上后集卷三十二)

6. 苕溪渔隐曰:无己称:"今代词手,惟秦七、黄九耳,唐诸人不迨也。"无咎称:"鲁直词不是当家语,自是着腔子唱好诗。"二公在当时品题不同如此。自今观之,鲁直词亦有佳者,第无多首耳。少游词虽婉美,然格力失之弱。二公之言,殊过誉也。(同上后集卷三十三)

7. 黄陈诗注序(节录) ……宋兴二百年,文章之盛追还三代,而以诗名世者,豫章黄庭坚鲁直,其后学黄而不至者后山陈师道无己。二公之诗,皆本于老杜而不为者也。其用事深密,杂以儒佛,虞初稗官之说,隽永鸿宝之书,牢笼渔猎,取诸左右,后生晚学此秘未睹者,往往苦其难知。三江任君子渊,博及群书,尚友古人,暇日遂以二家诗为之注解,且为原本立意始末以晓学者,非若世之笺训但能标题出处而已也。既成,以授仆,欲以言冠其首。予尝患二家诗兴寄高远,读之有不可晓者,得君之解,玩味累日,如梦而寤,如醉而醒,如痿人之获起也,岂不快哉!

虽然,论画者可以形似,而捧心者难言;闻弦者可以数知,而至音者难说。天下之理涉于形名度数者,可传也;其出于形名度数之表者,不可得而传也。昔后山答秦少章云:"仆之诗豫章之诗也,然仆所闻于豫章,愿言其详,豫章不以语仆,仆亦不能为足下道也。"呜呼!后山之言殆谓是耶?今子渊既以所得于二公者笔之于书矣,若乃精微要妙,如古所谓味外者,虽使黄、陈复生,不能以相授,子渊尚得而言乎?学者宜自得之可也。子渊名渊,尝以文艺类试有司,为四川第一,盖今日之国士、天下士也。鄱阳许尹序。(宋　许尹《任渊〈山谷内集诗注〉》卷首)

8. 后山论诗说换骨,东湖论诗说中的,东莱论诗说活法,子苍论诗说饱参;入处虽不同,然其实皆一关捩,要知非悟入不可。(宋　曾季狸《艇斋诗话》)

9. 江西宗派诗序(节录)　江西宗派诗者,诗江西也,人非皆江西也。人非皆江西而诗曰江西者,何系之也?系之者何?以味不以形也。……高子勉不似二谢,二谢不似三洪,三洪不似徐师川,师川不似陈后山,而况似山谷乎?味焉而已矣。(宋　杨万里《诚斋集》卷七十九)

10. 少游在黄、陈之上,黄鲁直意趣极高。(宋　韩淲《涧泉日记》卷下)

11. 借山谷后山诗编于刘宜之司户因书所见呈宜之兄弟　拾遗诗视孔子道,豫章配孟颜后山。自馀众作等别派,彪戯狸豹虎一斑。我修直笔公万世,议论不到甘嘲讪。中间杜老饶寒饿,陈也绝荤黄尚可。天公雠施略相当,一字而贫更怜我。去年曜庵太荒凉,斧中得鱼雷殷床。了知诗祟力排摈,谁言锢疾蟠膏肓。刘郎食饱嗜昌歜,又一过目思手揽。编诗更著顾痴笔,字字可丹藏石磶。知君疗病我益病,心手相忘还展咏。百年长病可得辞,两翁落唾皆可敬。勿云身后无知音,此诗百变无邪心。候虫时鸟足感耳,我思正在南风琴。谁能首涂追四始,以经夹毂骚驾轨。意所不快鞭曹刘,此时折汝一寸箠。长安市上逢联璧,人持一箭与我直。请君了却三万轴,再见坐我床下客。(宋　敖陶孙《江湖后集》卷十八)

12. 论诗十绝(选一首)　文章随世作低昂,变尽风骚到晚唐。举世吟哦推李杜,诗人不知有陈黄。(宋　戴复古《石屏诗集》卷七)

13. 豫章外集诗注序(节录)　我列圣以人文陶天下,学问议论文章之士,莫盛于熙、丰、元、绍间,其生也类在神文朝,如诗家曰苏、黄、曰黄、陈。苏公生于景祐,陈公生于皇祐,而豫章生于庆历。天地清宁,日月正明,禀于气者全也。公得清宁正明之全气,气全而神王,挟丰隆,骑倒景,飘飘乎与造物者游,放为篇章,超轶绝尘,独立万物之表,坡翁盖心服之,而后山师焉。(宋　洪咨夔《平斋文集》卷十)

14. 黄太史文集序(节录)　山谷黄公之文,先正矩公称许者众矣。……其间如后山,不予王氏,不见章厚,于邢、赵姻娅也,亦未尝假以词色;褚无副衣,匪焕匪安,宁死无辱,则山谷一等人也。张文潜之诗曰:"黄郎萧萧日下鹤,陈子峭峭霜中竹。"是其为可传真在此而不在彼矣。(宋 魏了翁《鹤山先生大全文集》卷五十三)

15. 孙楚除妻服,作诗示王武子,王曰:"未知文于情生,情于文生,览之凄然,增伉俪之重。"而黄诗:"意不及此文生哀。"陈诗:"情生文自哀。"二人之意各不同。(同上《鹤山渠阳经外杂钞》卷一)

16. 注黄山谷诗二十卷、注后山诗六卷 新津任渊子渊注,鄱阳许尹为序。大抵不独注事,而兼注意,用功为深。二集皆取前集。陈诗以魏衍集记冠焉。(宋 陈振孙《直斋书录解题》卷二十诗集类下)

17. 江西诗派总序(节录) 吕紫薇作江西宗派,自山谷而下凡二十六人……派中如陈后山,彭城人;……非皆江西人也。……派中以东莱居后山上,非也。(宋 刘克庄《后村先生大全集》卷九十五)

18. 吕居仁作《江西诗社宗派图》 ……宗派之祖曰山谷,其次陈师道无己……议者以谓陈无己为诗高古,使其不死,未必甘为宗派。(宋 赵彦卫《云麓漫钞》卷十四)

19. 跋陈平仲诗(节录) 云谷谢公使治铸之年,过予崖而西也,手其友陈平仲诗若词三巨篇示予。读且评曰:本朝……后山诸人为一节,派家也;深山云卧,松风自寒,飘飘欲仙,芰荷衣而芙蓉裳也,而极其挚者黄山谷。……山谷非无词,而诗掩词。(宋 方岳《秋崖先生小稿》卷四十三)

20. 山谷云:"学老杜诗,所谓刻鹄不成,犹类鹜也。"后山谓山谷得法于少陵。(宋 王应麟《困学纪闻》卷十八《评诗》)

21. 与刘秀岩论诗(节录) 凡人学诗,先将《毛诗》选精深者五十篇为祖;……次选黄山谷、陈后山两家诗各编类成一集,此二家乃本朝诗祖;次选韩文公、苏东坡二家诗共编类成一集。如此拣选编类到二千诗,诗人大家数尽在其中。(宋 谢枋得《叠山集》卷五)

22. 陈后山云:"子瞻以诗为词,虽工非本色,今代词手惟秦七、黄九耳。"予谓后山以子瞻词如诗,似矣;而以山谷为得体,复不可晓。晁无咎云:"东坡词多不谐律吕,盖横放杰出,曲子中缚不住者。"其评山谷则曰:"词故高妙,然不是当行家语,乃著腔子唱如诗耳。"此言得之。(金 王若虚《滹南遗老集》卷三十九《诗话》)

23. 山谷之诗有奇而无妙,有斩绝而无横放,铺张学问以为富,点化陈腐以为新,而浑然天成,如肺肝中流出者不足也。……善乎吾舅周君之论也,曰:"宋之文章,至鲁直已是偏仄处,陈后山而后不胜其弊矣。人能中道而立,以巨眼观之,是

非真伪,望而可见也。"若虚虽不解诗,颇以为然。(金　王若虚《滹南遗老集》卷三十九《诗话》)

24. 送俞唯道序(节录)　大概律诗当专师老杜、黄、陈、简斋,稍宽则梅圣俞,又宽则张文潜,此皆诗之正派也。(元　方回《桐江集》卷一)

25. 读后山诗感其获遇山谷(节录)　后山为文早师南丰,不知何年以诗见山谷,听山谷说诗,读山谷所为诗,焚弃旧作,一变而学豫章。然未尝学山谷诗,字字句句同调也,意有所悟,落花就实而已。(同上卷五)

26. 唐长孺艺圃小集序(节录)　诗以格高为第一……宋惟欧、梅、黄、陈、苏长翁、张文潜,而又于其中以四人为格之犹高者,鲁直、无己上配渊明、子美为四也。(元　方回《桐江续集》卷三十三)

27. 与大光同登封州小阁　老杜诗为唐诗之冠,黄、陈诗为宋诗之冠。黄、陈学老杜者也,嗣黄、陈而恢张悲壮者,陈简斋也。(元　方回《瀛奎律髓》卷一登览类)

28. 李杜苏黄　少陵诗似《史记》,太白诗似《庄子》,不似而实似也;东坡诗似太白,黄、陈诗似少陵,似而又不似也。(元　刘壎《隐居通议》卷六)

29. 诸贤挽词　山谷翁作司马文正公挽词,后山作南丰先生挽词,水心作高、孝两朝挽词,皆超轶绝尘,诚可对垒,后又见韩文公作庄宪太后挽词,甚妙。(同上)

30. 后山集序(节录)　宋文丰,异时欧、苏祖左海内士,若渥洼堕地,趯趯不易縶。文,小技也,抑果关大气会耶?黄峻截,秦浩荡,晁、张深沉,游眉山门,人具一体,齠龆藻火,章施庆宇,最后后山翁缜密细腻,时人尤未易识度。……人言杜陵诗高于文,世称公诗,必曰陈、黄,至妙处不堕杜陵后。(元　陈仁子《马嶅刻〈后山集〉》卷首)

31. 黄庭坚传　庭坚学问文章,天成性得。陈师道谓其诗得法杜甫,学甫而不为者。(元　脱脱《宋史》卷四四四《文苑传》)

32. (黄容)《江雨轩诗序》　"……(绝句)至宋苏文忠公与先文节公,独宗少陵、谪仙二家之妙,虽不拘拘其似,而其意远义赅,是有苏、黄并李、杜之称。当时如临川、后山诸公,皆杰然无让古者。"(明　叶盛《水东日记》卷二十六)

33. 认真子诗集序(节录)　世之能诗者,近则黄、陈,远则李、杜,未闻舍彼而取此也。(明　陈献章《白沙子》卷一)

34. 读精华录　偶读山谷《精华录》,见和东坡《西湖纵鱼》诗,因次其韵,作《观打鱼》诗;又记后山曾有和东坡此诗,大类山谷。及检其全篇,即山谷者也,但多一篇耳。又后山集中《思亭记》,他文选者未之详耳,然二作今亦莫辨其出谁手

97

也。……（明　何景明《何大复先生集》卷三十八）

35. 夺胎换骨　《冷斋夜话》载:山谷曰:"不易其意而造其说,谓之换骨;规模其意而形容之,谓之夺胎。"……如陈无己挽南丰云:"丘原无起日,江汉有东流。"乃变老杜"尔曹身与名俱灭,不废江河万古流",皆此类也。（明　郎瑛《七修类稿》卷二十八辩证类）

36. 右丞诗用字　王右丞诗:"畅以沙际鹤,兼之云外山。"孟浩然云:"重以观鱼乐,因之鼓枻歌。"虽用助语词,而无头巾气。宋人黄、陈辈效之,如"且然聊尔耳,得也自知之",又如"命也岂终否,时乎不暂留",岂止学步邯郸,效颦西子已哉！（明　杨慎《升庵合集》卷一百三十八《诗话》）

37. 击壤集序（节录）　予观晋、魏、唐、宋诸家,如阮步兵、陶靖节、王右丞、韦苏州、黄山谷、陈后山诸人,述作相望,虽所养不同,要皆有得于静中冲淡和平之趣,不以外物扰己,故其诗亦卒以鸣世。（明　王畿《龙溪先生全集》卷十三）

38. 黄、陈、曾、吕,名师老杜,实越前规。（明　胡应麟《诗薮》内编卷二）

39. 宋黄、陈首倡杜学,然黄律诗徒得杜声调之偏者,其语未尝有杜也。（同上卷三）

40. 宋人用史语,如山谷"平声几两屦,身后五车书",源流亦本少陵;用经语如后山"咒功先服猛,戒力得扶颠",剪裁亦法康乐。然工拙顿自千里者,有斧凿之功,无镕炼之妙,矜持于句格,则面目可憎,架叠与篇章,则神韵都绝。（同上外编卷五）

41. 昔人评郊、岛非附寒涩,无所置材。余谓黄、陈学杜瘦劲,亦其材近之耳。律诗主格,尚可瞿铄自矜,歌行间涉纵横,往往束手矣。然黄视陈觉稍胜。（同上）

42. 李献吉云:黄、陈师法杜甫,号大家,今其诗传者不香色流动,如入神庙坐土木骸即冠服人,等谓之人,可乎？（同上）

43. （宋之）学杜者王介甫、苏子美、黄鲁直、陈无己、陈去非、杨廷秀。（同上）

44. 黄、陈律诗法杜可也,至绝句亦用杜体,七言小诗,遂成突梯谑浪之资,唐人风韵,毫不复睹,又在近体下矣。（同上）

45. 与丘长孺书（节录）　唐自有诗也……赵宋亦然,陈、欧、苏、黄诸人,有一字袭唐者乎？又有一字相袭者乎？至其不能为唐,殆是气运使然,犹唐之不能为《选》,《选》之不能为汉魏耳。（明　袁宏道《袁中郎全集》尺牍第二十八页）

46. 读宋人诗五首（录二首）　夔州句法杳难攀,再见涪翁与后山。留得紫微图派在,更谁参透少陵关？　一瓣香归玉局翁,风流羡与少陵同。平生不拾江西唾,枉被句牵入社中。（清　汪琬《尧峰文钞》卷五）

47. 冬日读唐宋金元诸家诗,偶有所感,各题一绝于卷后,凡七首（录一首）

一代高名孰主宾? 中天坡谷两嶙峋。瓣香只下涪翁拜,宗派江西第几人?(清　王士禛《渔洋诗集》卷二十二)

48. 西江派黄鲁直太生,陈无己太直,皆学杜而未哜其胾者;然神理未浃,风骨独存。(清　沈德潜《说诗晬语》卷下)

49. 问:古诗家多,其声调有可宗不可宗,何也?古诗声调,亡于晚唐,至宋欧、苏复振之,南渡以后微矣,至金、元而亡。再复振于明弘治、嘉靖间,至袁、徐、钟、谭而又亡,本朝诸大家振起之。故欲知声调之法,杜、韩其宗也,盛唐诸家其辅也,宋则欧、苏、黄、陈而已。(清　陈仅《竹林答问》)

50. 山谷词一卷(节录)江苏巡抚采进本　宋黄庭坚撰。……陈振孙于晁无咎词条下引补之语曰:"今代词手,惟秦七、黄九,他人不能及也。"于此集条下又引补之语曰:"鲁直间作小词,固高妙,然不是当行家语,自是著腔子唱好诗。"二说自相矛盾。考秦七、黄九语在《后山诗话》中,乃陈师道语,殆振孙误记欤。今观其词,……皆亵诨不可名状。……顾其佳者则妙脱蹊径,迥出慧心,补之著腔好诗之说,颇为近之。师道以配秦观,殆非定论。(清　纪昀等《四库全书总目提要》卷一百九十八集部词曲类)

51. 无住词一卷安徽巡抚采进本　与义诗师杜甫,当时称陈、黄之后无逾之者。……方回《瀛奎律髓》称杜甫为一祖,而以黄庭坚、陈师道及与义为三宗。如以词论,则师道为勉强学步,庭坚为利钝互陈,皆迥非与义之敌矣。(同上)

52. 答李宪吉书(节录)　宋黄鲁直、陈后山诸君,瘦硬通神,不免失之粗率。(清　王昶《春融堂集》卷三十二)

53. 江西派　吕本中《江西诗派图》,意在尊黄涪翁,并列陈后山于诸人中。后山与黄同在苏门,诗格亦与涪翁不相似,乃抑之入江西派,诞甚矣。(清　钱大昕《十驾斋养新录》卷十六)

54. 吕居仁作《江西宗派图》,其时若陈后山、徐师川、韩子苍辈,未必皆以为铨定之公也。而山谷之高之大,亦皆仅与厌原一刻争胜毫厘,盖继往开来,源远流长,所自任者,非一时一地事矣。(清　翁方纲《石洲诗话》卷四)

55. 七言律诗钞凡例　自山谷以下,后来语学杜者,率以后山、简斋并称。然而后山似黄,简斋则似杜;后山近于黄而太肤浅,简斋近于杜而全滞色相矣。(清　翁方纲《七言律诗钞》卷首)

56. 西江诗派,余素不喜,以其空硬生凑,如贫人捉襟见肘,寒酸气太重也。然黄山谷七言古歌行,如歌马歌阮,雄深浑厚,自不可没,与大苏并称,殆以是乎? 后山诗,则味如嚼蜡,读之令人气短,如"且然聊尔耳,得也自知之"二句,系集中五律起笔,竟成何语? 真谓之不解诗可也。拥被呻吟,直是枯肠无处搜耳。(清　李调

元《雨村词话》卷下)

57. 惜抱论玉溪："矫弊滑易,用思太过,而僻晦之病又生。"窃谓后山实尔,山谷无之。然山谷矫弊滑熟,时有龃龉不合、枯促寡味处,杜、韩、苏无之。(清　方东树《昭昧詹言》卷十)

58. 黄诗秘密,在隶事下字之妙,拈来不测;然亦在贪使事使字,每令气脉缓隔,如次韵时进叔篇。此一利一病,皆可悟见,学者由此隅反可也。此诗与字雨字腐字三韵,节去则文意不足,读之实牵强未妥。于此乃知韩公押强韵皆稳,不可及也。此病陈后山亦然,可悟人才性大小,不可强能。文从字顺言有序,李、杜、韩、苏皆然,黄则不能皆然。虽古人笔力贵斩截,起势贵奇特,然如山谷《过家》起处,亦大无序矣。(清　方东树《昭昧詹言》卷十)

59. 鲁直"水作夜窗风雨来",履常"客有可人期不来",均得唐人句意。(清　潘德舆《养一斋诗话》卷五)

60. 江西诗社宗派图录序(节录)　元祐体即江西派,乃黄山谷、苏东坡、陈后山、刘后村、戴石屏之诗,是诸家已开风气之先矣,居仁因而结社,一时坛坫所及,遂有二十五人,爰作图以记之,讵必溯其人之师承,计其地之远近欤?(清　张泰来《江西诗社宗派图录》)

61. 江西诗社宗派图录跋　山谷爱陈后山诗,为之扬誉,无所不至。后山云:"人言我语胜黄语",又何以解也。岂文人相轻,自古已然,虽贤者不能免耶。(同上)

62. 自鸣集　宋江西诗派祖黄、陈,其弊也郁轖槎枒,读之不快人意。(清　朱绪曾《开有益斋读书志》卷五)

63. 居仁在宋时以诗得名,自言传衣江西,乃自山谷以降,列陈师道……合二十五人,以为法嗣,谓其源流出豫章也。但山谷清新奇隽,自出机杼,诚为别出一派;而所列二十五人,陈师道虽失之直,然学本于杜,在图中端推杰出……且陈师道彭城人……其不皆江西人也明矣。(清　李树滋《石樵诗话》卷一)

64. 重订后山先生诗集序(节录)　余惟后山诗学黄涪翁,涪翁诗出少陵,后山亦出少陵,瘦硬峭拔,不肯一字蹈前人,世徒以为伐毛洗髓,功力精专所至而不知其有本也。……涪翁尝论少陵诗云"……"又云"……"诚通人之论也。……后山诗鼓吹少陵,颉颃涪翁,每无意而意已至,任注即不至穿凿如注杜诸家,然世有善读者,当自能得之,可无事郑笺为耳。或疑后山蒙头吟榻,极力锻炼,小不逮意,即弃去,岂无意而成者。是又不然。少陵戴笠饭颗,苦吟瘦生,涪翁谓其无意为文,可知苦吟也,无意为文也,初非有二,少陵如是,涪翁亦如是,而何独疑于后山。(清　吴淳还《陈后山诗集》卷首)

65. 后山集序（节录） 宋人言诗祖杜少陵，论者推豫章为宗子，而陈后山为豫章之适。余以为豫章特杜门之别传尔，后山诗实胜豫章，未可徇时论轩彼轾此也。……若后山之于杜，神明于矩矱之中，折旋于虚无之际，较苏之驰骋跌宕，气似稍逊，而格律精严过之。若黄之所有，无一不有，黄之所无，陈则精诣。其于少陵，以云具体，虽未敢知，然超黄匹苏，断断如也。……至其古文雅健峻洁，能探古人之关键，其于南丰骎骎乎登其堂而窥其奥矣。第以其素嗜释氏之学，差不及南丰之湛深经术尔。方之苏氏，犹为犹之，此尤非俗学所能知也。（清　王原《赵骏烈刻本〈后山集〉》卷首）

66. 后山集序（节录） 江西诗派始自涪翁，学之者议论有余，而变化不足，往往得其貌未得其神，不可谓之善学也。善学涪翁者，无过陈后山。盖后山为东坡所荐士，而涪翁即东坡友，则后山稍后于涪翁，犹及见涪翁，宜其学涪翁诗。……诚以其苦心深造，自成一家，不拘拘于规模涪翁，正其善于学涪翁也。夫涪翁与米元章、李伯时同为东坡友，后米与李皆叛坡，而彼独为坡远谪，濒死不悔，大节凛然，照耀千古，后山之所模范者在是，独诗乎哉！史载后山家酷贫，傅尧俞尝怀金以赠，见其词色，不敢出。又传其于元符间为秘书正字，祠南郊，寒甚，僚婿赵挺之，熙、丰党也，借以副裘，却之不衣，宁冻而死。则介然之节，直与涪翁同，而诗以人重，亦无弗同。论者以其闭门觅句，仅比对客挥毫，恐未足以尽之。余平日读宋诗，深有意乎后山之为人，以其善学涪翁也。独念涪翁全集，板行于世，所在皆有，而后山全集，人每束之高阁，即行世者亦无善本。因从姚太史听岩先生家借得钞藏马氏本，欲谋雕版，以广其传。（清　赵骏烈刻《陈后山集》卷首）

67.《次韵秦觏陈无己书院观鄙句之作》 此首无韵不稳，次韵诗全璧也。（清　黄爵滋《读山谷诗集》正集五言古）

68. 陈言务去，杜诗与韩文同，黄山谷、陈后山学杜在此。（清　刘熙载《义概》卷二）

69. 山谷词一卷　晁补之、陈后山皆谓今代词手惟秦七、黄九，然山谷非淮海之比，高妙处只是著腔好诗，而硬用躞字屪字，不典。《念奴娇》云："老子平生，江南江北，爱听临风笛。"用方音，以笛叶北，亦不入韵。（清　胡薇元《岁寒居词话》）

70. 知稼轩诗叙（节录） 大略才富者喜其排奡，趣博者领其兴会。即学焉不至，亦盘硬而不入于生涩，流宕而不落于浅俗。视从事香山、山谷、后山者，受病较少，故为之者众。张广雅论诗，扬苏斥黄，略谓黄吐语多楂枒，无平直，三反难晓，读之梗胸臆，如佩玉琼琚，舍车而行荆棘。又如佳茶，可啜而不可食。子瞻与齐名，则坦荡殊雕饰，受党祸为枉。亦可见大人先生之性情乐广博而恶艰深，于山谷

且然,况于东野、后山之伦乎?(清　陈衍《石遗室文集》卷九)

71. 诗贵风骨,然亦要有色泽,但非寻常脂粉耳;亦要有雕刻,但非寻常斧凿耳。有花卉之色泽,有山水之色泽,有彝鼎图书种种之色泽。王右丞,金碧楼台山水也;陈后山,淡淡靛青峦头耳;黄山谷则如赭石,时复著色朱砂;陈简斋欲自别于苏、黄之外,在花卉中为山茶、蜡梅、山礬。(同上卷二十三)

第四节　陈师道与秦观

一、陈师道与秦观交往系年

宋仁宗皇祐元年己丑(1049年)

秦观生,一岁,字太虚,一字少游,号淮海居士,高邮人。《书王氏斋壁》云:"皇祐元年,余先大父赴官南康,道出九江,余实生焉。"①又《反初》诗云:"昔年淮海来,邂逅安期生。记我有灵骨,法当游太清。区中缘未断,方外道难成。一落世间网,五十换嘉平。"②此诗作于元符元年(1098年),诗中谓"五十换嘉平",则秦观该年虚龄五十岁。"嘉平"是腊月的别称。由此则知秦观生于皇祐元年十二月,出生地在南康(今江西赣州)。

皇祐四年壬辰(1052年)

秦观四岁,寓止南康僧舍。

陈师道生,一岁。《御书记》曰:"臣生于皇祐四年。"③其出生地在徐州,或在其父任上雍丘(今河南杞县)。字履常,一字无己,号后山。

神宗元丰元年戊午(1078年)

秦观三十岁。之前一直在家(高邮)读书。七岁入小学,通《孝经》《论语》《孟

---

① 周义敢、程自信、周雷编注:《秦观集编年校注》,下册,758页,北京,人民文学出版社,2001。
② 周义敢、程自信、周雷编注:《秦观集编年校注》,上册,321页,北京,人民文学出版社,2001。
③ 陈师道:《后山居士文集》,下册,710—711页,上海,上海古籍出版社,1984。

子》等。《精骑集序》曰:"予少时读书,一见辄能诵暗,疏之亦不甚失。"①青年时好读兵书,立志报国,因字以太虚。陈师道《秦少游字序》曰:"以问秦子,曰:'往吾少时,如杜牧之强志盛气,好大而见奇,读兵家书,乃与意合,谓功誉可力致,而天下无难事。顾今二房有可胜之势,愿效至计,以行天诛,回幽、夏之故墟,吊唐、晋之遗人,流声无穷,为计不朽,岂不伟哉! 于是字以太虚,以导吾志。'"②

至本年,夏四月,秦观将入京应举,途中经徐州。时苏轼知徐,秦观得谒苏,并与陈师道相识,心甚慕之。邹浩《道乡集》卷二十八《送郭照赴徐州司里序》:"顷在广陵,秦观少游为仆言:'彭城陈师道履常者,高士也,其文妙绝当世,而行义称焉。尝铭黄楼,曾公子固谓如秦刻石。'"③本年冬,秦观应苏轼之命作《黄楼赋》,其《与苏公先生简》曰:"某顿首,再拜。顷蒙不间鄙陋,令赋黄楼。自度不足以发扬壮观之万一,且迫于科举,以故承命经营,弥久不献。比缘杜门多暇,念嘉命不可以虚辱,辄冒不腆,撰成缮写呈上。"④

陈师道二十七岁。陈师道少时即随父在任所,或雍丘,或汧阳,或开封,或金州。到熙宁九年(1076年),陈师道随父在雍丘,当年四月二十三日,其父卒于任所。陈师道扶柩回徐州。本年,陈师道在家守制时,闻秦观之名,以为杰士。《秦少游字序》曰:"熙宁、元丰之间,眉苏公之守徐,余以民事太守,间见如客。扬秦子过焉,置礼备乐如师弟子。其时,余病卧里中,闻其行道雍容,逆者旋目;论说伟辩,坐者属耳。世以此奇之,而亦以此疑之,惟公以为杰士。"⑤

与秦观作《黄楼赋》相应,陈师道亦尊苏轼命作《黄楼铭》。

元丰五年壬戌(1082年)

秦观三十四岁。元丰二三年间,秦观居家读书。元丰四年(1081年)冬十月,有简寄黄州苏轼,谓将入京应举。本年,应举落第。还家过广陵,于逆旅与陈师道相见。夜半,语未竟,别去。秦观有《圆通禅师行状》谓圆通禅师"以元丰五年九月

---

① 周义敢、程自信、周雷编注:《秦观集编年校注》,下册,528页,北京,人民文学出版社,2001。
② 陈师道:《后山居士文集》,下册,724—725页,上海,上海古籍出版社,1984。
③ 《全宋文》一三一册,卷二八三六,242页,上海辞书出版社,安徽教育出版社,2006。
④ 周义敢、程自信、周雷编注:《秦观集编年校注》,下册,649页,北京,人民文学出版社,2001。
⑤ 陈师道:《后山居士文集》,下册,723—724页,上海,上海古籍出版社,1984。

甲午示寂"①。是为秦观元丰五年秋九月所作。秦观又有抒发落第伤感的《长相思》,词曰:"铁瓮城高,蒜山渡阔,干云十二层楼。开樽待月,掩箔披风,依然灯火扬州。"②这是秦观还家过镇江登金山眼望家乡扬州。据《行状》与词,大约九十月间,秦观在扬州逆旅。徐培均认为这两篇都与金山有关,可能作于同时。此说当是。

陈师道三十一岁。元丰二三年间仍居徐州。元丰四年,陈师道至开封,后南下。至本年北归,于扬州见秦观。《思白堂记》曰:"元丰四年,予游吴过秀。……其秋八月,就舍钱塘。……明年而余北归。"③又陈师道《秦少游字序》曰:"后数岁,从吴归,见于广陵逆旅之家。夜半,语未卒,别去。余亦以谓当建侯万里外也。"④

按:陈、秦此次相见,徐培均《秦少游年谱长编》系于元丰四年。陈兆鼎与郑骞的《陈后山年谱》皆系于元丰五年。徐误。元丰四年春,秦观虽在扬州,见其《与苏公先生简》:"……而自春已来,尤复扰扰。家叔自会稽得替,便道取疾,入京改官,令某侍大父还高邮。又安厝亡婶灵柩在扬州。"⑤但此时陈师道尚在吴秀之间。今据陈师道《思白堂记》:"明年(指元丰五年——引者注)而余北归",仍系于元丰五年,且与秦观落第返里相吻合。

元丰八年乙丑(1085年)

秦观三十七岁。元丰六七年间,秦观居家读书,时或一游。至本年五月,秦观应举登第,除定海主簿。在京师开封时,秦观欲荐陈师道于章惇,陈师道作书却之。又傅尧俞亦欲因秦观以识陈师道,然亦未见。《宋史》卷四四四《陈师道传》曰:"初,游京师逾年,未尝一至贵人之门。傅尧俞欲识之,先以问秦观,观曰:'是非持刺字,俛颜色,伺候乎公卿之门者,殆难致也。'尧俞曰:'非所望也,吾将见之,

---

① 周义敢、程自信、周雷编注:《秦观集编年校注》,下册,702页,北京,人民文学出版社,2001。
② 周义敢、程自信、周雷编注:《秦观集编年校注》,下册,797页,北京,人民文学出版社,2001。
③ 陈师道:《后山居士文集》,下册,652—655页,上海,上海古籍出版社,1984。
④ 陈师道:《后山居士文集》,下册,724页,上海,上海古籍出版社,1984。
⑤ 周义敢、程自信、周雷编注:《秦观集编年校注》,下册,663页,北京,人民文学出版社,2001。

第一章　徐州诗人陈师道与其师友

惧其不吾见也,子能介于陈君乎?'知其贫,怀金欲为馈,听其论议,益敬畏不敢出。"①又邹浩《道乡先生文集》卷二十八《送郭照赴徐州司里序》:"傅公钦之,初为吏部侍郎,闻其游京师,欲与相见,先以问观。观曰:'……'公知其贫甚,因怀金馈之,及观其貌,听其论议,竟不敢以出口。少游不妄人物,其言二公所以待履常者如此。"②《宋史·陈师道传》即本此。

按:傅尧俞请秦观为介欲识陈师道,郑骞《陈后山年谱》系于元丰七年,误。因元丰七年,秦观尚在高邮,元丰八年初始赴京应考。五月丙辰,登焦蹈榜进士。陈师道《秦少游字序》亦曰:"元丰之末,余客东都,秦子从东来,别数岁矣。"③元丰之末,即元丰八年,秦、陈相遇东都,这才有傅尧俞欲因秦观见陈之事。

陈师道三十四岁。元丰六七年间,陈师道奉母留居开封,至本年仍在京,适值秦观应举中第亦在京。陈师道《秦少游字序》曰:"元丰之末,余客东都,秦子从东来。别数岁矣,其容充然,其口隐然,余警焉。"④自元丰五年见于扬州逆旅,至元丰八年,一别三年,故曰"别数岁焉"。夏五六月间,秦观欲荐其于章惇,时章惇为知枢密院事,嘱秦观示意师道往见之,将荐于朝,师道辞不往。陈师道作《与少游书》曰:"师道启,辱书,喻以章公降屈年德,以礼见招。不佞何以得此,岂侯尝欺之邪?公卿不下士,尚矣,乃特见于今而亲于其身,幸孰大焉!愚虽不足以齿士,犹当从侯之后,顺下风以成公之名。然先王之制,士不传贽,为臣则不见于王公。夫相见所以成礼,而其弊必至于自鬻。故先王谨其始以为之防,而为士者世守焉。某于公,前有贵贱之嫌,后无平生之旧,公虽可见,礼可去乎?且公之见招,岂以能守区区之礼乎?若昧冒法义,闻命走门,则失其所以见招,公又何取焉?虽然,有一于此,幸公之他日成功谢事,幅巾东归,某当驭款段、乘下泽,候公于上东门外,尚未晚也。拳拳之怀,愿因侯以闻焉。"⑤陈师道没有接受秦观之介,但对秦观本人与诗文还是极其推重的,"少游之文,过仆数等,其诗与楚辞,仆愿学焉。若其杰材伟行,听远察微,仆终不近也"⑥。

《宋史·陈师道传》:"章惇在枢密,将荐于朝,亦属(秦)观延至,师道答

---

① 《宋史》卷四四四《陈师道传》,见《二十五史》第8册《宋史》下,1487页,上海,上海古籍出版社,1986。
② 见郑骞:《陈后山年谱》,65页,台北,联经出版事业公司,1984。
③ 陈师道:《后山居士文集》,下册,724页,上海,上海古籍出版社,1984。
④ 陈师道:《后山居士文集》,下册,724页,上海,上海古籍出版社,1984。
⑤ 陈师道:《后山居士文集》,下册,532—533页,上海,上海古籍出版社,1984。
⑥ 陈师道:《答李端叔书》,《后山居士文集》,下册,529页,上海,上海古籍出版社,1984。

曰：……及惇为相，又致意焉，终不往。"①

哲宗元祐元年丙寅(1086年)

秦观三十八岁，是年除蔡州(今河南汝南县)教授。二月一日，改字少游。陈师道为作字序。

陈师道三十五岁，时居开封。《山谷外集》卷十五《赠陈师道》诗史容注曰："元祐元年、二年，陈无己在京师，寓居陈州门。"②时苏轼、苏辙兄弟、黄庭坚、晁无咎、张耒、秦观弟秦觌亦均在京，苏门诸人仅秦观在外，陈师道与诸人唱和赠答之作颇多。

二月，为秦观改字作《秦少游字序》，曰："……元丰之末，余客东都，秦子从东来，别数岁矣，其容充然，其口隐然。余警焉，以问秦子，曰：'往吾少时，如杜牧之强志盛气，好大而见奇。读兵家书，乃与意合，谓功誉可力致，而天下无难事。顾今二虏有可胜之势，愿效至计，以行天诛，回幽、夏之故墟，吊唐、晋之遗人，流声无穷，为计不朽，岂不伟哉！于是字以太虚，以导吾志。今吾年至而虑易，不待蹈险而悔及之。愿还四方之事，归老邑里，如马少游。于是字以少游，以识吾过。尝试以语公，又以为可。于子何如？'余以谓取善于人，以成其身，君子伟之。且夫二子，或近以经世，或退以存身，可与为仁矣。然行者难工，处者易持。牧之智得，不若少游之拙失也。子以倍人之才，学益明矣，犹屈意于少游，岂过直以矫曲耶？子年益高，德益大，余将屡惊焉，不一再而已也。虽然，以子之才，虽不效于世，世不舍子，余意子终有万里行也。如余之愚，莫宜于世，乃当守丘墓，保田里，力农以奉公上，谨身以训闾巷，生称善人，死表于道，曰'处士陈君之墓'。或者天祚以年，见子功遂名成，奉身以还，王侯将相，高车大马，祖行帐饮。于是，乘庳驭驽，候子上东门外，举酒相属，成公知人之名，以为子贺，盖自此始。元祐元年二月一日。"③

又因黄庭坚欲秦观弟秦觌(字少章)问学于陈师道，秦觌尊其意而就教于陈，故陈师道遂有《答秦觌书》，曰："师道启：辱书，谕以志行事。贤大夫友良士，斯至矣，复有意于不肖，何也？再惠诗，雍雍有家法，诵之数日不休，固为足下贺。不图

---

① 《宋史》卷四四四《陈师道传》，见《二十五史》第8册《宋史》下，1487页，上海，上海古籍出版社，1986。
② 《史容诗话》，见吴文治主编《宋诗话全编》，第7册，7382页，南京，凤凰出版社，1998。
③ 陈师道：《后山居士文集》，下册，724—725页，上海，上海古籍出版社，1984。

过意,责以师教,阙然无以为报,有愧而已。夫百金之货,不陈于市,走原逐鹿,跛者不试也,世固有之。足下所谓彦士名大夫是也,从之当得所欲,乃以责仆,则过矣。又惟足下博问而择,亦以见及,敢不略陈其愚。仆于诗初无师法,然少好之,老而不厌,数以千计。及一见黄豫章,尽焚其稿而学焉。豫章以谓譬之奕焉,弟子高师,一着仅能及之,争先则后矣。仆之诗,豫章之诗也。豫章之学博矣,而得法于杜少陵。其学少陵而不为者也,故其诗近之,而其进则未已也。故仆尝谓豫章之诗如其人,近不可亲,远不可疏,非其好莫闻其声。而仆负戴道上,人得易之。故谈者谓仆诗过于豫章。足下观之,则仆之所有,从可知矣,何以教足下?虽然,仆所闻于豫章,愿言其详,豫章不以语仆,仆亦不能为足下道也。而足下欢然欲受仆之言,其何求之下耶?昔者能仁以华示其徒,而饮光笑之,能仁曰:'吾道付是子矣。'其授受乃如此。虽大可以喻小,子其懋焉。吾将贺子之一笑也。师道再拜。"①

元祐二年丁卯(1087年)

秦观三十九岁,在蔡州教授任。时陈师道住汴京陈州门外,秦观弟秦觌尝相过从。秦觌尝过陈师道书院同观黄庭坚诗。黄庭坚有《次韵秦觌过陈无己书院观鄙句》之诗记此事。

陈师道三十七岁。春,在开封。四月乙巳(二十四日),以苏轼等人举荐,除徐州州学教授,旋即赴任。其寓居陈州门时,秦觌过其书院,作《过陈无己书院》,惜已不存。陈师道有《次韵答少章》:"秦郎淮海士,才大难为弟。蔚然霜雪后,不受江汉洗。春睡不满眼,采掇到芹荠。多病促余年,秋光欲辞抵。儒林文人行,崛起三界底。出入银台门,为米不为醴。白头容北面,斯文分一体。愧我无异闻,口阙不得启。"②是年予秦觌诗尚有《次韵秦觌听鸡雁闻二首》:"行断哀多影不留,有人中夜揽衣裘。笔头细字真堪恨,眼里长檠不解愁。""立马阶除待一鸣,何如春梦不闻声。固知鸡口羞牛后,不待鸣群已可惊。"又《嘲秦觌》:"长铗归来夜帐空,衡阳回雁耳偏聪。若为借与春风看,无限珠玑咳唾中。"③此诗写在秦觌登第前。因秦觌是登第后方娶,故陈师道作诗嘲之。《王直方诗话》曰:"后山作此诗时犹未娶,

---

① 陈师道:《后山居士文集》,下册,541—543页,上海,上海古籍出版社,1984。
② 冒广生补笺:《后山诗注补笺》,下册,464—465页,北京,中华书局,1995。
③ 冒广生补笺:《后山诗注补笺》,下册,45、46页,北京,中华书局,1995。

故多戏句。帐空闻雁之语,皆戏其独宿无寐也。"①在赴徐州任途中,又有《九日寄秦觏》:"疾风回雨水明霞,沙步丛祠欲暮鸦。九日清樽欺白发,十年为客负黄花。登高怀远心如在,向老逢辰意有加。淮海少年天下士,可能无地落乌纱。"②于此可见陈师道与秦氏兄弟之谊。

《高邮州志·秦观附传》:"弟觏,字少章。从苏、黄游,工于诗。元祐六年进士,调临安主簿。"③

按:陈兆鼎《陈后山年谱》将傅尧俞、章惇欲见陈师道系于本年,误。已辨于前。又:秦观元祐二年已赴蔡州任,师道亦于元祐二年四月赴徐州任,何由得见?

元祐四年己巳(1089年)

秦观四十一岁,本年在蔡州教授任。其弟秦觏从苏轼学。夏四月,苏轼出守杭州,秦觏同行。苏诗总案卷三十一载,苏轼"三月十六日告下,除龙图阁学士,充浙西路兵马钤辖,知杭州军州事"。同卷又载:四月二十一日,"既辞朝,往别文彦博……五月至南都"④。

陈师道三十八岁,在徐州教授任。托疾赴南都为苏轼送行,并见秦觏,作《送秦觏二首》,其一:"士有从师乐,诸儿却未知。欲行天下独,信有俗间疑。秋入川原秀,风连鼓角悲。目前豚犬类,未必慰亲思。"其二:"师法时难得,亲年富有余。端为李君御,尽得邺侯书。结友真莫逆,论才有不如。折腰终不补,可但曳长裾。"任渊于题下注曰:"觏从东坡学于杭州。"⑤

元祐六年辛未(1091年)

秦观四十三岁。去年(元祐五年)秦观离蔡入京,除太学博士,寻罢命。六月丁酉,为秘书省校对黄本书籍。本年七月,由秘书省校对黄本书籍迁正字。八月癸巳,罢正字。遂有小艇渔翁之思,作《题赵团练画江干晓景四绝》,其一:"本自江湖客,宦游常苦心。看君小平远,怀我旧登临。"其二:"鸟外云峰晚,沙头草树晴。想初挥洒就,侍女一齐惊。"其三:"公子歌钟里,何从识渺茫?惟应斗帐梦,曾到水

---

① 吴文治主编:《宋诗话全编》,第2册,1193页,南京,凤凰出版社,1998。
② 冒广生补笺:《后山诗注补笺》,上册,52页,北京,中华书局,1995。
③ 《高邮州志·秦观附传》,见徐培均:《秦少游年谱》,下册,610页,北京,中华书局,2002。
④ 见徐培均:《秦少游年谱》,下册,389页,北京,中华书局,2002。
⑤ 冒广生补笺:《后山诗注补笺》,上册,70—72页,北京,中华书局,1995。

云乡。"其四:"晓浦烟笼树,春江水拍空。烦君添小艇,画我作渔翁。"①

陈师道四十岁。本年陈师道由徐州教授移任颍州。闻秦观作绝句而作《次韵秦少游春江秋野图》,其一:"翰墨功名里,江山富贵人。倏看双鸟下,已负百年身。"其二:"江清风偃木,霜落雁横空。若个丹青里,犹须著此翁。"此诗题下后山自注曰:"秦诗云:'请君添小艇,画我作渔翁。'"可证为其和作,然仅和其两首。任渊《后山诗注》将此诗系于元祐六年,注曰:"言少游方见用于世,非江海之士,不当画之渔舟也。"但任渊的注并没有说明白。冒广生补笺语曰:"少游除太学博士时,右谏议大夫朱光庭言其素号薄徒,恶行非一,事在元祐五年五月。及除正字,御史中丞赵君锡,侍御史贾易,交章论其不检,事在元祐六年八月。并见《续通鉴长编》。后山此诗,作于六年,正少游不得意时。此少游所以有'小艇渔翁'之思,而山谷叹后山为不苟作也。"所谓"山谷叹后山为不苟作"是指黄庭坚《答王立之》书,黄庭坚赞陈师道诗曰:"小诗若能令每篇不苟作,须有所属乃善。顷来诗人惟陈无己得此意,每令人叹伏。盖渠勤学不倦,味古人语精深,非有谓不发于笔端耳。"②

本年三月壬午,秦觌中马涓榜进士,陈师道作有《赠秦觌兼简苏迨二首》:"两秦并立难为下,万里长驱在此初。别后未忘三日语,人来肯作数行书。"又:"文章从古不同时,诗语惊人笔亦奇。道与阿平应绝倒,世间能有几人知。"③"两秦并立难为下"即是指秦观、秦觌兄弟,"难为下"是赞秦觌中榜,其才不在兄秦观之下。

十一月,欧阳棐(字叔弼)离颍,陈师道作《送叔弼寄秦张》,诗送欧阳叔弼,而又寄秦观和张耒。诗曰:"庐陵四公子,吾及识其半。叔也英达人,平易亦稍悍。于时吾始壮,败壁不涂墁。孤身客东都,转食诸公馆。时来扣君门,百遍不留难。倾心倒囊笈,燕语彻昏旦。磬折挽为亲,少得而多患。相过汝颍上,岁月不胜叹。君才得公余,十日而十藏。舌端悬日月,笔下来江汉。此行不寻常,谈者方一贯。逸足宁小试,宝刀当立断。用意不崎岖,欲得志挟弹。目今平生亲,稍作春冰泮。因声督张秦,书来不应缓。"④诗后"因声督张秦,书来不应缓",希望秦观与张耒及早寄书来。挂念之情可见。

---

① 周义敢、程自信、周雷编注:《秦观集编年校注》,下册,280—281页,北京,人民文学出版社,2001。
② 冒广生补笺:《后山诗注补笺》,上册,91—92页,北京,中华书局,1995。
③ 冒广生补笺:《后山诗注补笺》,上册,90页,北京,中华书局,1995。
④ 冒广生补笺:《后山诗注补笺》,下册,482—483页,北京,中华书局,1995。

元祐七年壬申(1092年)

秦观四十四岁,在京为秘书省校对黄本书籍。春正月,陈师道兄陈传道自徐至颍,探视其弟。过汴时,作诗赠秦观(惜未存),秦观作《次韵酬陈传道》曰:"白发三冬学,青衫八尺身。谁知人上杰,聊作吏中循。挥翰通元气,开编友古人。寄声张氏子,曲逆岂长贫。"

又《次韵传道自适兼呈都司芸叟学士》:"楚国陈夫子,周南颇滞留。弊袍披槁叶,瘦马兀扁舟。药饵过三伏,文书散百忧。何人共禅悦,居士有浮休。"①

陈传道,名师仲,陈师道之兄。芸叟即张舜民,陈师道姐夫。

陈师道四十岁,在颍州教授任。五月,归徐州葬父,秦观为其父作《墓志铭》。陈师道《先夫人行状》曰:"先君之丧,高邮秦观为铭焉。"②惜秦铭不见《淮海集》中。

哲宗绍圣二年乙亥(1095年)

秦观四十七岁。元祐八年(1093年),秦观尚在京师。七月,宰相吕大防荐观为史院编修。八月上任。到第二年(绍圣元年,1094年),御史刘拯言观影附苏轼,增损《实录》,遂落职,贬监处州酒税。本年仍在处州。

陈师道四十四岁。元祐八年(1093年),陈师道尚在颍州教授任。其后,绍圣元年夏末罢官,赴开封至吏部注官,得监海陵酒税。本年春,由监海陵酒税改官江州彭泽县令。不久,丁母忧未赴任,扶柩归徐。葬其父母后,寄食其岳父郭概于曹州。是年作《古墨行》,因见墨而思秦观。诗前小序曰:"晁无斁有李墨半丸,云裕陵故物也。往于秦少游家见李墨,不为文理,质如金石……"此序与《后山谈丛》中《论墨》一段亦相近。诗则曰:"秦郎百好俱第一,乌丸如漆姿如石。巧作松身与镜面,借美于外非良质。潘翁拜跪摩老眼,一生再见三叹息。了知至鉴无遁形,王家旧物秦家得。君今所有亦其亚,伯仲小低犹子姪。黄金白璧孰不有,古锦句囊聊可敌。睿思殿里春夜半,灯火阑残歌舞散。自书细字答边臣,万里风云入长算。初闻桥山送弓剑,宁知玉碗人间见。夜光炎炎冲斗牛,会有太史占星变。人生尤物不必有,时一过目惊老丑。念子何忍遽磨研,少待须臾图不朽。明窗净几风日

---

① 周义敢、程自信、周雷编注:《秦观集编年校注》,上册,278—279页,北京,人民文学出版社,2001。

② 陈师道:《后山居士文集》,下册,844页,上海,上海古籍出版社,1984。

暖,有愁万斛才八斗。径须脱帽管城公,小试玉堂挥翰手。"陈师道的弟子魏衍于诗后注曰:"少游之墨,尝许先生为他日墓志润笔。先生尝语衍,作此诗,少游尚无恙。然终先逝去。衍谨书。"①魏注特能见出陈师道与秦观感情之深。

哲宗元符三年庚辰(1100年)

秦观五十二岁。绍圣三年(1096年)又削秩徙郴州(今湖南郴州)。绍圣四年(1097年)春二月,有诏移横州(今广西横县)编管。元符元年(1098年)九月,又自横州移雷州(今广东雷州)编管。至本年二月,又自雷州移英州,未赴。四月,诏移衡州。八月,过容州,至藤州(今广西藤县),伤暑困卧,于八月十二日卒。

徽宗建中靖国元年辛巳(1101年)

陈师道五十岁。绍圣三年(1096年)后,或寓曹州,或归徐州。哲宗元符三年(1100年)七月,除棣州教授。十一月改除秘书省正字。至本年,十一月二十三日,预郊祀礼,感寒得疾。十二月二十九日卒于京师。

二、陈师道论秦观

陈师道的《后山集》中尚有数首诗写到秦观与其弟秦觏,任渊未注,亦未系年。今据冒广生、冒怀辛的《后山诗注补笺》辑录之。

1.《寄文潜无咎少游三学士》:"北来消息不真传,南渡相忘更记年。湖海一舟须此老,蓬瀛万丈自飞仙。数临黄卷聊遮眼,稳上青云小著鞭。李杜齐名吾岂敢,晚风无树不鸣蝉。"

2.《和秦太虚湖上野步》:"晓风疏日乍相亲,黯黯轻寒拂拂春。触目渐随红蕊乱,经年不见绿条新。宁论白黑人间世,懒复雌黄纸上尘。十里松阴穷野步,暂时留得自由身。"

3.《次韵答子实秦少章二首》其一:"英英黄金花,论时不论美。靖节骨已朽,弃捐乃其理。两公意有余,采采今未已。尚念白头生,临风嗅霜蕊。"其二:"文新情已故,室远人则迩。杯酒不相忘,一朝得二子。初花美无度,后时终可鄙。与汝卧秋风,看君双控鲤。"

4.《除夜对酒赠少章》:"岁晚身何托,灯前客未空。半生忧患里,一梦有无中。发短愁催白,颜衰酒借红。我歌君起舞,潦倒略相同。"

5.《秦少章见过》:"淮南小山秦氏子,旧雨不来今雨来。风席起粗晨突冷,坐

---

① 冒广生补笺:《后山诗注补笺》,上册,185—188页,北京,中华书局,1995。

看鸟迹破苍苔。"

另在《后山诗话》与《后山谈丛》中亦有多处论及秦观。现从中辑录陈师道有关秦观的论述数条,以见陈秦关系之全貌。

(一)《后山诗话》

1. 少游谓《元和圣德诗》,于韩文为下,与《淮西碑》如出两手,盖其少作也。(第43条)

2. 退之作记,记其事尔;今之记乃论也。少游谓《醉翁亭记》亦用赋体。(第45条)

3. 退之以文为诗,子瞻以诗为词,如教坊雷大使之舞,虽极天下之工,要非本色。今代词手,惟秦七、黄九尔,唐诸人不迨也。(第49条)

4. 世语云:"苏明允不能诗,欧阳永叔不能赋。曾子固短于韵语,黄鲁直短于散语。苏子瞻词如诗,秦少游诗如词。"(第65条)

5. 王斿,平甫之子,尝云:"今语例袭陈言,但能转移尔。"世称秦词"愁如海"为新奇,不知李国主已云:"问君能有几多愁?恰似一江春水向东流。"但以江为海尔。(第84条)

(二)《后山谈丛》

1. 论墨一

秦少游有李廷珪墨半丸,不为文理,质如金石,潘谷见之而拜曰:"真李氏故物也,我生再见矣!王四学士有之,与此为二也。"墨乃平甫之所宝,谷所见者,其子斿以遗少游也。又有张遇墨一团,面为盘龙,鳞鬣悉具,其妙如画,其背皆有"张遇麝香"四字。潘墨之龙,略有大都耳,亦妍妙,有纹如盘丝,二物世未有也。语曰:"良玉不琢。"谓其不借美于外也。张其后乎。供备使李唐卿,嘉祐中以书待诏者也,喜墨,尝谓余曰:"和墨用麝欲其香,有损于墨,而竟亦不能香也。不若并藏以熏之。"潘谷之墨,香彻肌骨,磨研至尽而香不衰。陈惟进之墨,一箧十年,而麝气不入,但自作松香耳。盖陈墨肤理坚密不受外熏,潘墨外虽美而中疏尔。(卷二)

2. 苏洵送石扬休北使引乃苏轼少时书

余于石舍人扬休家得苏明允送石北使引,石氏子谓明允书也。以示秦少游,少游好之,曰:"学不迨其子,而资过之。"乃东坡少所书也。故尝谓书为难,岂余不知书,遂以为难邪?(卷二)

三、宋元明清各家论陈、秦之关系

宋及金元明清各代均有对陈师道与秦观关系的论述,现据有关资料,选辑若干条,论述相同或相近的只用最早的;文中已用的,不再采录。

1.《病起荆江亭即事十首》之八　闭门觅句陈无己,对客挥毫秦少游。正字不知温饱未? 西风吹泪古藤州。(宋　黄庭坚《黄山谷诗集·内集》卷十一)

2.《与秦少章觏书》　"……庭坚心醉于《诗》与《楚词》,似若有得,然终在古人后。至于论议文字,今日乃当付之少游及晁、张、无己,足下可从此四君子一二问之。"(宋　黄庭坚《豫章黄先生文集》卷十九)

3.《题苏子由黄楼赋草》　铭欲顿挫崛奇,赋欲宏丽。故子瞻作诸物铭,光怪百出。子由作赋,纡徐而尽变。二公已老,而秦少游、张文潜、晁无咎、陈无己,方驾于翰墨之场,亦望而可畏者也。(宋　黄庭坚《山谷全书》卷六)

4. 饮酒二十首同苏翰林先生次韵追和陶渊明(录一首)　黄子似渊明,城市亦复真。陈君有道举,化行闾井淳。张侯公瑾流,英思春泉新。高才更难及,淮海一髯秦。嗟予竟何为,十驾晞后尘。文章不急事,用意斯已勤。平生不共饮,叹息无与亲。问道伯昏室,何人独知津。各在天一方,泪落衣上巾。归休可共隐,山中复何人。(宋　晁补之《鸡肋集》卷四)

5. 诗咏白发　古诗云:"公道世间惟白发,贵人头上不曾饶。"而元祐初多用老成。故东坡有云:"此生自断天休问,白发年来渐不公。"陈无己答邢惇夫云:"今代贵人头白发,挂冠高处不宜弹。"其后秦少游谓李端叔复有"白发偏于我辈公"之句,则是白发有随时之义。(宋　王直方《王直方诗话》)

6. 诗嘲张文潜　张文潜在一时中,人物最为魁伟。故陈无己有诗云:"张侯魁然腹如鼓,雷为饥声酒为雨,文云要瘦君则肥。"山谷云:"六月火云蒸肉山",又云:"虽肥如瓠壶。"而文潜卧病,秦少游又和其诗云:"平时带十围,颇复减臂环。"皆戏语也。(同上)

7. 苏、王、黄、秦诗词　东坡尝以所作小词示无咎、文潜曰:"何如少游?"二人皆对云:"少游诗似小词,先生小词似诗。"陈无己云:"荆公晚年诗伤工,鲁直晚年诗伤奇。"余戏之曰:"子欲居工奇之间邪?"(同上)

8. 送郭照赴徐州司里序　顷在广陵,秦观少游为仆言:"彭城陈师道履常者,高士也。其文妙绝当世,而行义称焉。尝铭黄楼,曾公子固谓如秦刻石。"傅公钦之初为吏部侍郎,闻其游京师,欲与相见。先以问观,观曰:"师道非持刺字、俯颜色伺候于公卿之门者,殆难致也!"公曰:"非所望也,吾将见之,惧其不吾见也,子能介于陈君乎?"公知其贫甚,因怀金馈之,及睹其貌,听其论议,竟不敢以出口。少游不妄人物,其言二公所以待履常者如此。(宋　邹浩《道乡集》卷二十八)

9. 建中靖国间,楼异试可知襄邑县,梦无己来相别,且云东坡、少游在杏园相待久矣。明日,无己之讣至,乃大惊异,作诗与参寥言其事。杏园见道家书,乃海上神仙所居之地也。(宋　朱弁《风月堂诗话》卷上)

113

10. 陈去非谓予曰："秦少游诗如刻就楮叶,陈无己诗如养成内丹。"又曰:"凡诗人古有柳子厚,今有陈无己而已。"(宋　方勺《泊宅编》十卷本卷九)

11.《后山诗话》云:"少游谓《元和盛德》诗,于韩文为下,与《淮西碑》如出两手,盖其少作也。孙学士觉喜论文,谓退之《淮西碑》,叙如《书》,铭如《诗》。子瞻谓杜诗、韩文、颜书、左史,皆集大成者也。"苕溪渔隐曰:"少游集中进卷,有《韩愈论》,云:'韩氏、杜氏,其集诗文大成者欤?'非子瞻有此语也。"(宋　胡仔《苕溪渔隐丛话》前集卷十八)

12. 陈无己、王荆公、孙莘老论韩文嗜好不同　陈无己记秦少游云:"《元和盛德诗》,于韩文为下,与《淮西碑》如出两手,盖其少作也。"然荆公于《淮西碑》不以为是,其和董伯懿咏晋公淮西碑佐题名诗云:"退之道此尤俊伟,尝镂玉版东燔柴。欲编诗书播后嗣,笔墨虽巧终类俳。"而孙莘老又谓《淮西碑》"序如书,铭如诗",何耶? 信知前辈嗜好不同如此。(宋　吴曾《能改斋漫录》卷十)

13. 作诗当以学　作诗当以学,不当以才。诗非文比,若不曾学,则终不近诗。古人或以文名一世而诗不工者,皆以才为诗故也。退之一出"余事作诗人"之语,后人至谓其诗为押韵之文。后山谓曾子固不能诗,秦少游诗如词者,亦皆以其才为之也。故虽有华言巧语,要非本色。(宋　费衮《梁溪漫志》卷七)

14. 存殁绝句　杜子美有《存殁》绝句二首云:"席谦不见近弹棋,毕曜仍传旧小诗。玉局他年无限笑,白杨今日几人悲。""郑公粉绘随长夜,曹霸丹青已白头。天下何曾有山水,人间不解重骅骝。"每篇一存一殁。盖席谦、曹霸存,毕、郑殁也。黄鲁直《荆江亭即事》十首,其一云:"闭门觅句陈无己,对客挥毫秦少游。正字不知温饱未,西风吹泪古藤州。"乃用此体。时少游殁而无己存也。近岁新安胡仔著《渔隐丛话》,谓鲁直以今时人形入诗句,盖取法于少陵,遂引此句,实失于详究云。(宋　洪迈《容斋续笔》卷二)

15. "闭门觅句陈无己,对客挥毫秦少游。"……如秦少游诗甚巧,亦谓之"对客挥毫"者,想他合下得句便巧。(宋　朱熹《朱子语类》卷一百四十)

16. 陈博士在坡公之门,远不及诸公,未说如秦、黄之流,只如刘景文诗云:"四海共知霜满鬓,重阳曾插菊花无?"陈诗无此句矣。(同上)

17. 元祐二年,东坡先生入翰林,暇日会张、秦、晁、陈、李六君子于私第,忽有旨令撰《赐奉安神宗御容礼仪》,使吕大防口宣茶药诏,东坡就牍书云:"于赫神考,如日在天。"顾群公曰:"能代下一转语否?"各辞之。坡随笔后书云:"虽光明无所不临,而躔次必有所舍。"群公大以耸服。(宋　王明清《挥麈录·后录余话》卷一)

18. 画者,文之极也,故古今之人,颇多著意。……本朝文忠献公、三苏父子、两晁兄弟、山谷、后山、宛丘、淮海、月岩,以至漫仕、龙眠,或评品精高,或挥染超拔,然则画者,岂独艺之云乎?(宋 邓椿《画继》卷九)

19. 吕居仁、秦少游诗　吕居仁尝有一绝云:"胡庞那知鼎重轻,摘胎元自误公卿。襄阳耆旧推庞老,受禅碑中无姓名。"复有人题于馆驿壁上,仍注其下云:"此吕本中嘲厥祖之作。"见者无不大笑。盖吕之父尝联名立伪楚故也。近王会出守吴兴,其甥秦伯阳以诗送之,卒章云:"饱闻东老榴皮字,试问溪头鹤发翁。"自注云:"事见东坡诗。"

按:坡集言吕洞宾尝以石榴皮书字于湖州东老之壁。故后山诗云:"至用榴皮缘底事?中书君岂不中书。"其意不能无讽议也。今秦公乃指坡此诗为出处,无奈亦嘲厥祖乎?兹可以绝倒。(宋 陈善《扪虱新话》卷八)

20. 播芳集序　昔人谓"苏明允不工于诗,欧阳永叔不工于赋,曾子固短于韵语,黄鲁直短于散语,苏子瞻词如诗,秦少游诗如词。"此数公者,皆以文字显名于世,而人犹得以非之,信矣作文之难也。(宋 叶适《叶适集》卷十二)

21. 坡门酬唱集引(节录)　绍兴戊寅,浩年未冠,乃何幸得肄业于成均。……于是取两苏公之诗读之……又念两公之门下黄鲁直、秦少游、晁无咎、张文潜、陈无己、李方叔所谓六君子者,凡其片言只语,既皆足以名世,则其平日属和两公之诗,与其自为往复,决非偶然者。因尽撷而录之,曰《苏门酬唱》。……淳熙己酉,浩官于豫章,临江谢公自中丞迁尚书,均逸未归,浩出此编,公甚喜,为作序,且谓:"《苏门酬唱》则两公并立,不如俾老仙专之,更曰《坡门酬唱》,何如?"浩曰唯唯。绍兴庚戌四月一日,金华邵浩引。(宋 邵浩《坡门酬唱集》卷首)

22. 词句祖古人意　《后山诗话》载王平甫子斿,谓秦少游"愁如海"之句,出于江南李后主"问君能有几多愁,恰似一江春水向东流"之意。仆谓李后主之意,又有所自。……(宋 王楙《野客丛书》卷二十)

23. 东坡享文人之至乐　王德父尝为余言:自古享文人之至乐者,莫如东坡。在徐州作一黄楼,不自为记,而使弟子由、门人秦太虚为赋,客陈无己为铭,但自袖手为诗而已。有此弟,有此门人,有此客,可以指呼如意而雄视百代,文人至乐,孰过于此?(宋 吴子良《荆溪林下偶谈》卷三)

24. 少游在黄、陈之上。黄鲁直意趣极高,陈后山文气才气短,所可尚者步骤。(宋 韩淲《涧泉日记》卷下)

25. 张芸叟为《梁况之志》,少游为陈后山父铭,集皆无之,可惜!(同上)

26. 作文迟速　余谓文章要在理意深长,词语明粹,足以传世觉后,岂但夸多斗速于一时哉!山谷云:"闭门觅句陈无己,对客挥毫秦少游。"世传无己每有诗兴,拥被卧床,呻吟累日,乃能成章。少游则杯觞流行,篇咏错出,略不经意。然少

115

游特流连光景之词,而无己意高词古,直欲追踪《骚》《雅》,正自不可同年语也。(宋 罗大经《鹤林玉露》申编卷六)

27. 读黄诗(节录) 我生所敬涪江翁,知翁不独哦诗工。……两苏而下秦、晁、张,闭门觅句陈履常。当时姓名比明月,文莫如苏诗则黄。……(宋 林希逸《竹溪十一稿诗选》)

28. 张竦答陈遵曰:"学我者易持,效子者难工。"陈无己为秦少游《字序》云:"行者难工,处者易持。"吕成公书《赵忠定父行实》后云:"处者易持,出者难工。"皆本张竦之意。(宋 王应麟《困学纪闻》卷十二《考史》)

29. 任天社云:"'闭门觅句''对客挥毫'二句,乃二君实录也。无己坐党废锢,既而自徐学除秘书省正字。少游自雷州贬所,北归至藤州,卒于光化亭上。初,少游梦中作《好事近》长短句,有'醉卧古藤阴下,了不知南北'之句,殆若谶云。"(宋 蔡正孙《诗林广记》后集卷五)

30. 陈后山《次韵秦少游春江秋野图》云:"翰墨功名里,江山富贵人。倏看双鸟下,已负百年身。"其二:"江清风偃木,霜落雁横空。若个丹青里,犹须着此翁。"后山自注云:"宗室所画。""秦诗云:'请君添小艇,画我作渔翁。'"任天社云:"此言少游方见用于世,非江海之士,不当画之渔舟也。"(同上卷六)

31. 丁退斋诗词集序(节录) 后山云:"子瞻词如诗,少游诗如词。"二先生,大手笔也,而犹病于一偏,兼之之难如此。余友丁直谅以所作诗词名《退斋集》稿示余,观其风雅调度,可以谐韶濩,沮金石,虽不敢谓其兼二先生之长,然视他人一偏之长,则兼之矣!(金 王义山《稼村类稿》卷五)

32. 陈、秦才思之异 "闭门觅句陈无己,对客挥毫秦少游。"山谷诗,喻二人才思迟速之异也。后山诗如"坏墙得雨蜗成字,古屋无人燕作家",寥落之状可想。淮海诗如"翡翠侧身窥绿酒,蜻蜓偷眼避红妆",艳冶之情可见。二人他作亦多类此。后山宿斋宫,骤寒,或送绵羊臂,却之不服,竟感疾而终。淮海谪藤州,以玉盂汲水,笑视而卒。二人于临终屯泰不同又如此,信乎各有造物也。(明 瞿佑《归田诗话》卷中)

33. 沧州诗集序(节录) 杜子美以死徇癖"语必惊人""斗酒百篇"者,方嘲其大苦。而秦少游之挥毫对客,乃不若闭门觅句者之为工也。(明 李东阳《李东阳集·文前稿》卷五)

34. 古文类选序 序曰:由宋而来,选者十余家。……陈师道古行艰思,乃甘列于张耒、秦观之班,何处躬之不休乎?(明 崔铣《洹词》卷十一)

35. 淮海长短句跋(节录) 陈后山云:今之词手,惟有秦七、黄九,谓淮海、山谷也。然词尚丰润,山谷特瘦健,似非秦比。(明 张綖《淮海集》后附)

116

36. 少游极为眉山所重，而诗名殊不藉藉，当由词笔掩之。然"雨砌堕危芳，风轩纳飞絮"，实近三谢，宋人一代所无。诸古体尚有宗六朝处，惜不尽合苏、黄、陈间，故难自拔也。（明 胡应麟《诗薮·外编》卷五）

37. 宋人学问精妙，才情秀逸，不让三唐，自欧、苏、黄、梅、秦、陈诸公外，作者林立，即无名之人，亦有一二佳诗散见他集。（清 贺贻孙《诗筏》）

38. 《姑溪集》 端叔在苏门，名次六君子，曩毛氏《津逮秘书》中刻其题跋。观全集殊下秦、晁、张、陈远甚，然其题跋自是胜场。（清 王士禛《池北偶谈》卷十七）

39. 陈师道 初寓京师，傅钦之欲识其面，以问少游。少游曰："是人非持刺字伺候公卿之门者，不可致也。"（清 张泰来《江西诗社宗派图录》）

40. 徐俯 后东坡、少游、后山皆殁，山谷忧斯文将坠，规模远大，不意于师川复见之，因目为颓波之砥柱。（同上）

41. 后山词一卷 安徽巡抚采进本　宋陈师道撰。……胡仔《渔隐丛话》述师道自矜语，谓于词不减秦七、黄九。今观其《渔家傲》词有云："拟作新词酬帝力，轻落笔，黄、秦去后无强敌。"云云，自负良为不浅。然师道诗冥心孤诣，自是北宋巨擘，至强回笔端，依声度曲，则非所擅长。……其《诗话》谓曾子开（按：应为曾子固）、秦少游诗如词，而不自知词如诗。盖人各有能有不能，固不必事事第一也。（清 纪昀《四库全书总目提要》卷二〇〇集部词曲类存目）

42. 题苏门六君子诗文集拟颜延年五君咏体·豫章集　元祐四学士，涪翁标逸尘。瑰玮妙当世，瘦硬弥通神。云龙敌韩、孟，天马先秦、陈。西江启诗派，垂辉亦千春。（清 徐嘉《味静斋集》诗存卷八）

43. 后山以秦七、黄九并称，其实黄非秦匹也。若以比柳，差为得之。（清 冯煦《蒿庵论词》）

44. 卷一按语　此录亦略如唐诗，分初、盛、中、晚。……今略区元丰、元祐以前为初宋；由二元尽北宋为盛宋。王、苏、黄、陈、秦、晁、张具在焉，唐之李、杜、岑、高、龙标、右丞也；……（清 陈衍《宋诗精华录》卷一）

第五节 陈师道与晁补之

一、陈师道与晁补之交往系年

宋仁宗皇祐四年壬辰（1052年）

陈师道生，一岁。《御书记》曰："臣生于皇祐四年。"①其出生地在徐州，或在其父任上雍丘（今河南杞县）。字履常，一字无己，号后山。

皇祐五年癸巳（1053年）

陈师道二岁。

晁补之生，一岁，字无咎，晚号归来子。济州巨野人（今山东巨野县）。张耒《祭晁无咎文》："公生癸巳，长我一岁。"②《晁无咎墓志铭》："大观四年……擢知泗州。到官无几何，以疾卒。年五十八。"据此逆推，正为癸巳。《宋史·晁补之传》："晁补之，字无咎，济州巨野人。"③

神宗元丰四年辛酉（1081年）

陈师道三十岁。师道少时随父在任所，或雍丘，或沔阳，或开封，或金州。到熙宁九年（1076年），父丧，归徐，在家守制三年。至本年，师道到开封。秋，南游吴越。八月到杭州（今浙江杭县）。时，其兄陈传道（师仲）官钱塘主簿。也就是在京时遇晁补之，有诗赠答。陈作已佚，晁补之作《答陈履常秀才谑赠》，随后，陈师道又有《次韵寄答晁无咎》，诗曰："西湖欲雨树烟满，风叶倒垂云覆碗。望湖楼上白头人，独倚栏杆谁肯伴。独有诗人记病身，清风千里寄行尘。豪华信有回天力，惊开桃李闹新春。往事不回如过雨，醉梦恍然忘恶语。人生如幻此何尤，未信黄金贵于土。爱子千篇顷刻成，借将胸腹诧吾人。吟哦怪有芳鲜气，却被湖山识姓名（后山自注：苏子瞻诗云：游遍钱塘湖上境，归来文字带芳鲜）。文章废退知难

---

① 陈师道：《后山居士文集》，下册，710—711页，上海，上海古籍出版社，1984。
② 张耒：《张耒集》，下册，871页，北京，中华书局，1990。
③ 《宋史》卷四四四《晁补之传》，见《二十五史》第8册《宋史》下，1486页，上海，上海古籍出版社，1986。

强,身外虚华本无望。何曾临水惜芒鞋,却解逢人拈拄杖。眼根清净尘不留,登伽过尽不回头(后山自注:来诗云:不应越女留)。家在中原归未得,江淮断道无行舟。两山相逢翻手疾,欲谋一笑宁无日。却惭怀璞似周人,只可闻名不相识。"①师道在"醉梦恍然忘恶语"下自注曰:"前在澶州,有读无咎文,编诗因以戏之。无咎今以为言。"据此,陈师道与晁补之相识,最晚当在元丰三年(1080年),时晁补之为澶州司户参军。

晁补之二十九岁。补之"幼豪迈,英爽不群,七岁能属文,日诵千言"②。年少时,随父晁端友在任所,或洛阳,或会稽,或新城,或杭州。熙宁八年(1075年),其父卒,补之奉母归济州巨野故里,与从弟晁将之(无斁)耕读度日。元丰二年(1079年)春,晁补之举进士,试开封及礼部别院皆第一。张耒《晁无咎墓志铭》:"举进士,礼部别试第一。"冬,调澶州司户参军。至本年,改充北京(今河北大名)国子监教授。张耒《晁无咎墓志铭》曰:"君试学官,时试者累百,而所取五人,公中其选,除北京国子监教授。"③当是在京时,始得与陈师道遇,而作《答陈履常秀才谑赠》,诗曰:"驱车触热中烦满,苦无蔗浆冻金碗。陈君诗卷可洗心,持作终朝晤言伴。男儿三十四方身,布衣不化京洛尘。白驹皎皎在空谷,黄鸟睍睆鸣青春。子桑之居十日雨,入门不复闻人语。形骸正是吹一呴,安用虚名齐后土。文章初不用意成,黼黻帝功临下民。时花俚服诮新巧,牛马安所辞吾名。禹穴幽奇行可强,江北江南正相望。乘涛鼓枻何当往,爱惜水仙桃竹杖。不应越女三年留,相见还须未白头。蘧生知非悔不早,巨壑夜半遗藏舟。达人一言噬矢疾,相从琢磨悔去日。菖蒲正是可怜花,我独闻名不曾识。"④冒笺认为:"按此则后山尚有前一诗,此为再答。"⑤

郑骞考此诗曰:"后山本年三十岁,无咎二十九岁,居于开封。右诗云:'男儿三十四方身,布衣不化京洛尘',年龄地点均合。而'禹穴幽奇行不强'以下云云,又与将游吴越之事迹相合。此诗为本年在开封作无疑。本集有《次韵寄答晁无咎》诗,即答无咎此篇者。其首云'西湖欲雨树烟满,风叶倒垂云覆碗。望湖楼上白头人,独倚栏杆谁肯伴。'盖到杭州后赋寄无咎者。此诗后山自注云:'前在澶州(今河北濮阳——误,应为河南濮阳),有读无咎文编诗,因以戏之。无咎今以为

---

① 冒广生补笺:《后山诗注补笺》,下册,493—494页,北京,中华书局,1995。
② 张耒:《晁无咎墓志铭》,见《张耒集》,下册,900页,北京,中华书局,1990。
③ 张耒:《张耒集》,下册,901页,北京,中华书局,1990。
④ 《全宋诗》第一九册,卷一一二九,12813页,北京,北京大学出版社,1995。
⑤ 冒广生补笺:《后山诗注补笺》,下册,494页,北京,中华书局,1995。

言.'是即无咎诗题所谓'谑赠'。其诗本集未收。后山何时在澶州,陈晁相识始于何年,尚待详考。"①此说可以成立。至于"后山何时在澶州",据晁补之仕履,则正是元丰三年。元丰二年(1079年)冬,晁补之赴任澶州,但陈师道尚在家(徐州)守父丧。至于元丰三年,陈师道因何到澶州,则待考。

哲宗元祐元年丙寅(1086年)

陈师道三十五岁。自元丰四年(1081年)秋,南游吴越,后北归,一直奉母居于开封,直至本年,时苏氏兄弟及苏门弟子黄庭坚、张耒、晁补之(秦观外任)均在京师。晁补之与张耒同过陈师道宅而未遇留诗而去。陈师道遂作《晁无咎张文潜见过》诗答谢。诗曰:"白社双林去,高轩二妙来。排门冲鸟雀,挥壁带尘埃。不惮除堂费,深愁载酒回。功名付公等,归路在蓬莱。"②

本年,晁补之与张耒同荐陈师道为太学录,陈师道深致谢意,但辞而不就。不就之因,郑骞认为,陈与晁、张二人年龄相仿,不愿受其汲引。

晁补之三十四岁。自在北京国子监教授任上四年,元丰八年(1085年)秋,赴京师,召试除太学正,卜居城南。至本年仍在京师为太学正。十二月除秘书省正字,与时任太学录的张耒同过陈师道,作《次韵履常见贻》:"人皆爱陈子,新雨尚能来。但使门多客,何嫌室自埃。弓旌无远野,城郭有遗才。底日常侯舍,传声四辈催。"③又与张耒同荐陈师道为太学录。晁、张合撰《太学博士正录荐布衣陈师道状》曰:"窃以朝廷患庠序不本于教,而纠禁是先;学者不根于古,而浮剽是竞。故选置旧学,削去苛规,为之表仪,使有趣向,所以助成风化,实系得人。伏见徐州布衣陈师道,年三十五,孝弟忠信,闻于乡间。学知圣人之意,文有作者之风。怀其所能,深耻自售;恬淡寡欲,不干有司。随亲京师,身给劳事。蛙生其釜,愠不见色。方朝廷振起滞才,风劝多士,谓如师道一介,亦当褒采不遗。伏睹太学录五员,系差学生,见今有阙。师道虽不在学籍,而经行词艺,宜充此选。某等职预考察,不敢蔽而不陈。伏乞选差师道充太学录。倘不任职,某等同其罪罚。谨具申国子监,乞誊申礼部施行。"④陈师道虽辞而不就,然晁、张之举深为黄庭坚称赏,作诗《奉和文潜赠无咎篇末多见及以既见君子云胡不喜为韵》赞曰:"吾友陈师道,

---

① 郑骞:《陈后山年谱》,51—52页,台北,联经出版事业公司,1984。
② 冒广生补笺:《后山诗注补笺》,上册,33—34页,北京,中华书局,1995。
③ 《全宋诗》第一九册,卷一一三三,12840页,北京,北京大学出版社,1995。
④ 晁补之:《太学博士正录荐布衣陈师道状》,见《全宋文》第一二五册,卷二七一四,349页,上海辞书出版社,安徽教育出版社,2006。

抱独门扫轨。晁、张作荐书,射雉用一矢。吾闻举逸民,故得天下喜。两公阵堂堂,此士可摩垒。"①

元祐二年丁卯(1087年)
陈师道三十六岁。四月,以苏轼等人荐除徐州州学教授,旋赴任。

晁补之三十五岁。自去年冬(十二月)除秘书省正字,本年仍居此职。虽荐陈师道为太学录,陈未就,当陈师道除徐州教授,晁补之亦为之高兴,并撰《贺教授陈履常启》,文曰:"擢领掾曹,归临乡校,与从游之良旧,私慰喜以居多。窃惟国之求才,病取舍之胶于法;士之涉世,患进退之失其中。设科举爵位以诱人,假诵数词章以干禄。须其出试,则乡党自好者耻于屡献;不以礼际,则山林长往者岂其肯来?故上安于有司之区区糊名以为公,而士惑于古人之皇皇载质以为辱。莫闻览德之凤,率多食饵之鱼。恭以某官行独而通,志洁而降。不落落以如玉,矧泛泛其若凫。穷无立锥,术可济国。至于博览之学,绝出之文,要其平生,固曰余事,尚不屑去,安有求闻?声自籍于诸公,章数腾于当宁。拔起闾里,朋类之荣;收还妻孥,亲党所喜。未促公车之诏,聊从泮水之行。庶观成山,必自累土。辞尊及富,仕何往而非安;有为与行,志苟存而皆可。贻笺良幸,修庆独稽。倾咏之诚,倍于侪等。"②

哲宗绍圣二年乙亥(1095年)
陈师道四十四岁。在徐州任州学教授四年,元祐五年(1090年)改任颍州教授。到绍圣元年(1094年)夏,罢官,改监海陵酒税任,至本年又改官江州彭泽令。三月,奉母携眷往岳父郭概河北东路提刑任所。是月二十九日,行至东阿(今山东东阿),母病卒于舟中,以丁母忧未赴彭泽任,扶柩归徐。

晁补之四十三岁。为京官(秘书省正字、校书郎)四年,元祐六年(1091年)任扬州通判。元祐八年(1093年)回京师为著作佐郎,再迁秘书丞。越明年(绍圣元年,1094年)出知齐州(今山东济南)。至本年,坐修《神宗实录》失实,于正月十日敕降通判应天府(今河南商丘),又以避亲嫌,改差亳州(今安徽亳县),于当年九月到任。时陈师道母卒,因师道请为撰《安康郡君庞氏墓志铭》,文曰:"国子博士、

---

① 刘尚荣校点:《黄庭坚诗集注》,第1册,159页,北京,中华书局,2003。
② 《全宋文》第一二六册,卷二七一九,71页,上海辞书出版社,安徽教育出版社,2006。

彭城陈侯之夫人、安康郡君庞氏,绍圣二年三月壬戌卒,年七十有七。将以其秋七月丁酉,祔于彭城白鹤之吕栅博士之兆。其子江州彭泽令师道以书来,曰:'师道不幸,先君之丧也,高邮秦观尝铭矣,不克葬,今举夫人以祔,惟子实铭吾母。'补之曰:'唯。'"以下录陈师道的《先夫人行状》,接着称赞陈师道之行义曰:"师道好古,自修而为文,耻以其技干时,将老焉,乡人推之。士尝与游者扳而出之,其在位有力者以其行闻于天子而官之,乃以亳州司户参军教授其州,又教授颍州。既迎夫人还自颍,已疾病。夜次东阿步,星堕其旁贾人舟上,如丹如橐,出芒下尾,无几何而夫人没。……"①

绍圣三年丙子(1096年)

陈师道四十五岁。师道去年七月葬父母后,于秋冬间,其岳父郭概自澶州(今河南濮阳)移知曹州(今山东曹县)。师道遂携眷往依之。本年在曹。《谱目》:"绍圣三年丙子,是岁,后山寓曹州。"时晁补之从弟晁将之(无斁)为曹州教官,陈师道在绍圣二年(1095年)到绍圣四年(1097年)期间与其唱和颇多,凡十二首。诗题如下:《次韵答晁无斁》(无斁时为曹州教官)《次韵无斁偶作二首》《次韵晁无斁除日书怀》(以上绍圣二年作),《次韵无斁雪夜二首》《次韵晁无斁夏雨》《寄无斁》《次韵晁无斁冬夜见寄》《寒夜有怀晁无斁》(以上为绍圣三年作),《次韵晁无斁春怀》《寄晁无斁》(以上为绍圣四年作)。

晁无斁,名将之。元祐二年(1087年)进士。曾任曹州教官,宝应宰。据《曹州府志·职官表》:"晁无斁,曹州教官,与陈后山唱和有诗。"又《流寓传》:"陈师道,绍圣中以妇翁郭概知曹州,因寓曹数年。与教官晁无斁,多以诗相唱和。"②

绍圣四年丁丑(1097年)

陈师道四十六岁,离曹州归徐州。

二月五日,陈师道随晁补之之后为乡人刘义仲作《是是亭记》。《记》曰:"刘子佐巨野,筑室以居,名曰是是之亭。而语客曰:'吾刚不就俗,介不容众,而人亦不吾容也,故吾勉焉,是其所是而不非其非。又惧有时而忘之也,以名吾居,耳目属焉,亦盘盂、几杖、服佩之类也。吾其免乎!'客笑之曰:'是是近谀,非非近讪,不幸而过,宁讪毋谀。'以病刘子。晁子闻而作,曰:'事无常是,亦无常非,使天下举以为非,而子独是之,何所取正?使天下举以为是,而子独非之,安得力而胜诸?

---

① 《全宋文》第一二七册,卷二七四二,83页,上海辞书出版社,安徽教育出版社,2006。
② 见冒广生补笺:《后山诗注补笺》,上册,第181—182页,北京,中华书局,1995。

尝与子问津于无可无不可之途,而弥节乎两忘之圃,夫安知吾是之所在?'又为之赋以贬刘子。陈子见而叹曰:'夫三子之言,其皆有所激乎!今夫是非参于前,子将称其所是而默其所非,自以为得矣,而曾不思默而不称,则固已非之矣。使世皆愚则可以默而欺之,而世不皆愚也,其有知之者矣,吾惧子之不免也。夫是其所非则为谄,非其所是则为讪,是非不失其正,二何有焉,客之笑非子之病也。夫道二,理与事是也。是非两忘者理也,有是与非者事也。事待理而后立,理待事而后行。今使刘子忘而不有,于事犹有阙乎!晁子之贬,非子之药也。'……绍圣四年二月五日,彭城陈师道记。"①文中的晁子即晁补之。有关是非之论,皆是就晁补之之言申发。

夏,晁补之过徐来晤。据《谱目》:"绍圣四年丁丑,是岁,后山寓曹州,既而归徐。"又本集《仁寿县太君卢氏墓铭》:"绍圣四年,司业自徐徙福,夫人于是年八十有二,闰月甲子卒于行。……乃以某月甲子藁葬于某。初,司业以丧过润,遇晁子补之,使问铭于陈氏。是夏,晁子过徐致意……是秋,司业以状来。"②

晁补之四十五岁。年初或去年末,作《是是堂赋》,赋前之序,为陈师道所引而申发作《是是亭记》。

二月,因朝廷再治元祐旧臣,补之再贬监处州(今浙江丽水)盐酒税。由亳州过徐,而晤陈师道。又于南迁途中,母杨氏夫人殁于丹阳,乃扶柩还乡。《宋史·晁补之传》:"又贬监处州……酒税。"③张耒《晁无咎墓志铭》:"复落职监处州酒税,中途丁母忧,毁瘠几不胜丧服。"④陈师道为撰《杨夫人挽词》曰:"初说南奔道路长,湖边丹旐已飞扬。百年积庆锺连璧,十念收功到净方。绛幔未经亲宋母,绿衣犹记识黄裳。欲图不朽须诠载,今代谁堪著石章。"⑤

哲宗元符元年戊寅(1098年)

陈师道四十七岁,是年在徐州家居。《谱目》:"元符元年戊寅:是岁,后山在徐州。"⑥其兄陈传道(师仲)过金乡(今山东金乡县),携其祖父陈洎诗稿请晁补之题

---

① 陈师道:《后山居士文集》,下册,692—696页,上海,上海古籍出版社,1984。
② 陈师道:《后山居士文集》,下册,803页,上海,上海古籍出版社,1984。
③ 《宋史》卷四四四《晁补之传》,见《二十五史》第8册《宋史》下,1487页,上海,上海古籍出版社,1986。
④ 张耒:《张耒集》,下册,901页,北京,中华书局,1990。
⑤ 冒广生补笺:《后山诗注补笺》,上册,229—230页,北京,中华书局,1995。
⑥ 转引自郑骞:《陈后山年谱》,104页,台北,联经出版事业公司,1984。

跋。又本年,陈师道的岳父郭概卒,晁补之为作《祭郭大夫文》。

晁补之四十六岁。服丧居家于金乡。本年由巨野迁居金乡城东。为陈师道祖父陈洎诗集作《书陈洎事后》,文曰:"补之先君尝记见闻数十事,未编次。其一,陈公洎初为开封府功曹参军时,程琳尹开封。章献太后临朝,族人贵骄,自杖老卒死,人莫敢言。公当验尸,即造府白琳。琳望见公来,迎谓曰:'验尸事毕乎?'公曰:'未也。'琳遽起,隐屏间曰:'不得相见。'公唯而出,适尸所,太后已遣中人至,曰:'速视毕奏来!'公起再拜,曰:'领圣旨。'未毕,使者十辈督之。吏等皆惧,谓公应以病死闻,公怒曰:'何不以实?'吏等骇曰:'公固不自爱,某曹不敢。'公复怒曰:'此卒冤死,待我而申,尔曹依违惧祸,法不尔赦!'即自实其状诣琳。琳又迎问曰:'如何?'公曰:'杖死。'琳大喜,抚其背曰:'如此阴德,官人必享前程。'遽索马人奏。已而,太后族人有特旨原,公亦不及罪。公自此名显,历官台省,终三司副使,人以谓积善之报未艾云。补之少闻是,恨不及识公。后二十余年,乃见传道于淮南,见履常于京师,实惟公诸孙。二君词学行义,为东州闻人,以谓公之余庆在是也。后补之执丧于缗,传道始出公诗数十篇,确然其政,温然其和,想见德操之所发于言词者,耸然增慕。昔韩愈有云:'本深而末茂,形大而声宏。仁义之人,其言霭如也。'由公事,于愈之言益信。"①

按:文中"后二十余年,乃见传道于淮南,见履常于京师"。传道是陈师道之兄,见传道于淮南尚不确知,见履常于京师则是在元祐元年。又文中曰:"后补之执丧于缗",此即为元符元年,时晁补之正居家服母丧。其金乡即故缗城池。晁补之《金乡张氏重修园亭记》曰:"金乡其东南邑,故缗城地云。……元符中,余南归,始自巨野迁此邑。"②晁补之尚有《元符戊寅与无斁弟卜居缗城东述情》亦可证其时地。

又本年,晁补之还为陈师道岳父郭概作《祭郭大夫文》,文曰:"维元符元年某月日,晁补之谨以清酌庶羞之奠,祭于大夫郭公之灵曰:人之相知,千载一时,千载不逢,亦不可知。公年长我,二十而八,平生出处,参辰超忽。廉平为吏,自昔所闻,达识高谈,则犹未亲。遭患来南,遭回千里,偶公倦游,亦归卧里。靳然在疚,闭户熏心,我不往拜,公来见寻。属气收浃,为公一语,不知何为,倾盖如故。过累百士,得一人焉,以千载语,则犹并年。为公数临,亦惠慰我,如何不淑,龟玉毁破!

---

① 《全宋文》第一二六册,卷二七二三,136—137 页,上海辞书出版社,安徽教育出版社,2006。
② 《全宋文》第一二七册,卷二七三九,23 页,上海辞书出版社,安徽教育出版社,2006。

惊呼往吊,雪涕沾胸,尚想霜髯,老鹤孤松。呜呼哀哉!公守曹南,古循吏比,吾弟为僚,横经泮水。顷于吾弟,推毂先之,晚于此逢,我又见知。兄弟穷人,论心谁与?公独厚之,人所莫顾。百年一恸,晤语无期,何以舒哀,斗酒只鸡。呜呼哀哉,尚飨!"①

郑骞按语曰:此文有姓无名,但文中云"公守曹南,古循吏比,吾弟为僚,横经泮水"。郭概知曹州,晁补之八弟晁将之(无斁)为曹州州学教授,已见绍圣三年,此大夫为郭概无疑。后山集中亦称之为郭大夫。祭文曰"公年长我,二十而八"。张耒《张右史文集卷四十五·祭晁无咎文》曰:"公生癸巳",据此推算,郭生于仁宗天圣三年乙丑,本年七十四岁。祭文中有"遭患来南,遭回千里,偶公倦游,亦归卧里。斩然在疚,闭户熏心,我不往拜,公来见寻"诸语,可知无咎扶母柩北归在籍守制时,郭已退居。其离曹州可能在去年,或本年上半年②。

元符二年己巳(1099年)

陈师道四十八岁,是年仍在徐州家居。秋,晁补之过徐州相从数日。陈师道本年《与鲁直书》云:"无咎向过此,服阕赴贬所,相从数日,颇见言色,他皆不通问矣。"③无咎来为作小词《木兰花减字》,其一:"娉娉袅袅。红落东风青子小。妙舞逶迤,拍误周郎却未知。　花前月底,谁唤分司狂御史。欲语还休,唤不回头莫著羞。"其二:"娉娉袅袅。芍药枝头红玉小。舞袖迟迟,心到郎边客已知。　当筵举酒,劝我尊前松柏寿。莫莫休休,白发簪花我自羞。"词牌后题作:"赠晁无咎舞鬟。"④

又,陈师道为晁无咎的画题诗一首《晁无咎画山水扇》,曰:"前生阮始平,今代王摩诘。偃屈盖代气,万里入方尺。朽老诗作妙,险绝天与力。君不见杜陵老翁语,湘娥增悲真宰泣。"⑤"阮始平"是指外放的官,陈师道说他是"阮始平",因晁补之正"服阕赴贬所"。"王摩诘"则是唐代诗人、画家王维,陈师道说晁补之是"今代王摩诘",则是把他与王维相比,诗画皆精。一般,人们皆知晁补之只是文人,而不知他亦善画,尤工山水。其《鸡肋集》即有好几首诗写他自己的画,如《自画山水寄无斁题其上》《自画山水留客堂大屏题其上》《自画山水寄正受题其上》等。所以,明人张萱《疑耀》卷三曰:"唐以后,文人未有不能画者。如晁无咎未尝以画名,

---

① 《全宋文》第一二七册,卷二七四八,184 页,上海辞书出版社,安徽教育出版社,2006。
② 郑骞:《陈后山年谱》,105 页,台北,联经出版事业公司,1984。
③ 陈师道:《后山居士文集》,下册,576 页,上海,上海古籍出版社,1984。
④ 唐圭璋编:《全宋词》,第 1 册,588 页,北京,中华书局,2011。
⑤ 冒广生补笺:《后山诗注补笺》,下册,316 页,北京,中华书局,1995。

偶阅《陈后山诗集》,有《晁无咎画山水扇》诗云:'前生阮始平,今代王摩诘。偃屈盖代气,万里入方尺。'则无咎之画亦有足观,惜世不传耳。若阮始平能画,《画谱》未尝载,后山诗可以补其阙矣。"①张萱说晁补之不以画名,但画有足观,惜世不传,《画谱》亦未载,正是陈师道的诗使人们知其善画,而"补其阙矣"。

陈师道尚有一首《答无咎画苑》,诗曰:"卒行无好步,事忙不草书。能事莫促迫,快手多粗疏。君看荷苇槲口扇,崔家中叔三人俱。扫除事物费岁月,收完神气忘形躯。恍然有得夺天巧,衰颜生态能相如。市师信手无赢余,一日画出东封图。眼前百口怪神速,背后十指争挪揄。君家画苑倾东都,锦囊玉轴行盈车。补完破碎收亡逋,欲得不计有与无。问君此病何当祛,君言无事聊自娱。世间何事非迷途,挟筴未必贤搏蒲。苑中最爱文与苏,情亲不独生同间。自谓知子谁知余,叔也不痴回不愚。怜君用意常勤劬,挥毫洒墨填空虚。风梢雨叶出新意,老树僵立何年枯。我生百事不留意,外物不足烦驱除。翰墨才能记名字,横临写貌无工夫。见溺不救危不扶,独无一物充庖厨。看君发漆颜丹朱,意气健如生马驹。逢人不信六十余,郁然一茎无白须。吕公落寞起钓屠,南山四老东宫须。人生晚达有如此,应笑虞翻早著书。"②

晁补之四十七岁。服除,改监信州(今江西上饶)盐酒税。张耒《晁无咎墓志铭》曰:"丧服除,监信州酒。"③《宋史·晁补之传》亦曰:"坐修神宗实录失实,降通判应天府亳州,又贬监处、信二州酒税。"④六月启程南下,途经徐州,晤陈师道。师道为赋《木兰花减字》。胡仔《苕溪渔隐丛话》曰:"《复斋漫录》云:'晁无咎贬玉山,过彭门,而无己废居里中,无咎出小鬟舞《梁州》佐酒,无己作《木兰花》云:"娉娉袅袅,芍药梢头红样小;舞袖低垂,心倒郎边客已知;金樽玉酒,劝我花前千万寿;莫莫休休,白发簪花各自羞。"无咎云:"人疑宋开府铁心石肠,及为《梅花赋》,清驶艳发,殆不类其为人;无己清适,虽铁石心肠,不至于开府,而此词清驶艳发,过于《梅花赋》矣。"'苕溪渔隐曰:'乙酉岁,余归苕溪上,才获《复斋漫录》,见无己小词,因笔之。'"⑤宋开府即唐代著名宰相宋璟,这里晁补之以陈师道比宋璟,说

---

① 周义敢、周雷编:《晁补之资料汇编》,96页,北京,中华书局,2008。
② 冒广生补笺:《后山诗注补笺》,下册,497—498页,北京,中华书局,1995。
③ 张耒:《张耒集》,下册,901页,北京,中华书局,1990。
④ 《宋史》卷四四四《晁补之传》,见《二十五史》第8册《宋史》下,1487页,上海,上海古籍出版社,1986。
⑤ 胡仔:《苕溪渔隐丛话》,见吴文治主编《宋诗话全编》,第4册,4201页,南京,凤凰出版社,1998。

他虽如宋璟那样"铁心石肠",然这首词却也如宋璟的《梅花赋》一样"清驶艳发"。

元符三年戊寅(1100年)

陈师道四十九岁,在徐州。七月,除棣州(今山东惠民)教授,十一月,改除秘书省正字。大约是赴棣经萧而作《拱翠堂》。诗曰:"千年茅竹蔽幽奇,一日堂成四海知。便有文公来作记,尚须我辈与题诗。"陈师道于此诗自注曰:"萧邑富人窦敦礼即泉山作此堂,规制宏丽,无咎作记。"①由此则知陈师道的诗是因晁补之的记而作。"便有文公来作记"之文公也即是指晁补之。晁补之作有《拱翠堂记》,文曰:"顷余固以闻师道于徐之君子",此师道乃窦师道,陈师道所说"萧邑富人窦敦礼"是其侄。而"徐之君子"则可能是指陈师道。又文曰:"意甚慕之,而念不可以远坟墓,欲筑室故缗城东以老。"②由此推断,晁补之的《拱翠堂记》当作于元符元年(1098年),时晁补之正服丧居家于"故缗城东"。

徽宗建中靖国元年辛巳(1101年)

陈师道五十岁。本年在京师开封为正字,与晁补之同朝数月。时与晁补之对酒,而作《上晁主客》,诗曰:"两疏父子共含香,不独家荣国有光。滕欲展怀因问疾,孰知相对只衔觞。年侵身要兼人健,节近花须满意黄。从昔竹林须小阮,只今未可弃山王。"晁主客即晁补之的四叔晁尧民,故称"两疏父子",陈师道尚有《送晁尧民守徐》。而诗中之"小阮"是魏晋时的阮咸,阮籍之兄子,此以比晁补之,"山王"是山涛和王戎,这是陈师道用以自比。陈师道于此诗自注亦云:"时与无咎对酒,及门而阍者辞焉。"③本年七月后,晁补之出守河中府,师道为作《送晁无咎出守蒲中》,诗曰:"一麾出守自多奇,四十专城古亦稀。解榻坐谈无我辈,铺筵踏舞欠崔徽。的桃作剧聊同俗,遇事当前莫后几。圣世急才常患少,栈羊筛酒待公归。"④

十一月二十三日,陈师道预郊祀礼,感寒得疾。十二月二十九日卒。

晁补之四十九岁。先,元符三年(1100年),宋徽宗即位,起用元祐党人,晁补之得遇赦,由贬所信州召还京师为著作佐郎。本年,正好与陈师道同朝。时晁补

---

① 冒广生补笺:《后山诗注补笺》,下册,385页,北京,中华书局,1995。
② 晁补之:《拱翠堂记》,见《全宋文》第一二七册,卷二七三八,14、15页,上海辞书出版社、安徽教育出版社,2006。
③ 冒广生补笺:《后山诗注补笺》,下册,448页,北京,中华书局,1995。
④ 冒广生补笺:《后山诗注补笺》,下册,453页,北京,中华书局,1995。

之授尚书礼部员外郎,哲宗实录院检讨官,晁补之数辞,不允,改除吏部郎中。七月,苏轼卒于常州,晁补之作《祭端明苏公文》。时党论再起,晁补之为言官论,乃出知河中府(今山西永济),陈师道作《送晁无咎出守蒲中》。

徽宗大观四年庚寅(1110年)

晁补之五十八岁。自建中靖国元年(1101年)七月知河中府,后又徙湖州(崇宁元年,1102年),管勾江州太平观(崇宁三年,1103年),当年罢官,还金乡家居,直至本年,出党籍,诣吏部候调,得起知达州,寻改泗州(今安徽泗县)。秋,达任所,寻卒于官舍。张耒《晁无咎墓志铭》曰:"擢知泗州,到官无几何,以疾卒,年五十八。"①

二、陈师道论晁补之

陈师道尚有几首诗写到晁补之,然任渊未注,亦未系年,现据《后山诗注补笺》辑录之。

1.《寄晁以道》:"……子家太史氏,名成南北阮。"冒笺曰:"太史氏谓无咎也。"

2.《奉送阎醇老推官》:"古今犹异俗,邹鲁尚多余。簿领三年责,云霄一武趋。数过忘潦倒,惜别更斯须。说与晁夫子,今年锥也无。"冒笺晁夫子"指无咎也"。

3.《送晁奉议高邮判官》:"公族仍前辈,都城早与游。士穷须禄食,才大岂身谋。云岭无归鸟,冰河有去舟。平生湖海意,不为有鱼留。"冒笺曰:"此晁奉议即无咎。"

陈师道除了在诗词中与晁补之唱和和诗文中论及外,在《后山谈丛》中亦有一条谈到晁补之如何移树,曰:晁无咎移树法,其大根不可断,虽旁出远引,亦当尽取,如其横出,远近掘地而埋之,切须带土,虽大木亦可活也,大木仍去其枝。(卷六)

又《后山居士文集》卷六有《书旧词后》,曰:晁无咎云:"眉山公之词,盖不更此境也。"余谓不然,宋玉初不识巫山神女,而能赋之,岂待更而知也。余他文未能及人,独于词自谓不减秦七、黄九。而为乡橡三年,去而复还,又三年矣,而乡妓无欲余之词者。独杜氏子勤恳不已,且云:"所得诗词满箧,家多畜纸笔墨,有暇则学书。"使不如言,其志亦可喜也,乃写以遗之。古语所谓"但解闭门留我处,主人莫问是谁家"者也。(《后山居士文集》卷六)

---

① 张耒:《张耒集》,下册,902页,北京,中华书局,1990。

三、宋元明清各家论陈、晁之关系

宋及金元明清各代均有对陈师道与晁补之关系的论述,现据有关资料,选辑若干条,论述相同或相近的只用最早的;文中已用的,不再采录。

1. 晁无咎时文　元丰中,晁无咎时文有声,无己以诗戏之曰:"闻道新文能入样,相州缬鄂州花。"盖是时方尚相州缬、鄂州花也。(宋　王直方《王直方诗话》)

2. 苏门六君子集　《豫章集》四十四卷,《宛丘集》七十五卷,《后山集》二十卷,《淮海集》四十六卷,《济北集》七十卷,《济南集》二十卷。蜀刊本,号《苏门六君子集》。(宋　晁公武《直斋书录解题》卷十七)

3. 四客各有所长　子瞻、子由门下客最知名者,黄鲁直、张文潜、晁无咎、秦少游,世谓之四学士。至若陈无己,文行虽高,以晚出东坡门,故不若四人之著。故陈无己作《佛指记》云:"余以辞义,名次四君,而贫于一代",是也。晁无咎诗云:"黄子似渊明,城市亦复真。陈君有道举,化行闾井淳。张侯公瑾流,英思春泉新。高才更难及,淮海一髯秦。"当时以东坡为长公,子由为少公。陈无己答李端叔云:"苏公之门,有客四人,黄鲁直、秦少游、晁无咎,则长公之客也;张文潜,则少公之客也。"然四客各有所长,鲁直长于诗词,秦、晁长于议论。(宋　吴曾《能改斋漫录》卷十一))

4. 读黄诗(节录)　两苏而下秦、晁、张,闭门觅句陈履常。当时姓名比明月,文莫如苏诗则黄。(宋　林希逸《竹溪十一稿诗选》)

5.《复斋漫录》云:"子厚《寄刘梦得》诗,盖其家有右军书,每纸背庾翼题云:'王会稽六纸。'其诗谓此也。梦得有《酬家鸡之赠》,乃答子厚诗也。其中所谓'柳家新样元和脚',人竟不晓。高子勉举以问山谷,山谷云:'取其字制之新,昔元丰中,晁无咎作诗文极有声,陈后山戏之曰:"闻道新词能入样,相州红缬鄂州花。"盖相缬织鄂州花也。则"柳家新样元和脚"者,其亦此类欤。'予顷见徐仙者,效山谷书。而陈后山以诗记之,有'黄家元祐样'之语,则山谷之言无可疑也。最后见东坡《柳氏求笔迹》诗,亦有此语,并附于左。"(宋　蔡正孙《诗林广记前集》卷四)

6. 陈后山云:"子瞻以诗为词,虽工非本色,今代词手惟秦七、黄九耳。"予谓后山以子瞻词如诗,似矣;而以山谷为得体,复不可晓。晁无咎云:"东坡词多不谐律吕,盖横放杰出,曲子中缚不住者。"其评山谷则曰:"词故高妙,然不是当行家语,乃著腔子唱如诗耳。"此言得之。(金　王若虚《滹南遗老集》卷三十九《诗话》)

7.《瑶池集》通议大夫徽猷阁待制秦凤路经略安抚使知秦州郭思所著。……元祐黄、陈、晁、张、秦少游、李方叔诸公,无一语及之,惟引苏长公软抱黑甜一联及笔头上挽得数万斤语。(元　方回《桐江集》卷七)

129

8.《感梅忆王立之》 方回：晁叔用名冲之，自号具茨，有集。入江西派。晁氏自文元公迥至补之无咎五世，世有文人。无咎之父端友，字君成，诗逼唐人，有《新城集》。无咎有《济北集》。从弟说之，字以道，号景迂，有《景迂集》。以道亲弟咏之，字之道，有《崇福集》。补之、咏之《四朝国史》已入《文艺传》。叔用此诗，盖学陈后山也。（元 方回《瀛奎律髓汇评》卷二十梅花类）

9. 述古堂记（节录） 《述古图》本，李伯时效唐小李将军，用著色写云泉花木及一时之人物。按郑天民先觉所为记，坐勘书台捉笔而书者，为东坡先生。喜观者为王晋卿。凭椅而立视者，为张文潜。按方几而凝伫者，为蔡天启。坐盘石上支颐执卷而观画者，为苏子由。执蕉箑而熟视者，为黄鲁直。凭肩而偶语者，为陈无己。据横卷而画《归去来图》者，为李伯时。按膝而旁观者，为李端叔。跪膝俯视者，为晁无咎。……（元 黄溍《金华黄先生文集》卷十四）

10. 王希赐文集再序（节录） 吾尝以近代律今之文，仅得曾巩、苏辙、王安石、李清臣、陈无己之流相追逐相已而中衰也。已不得步武于陆游、刘克庄、三洪，矧叶适、陈傅良、戴溪乎？不得步武于叶适、戴溪、陈傅良、矧晁、张、秦、黄乎？不得步武于晁、张、秦、黄，矧二苏、欧阳乎？（元 杨维桢《东维子文集》卷六）

11. 西园雅集人数（节录） 《西园雅集图》，杨东里云，……但刘松年临本无张文潜、李端叔、陈无己、晁无咎等四人。……考之郑天民记，复增张文潜、李端叔、陈无己、晁无咎为十六人。（明 叶盛《水东日记》卷三十四）

12. 祭东坡文（节录） 毗陵顾塘北，有苏东坡先生祠，宋乾道壬辰郡守晁子健所筑。……子健又访士大夫家，得先生绘像，或朝服，或野服，凡十本，摹置壁间。复列少公辙，与黄鲁直庭坚、张文潜耒、晁无咎补之、秦少游观、陈无己师道六君子于两序，与先生皆设塑像，释奠则分祀。（明 姜南《蓉塘记闻》）

13. 南北游诗序（节录） 昔子瞻兄弟，出焉名士，领袖其中。若秦、黄、陈、晁辈，皆有才有骨有趣者，而秦之趣尤深。（明 袁中道《珂雪斋近集》卷三）

14. 书王氏墓铭举例后（节录） 《墓铭举例》四卷，长洲王行止仲编，先以唐韩退之、李习之、柳子厚，次以宋欧阳永叔、尹师鲁、曾子固、王介甫、苏子瞻、陈无己、黄鲁直、陈莹中、晁无咎、张文潜、朱元晦、吕伯恭，凡一十五家之文，举以为例，足以续苍崖潘氏《金石例》而补其阙矣。（清 朱彝尊《曝书亭集》卷五十二）

15. 宋文如石守道、柳仲涂、尹师鲁、穆伯长、秦少游、陈履常、晁以道、无咎、罗端良、陆务观、叶水心辈，予家皆有其集，虽利钝互见，要之有可观者。（清 王士禎《居易录》卷十）

16. 苏门六君子，无不掉鞅词场，凌躐流辈。而坡公于山谷则数效其体，前哲虚怀，往往如是。（清 田雯《古欢堂集·杂著》卷二）

17. 风月堂诗话二卷内府藏本　宋朱弁撰。弁有《曲洧旧闻》，已著录。是编多记元祐中欧阳修、苏轼、黄庭坚、陈师道、梅尧臣及诸晁遗事。（清　纪昀《四库全书总目提要》卷一百九十五集部诗文评类一）

18. 东坡襟怀浩落，中无他肠，凡一言之合，一技之长，辄握手言欢，倾盖如故。而不察其人之心术，故邪正不分，而其后往往反为所累。如李公择、王定国、王晋卿、孙莘老、黄鲁直、秦少游、晁补之、张文潜、赵德麟、陈履常等，故终始无间，甚至有为坡遭贬谪，亦甘之如饴者。其他则一时倾心写意，其后背而陷之者甚多。（清　赵翼《瓯北诗话》卷五）

19. 苏词非不及于情　晁无咎云："眉山公之词短于情，盖不更此境耳。"陈后山曰："宋玉不识巫山神女而能赋之"，岂待更而后知，是直以公为不及于情也。呜呼，风韵如东坡，而谓不及于情，可乎？彼高人逸才正当如是，其溢为小词而闲及于脂粉之间，所谓滑稽翫戏，聊复尔尔者也。若乃纤艳淫媟，如入骨髓，如田中行，柳耆卿辈，岂公之雅趣也哉。（清　冯金伯《词苑萃编》卷二十一）

20. 杂稽　陈师道，与晁无咎善，数至济州，有诗。李植，晁无咎婿也，靖康初以督饷趋济州，士气十倍。（清　黄维翰等《巨野县志》卷二十四）

21. 张右史集（节录）　《右史集》乃大全，此本后有张表臣序。……张表臣著有《珊瑚钩诗话》，及与陈后山、晁无咎游。惟序中称"两侍太师公相"，及"秦公嬉送示旧藏八册"云云，疑张附桧之门下，晚节不无有玷然。（清　蒋光煦《东湖丛记》卷一）

22. 汲古原刻，未尝差别时代，故蒋胜欲以南都遗老而列书舟之前，晁补之、陈后山生际神京，顾居六集之末。盖随得随雕，无从排比。（清　冯煦《蒿庵论词》）

23. 山谷词　《山谷词》一卷，晁补之、陈后山，皆谓今代词手惟秦七、黄九。然山谷非淮海之比，高妙处只是著腔好诗，而硬用鳞字、屒字，不典。（清　胡薇元《岁寒居词话》）

24. 莫莫休休　晁无咎词"莫莫休休，白发簪花我自羞"。陈后山词"休休莫莫，莫更思量著"。黄叔旸词"风流莫莫复休休"。考司空表圣在正贻溪之上结茅屋，命曰休休亭，尝自为亭记。其题休休亭之楹曰："咄喏休休休，莫莫莫。伎俩虽多，性灵恶。"见尤延之《全唐诗话》（清　张德瀛《词征》卷五）

25. 剑怀堂诗草叙（节录）　故开天、元和者，世所分唐宋诗之枢幹也。庐陵、宛陵、东坡、临川、山谷、后山、无咎、文潜、岑、高、杜、韩、刘、白之变化也；简斋、止斋、沧浪、四灵，王、孟、韦、柳之变化也。子孙虽肖祖父，未尝骨肉间一一相似，一一化生，人类之进退由之，况非子孙，奚能刻意蕲肖之耶！（清　陈衍《石遗室文集》卷九）

第六节　陈师道与张耒

一、陈师道与张耒交往系年

宋仁宗皇祐四年壬辰(1052年)

陈师道生,一岁,字履常,一字无己,号后山。陈师道的出生地有两说:一说生于徐州彭城县王乡任化里;一说生于其父任所雍丘(今河南杞县)。其出生年据其《御书记》:"臣生于皇祐四年。"①

皇祐六年、至和元年甲午(1054年)

陈师道三岁。

张耒生,一岁,字文潜,楚州淮阴人。《后涉淮赋序》:"甲寅之秋,自正阳涉淮……,今秋又以事之东海……予生二十有二年。"②甲寅是熙宁七年(1074年),张耒时为临淮主簿,《杞菊赋》谓为"初得官"③。其明年因事到东海,是熙宁八年乙卯(1075年)。由熙宁八年上推二十二年,恰好是皇祐六年、至和元年。故知其生于是年。

哲宗元祐元年丙寅(1086年)

陈师道三十五岁。陈师道少时随父在任所,或雍丘,或沔阳,或开封,或金州。神宗熙宁九年(1076年),父丧,归徐,在家守制三年。元丰四年(1081年)后,又奔走于南北。直至本年,奉母居于京师开封,始与张耒相识。

本年三月,寄书张耒。先,张耒有书寄陈师道《与陈三书》,陈师道为作《答张文潜书》曰:"近者足下来京师,不鄙其愚,辱贶以文",此言相见于京师。文末又云:"春益暄,惟为道重慎",此言识于春时,当在三月间。全书曰:"师道启:近者足下来京师,不鄙其愚,辱贶以文,卒卒一再见,怀不得吐。既别,欲一致问,因以自效,方事之间,竟后足下,大以为恨。及读足下书,乃仆所欲言者。君子之所存,

---

① 陈师道:《后山居士文集》,下册,710—711页,上海,上海古籍出版社,1984。
② 张耒:《张耒集》,上册,11—12页,北京,中华书局,1990。
③ 张耒:《张耒集》,上册,10页,北京,中华书局,1990。

去人不远,惟设之于仆为不当耳。嗟乎!足下诚知我矣,亦既爱之矣,不识足下何从而得之,其得之于人耶?其有以自得之耶?得之于人耶,誉者可信,则毁者又可信矣;有以自得之耶,则仆言未效而迹未接,窃有疑焉。岂足下使人可疑,乃仆之不敏不能不疑耳。古盖有之,目逆而道存,而仆不足当也。以仆之愚,有以知足下,而谓足下何从而得之,仆过矣。夫众言却金,三人成虎。仆惧足下有时不自信而信人,不待人毁而自毁矣。仆以小人之怀为君子之心,则又过矣。然所以言者,虽君子不可不戒也。足下悯仆无以事亲、畜妻子,宜从下科,以幸斗食,疑仆好恶与人异情。足下于仆至矣,仆何以得之,何以受之邪?仆家以仕为业,舍仕则技穷矣,故仆之于仕,如喑者之溺,声气不动而手足乱矣。世徒见其忍而不发,遂以为好恶异人,此殆谈者过情,听者过信耳。虽然,仆病且老矣。目有黑子而昏华,瘭瘰侠于颈领隐起而未溃,气伏于胸腹之间下上不时,痔形于下体者十年矣。志强而形茶,年未既而老及之,足下虽欲进之,而仆不能勉也。闰月甲子,诏以河内公为相,是时自九月不雨,有司传诏未竟而雨,贵贱贤不肖下至房室女子,欢然相庆,天人之意如此。仆方卧,闻之起立,尚可勉耶!足下视此时如何,仆独得不勉耶?羊鼎之侧,饥者吐舌,但未染指耳。足下欲与仆居,将坐仆而沐熏之耶?岂意其逃世而加束缚焉?抑爱之过厚而欲常常见之欤?李耽家于濑乡,庄休老于蒙,田邑之间,复有昔时怀器而隐处者乎?愿一览焉。仆于书如贪者之嗜利,未尝厌其欲也。谯祁氏多书,称号外府,太清老氏之藏室,愿与足下尽心焉。春益暄,惟为道重慎。师道再拜。"①

四月,张耒召试,陈师道作《赠张文潜》,诗曰:"张侯便然腹如鼓,饥雷收声酒如雨。读书不计有余处,尚著我辈千百许。翻湖倒海不作难,将军百战富善贾。弟子不必不如师,欲知其人视其主。秋来待试丞相府,穀马砺兵吾甚武。问周不敌闻其语,一战而霸在此举。百年富贵要自取,入将公卿退尔汝,德如墨君谁敢侮。"诗有陈师道的自注曰:"少公之客也,闻文潜召试。"②

十月,张耒为太学录,晁补之为太学正,两人同荐陈师道为太学录,师道辞不就。魏衍《彭城陈先生集记》曰:"太学又荐其文行,乞为学录。不就。"③师道不就之因,郑骞认为陈师道与张、晁年龄相仿,不愿受其汲引④。

本年,苏轼、苏辙兄弟及黄庭坚、晁补之、张耒均在开封,陈师道与其唱和之作

---

① 陈师道:《后山居士文集》,下册,534—538页,上海,上海古籍出版社,1984。
② 冒广生补笺:《后山诗注补笺》,下册,493页,北京,中华书局,1995。
③ 冒广生补笺:《后山诗注补笺》,上册,4页,北京,中华书局,1995。
④ 郑骞:《陈后山年谱》,74页,台北,联经出版事业公司,1984。

颇多。时张耒与晁补之为馆职,联骑过陈,适师道偶出萧寺,不遇,二人题壁而去。师道谢诗为答。《晁无咎张文潜见过》曰:"白社双林去,高轩二妙来。排门冲鸟雀,挥壁带尘埃。不惮除堂费,深愁载酒回。功名付公等,归路在蓬莱。"诗的首句,陈师道自注曰:"偶出。"次句,任渊注曰:"言晁张见过。"①陈师道的这首诗与杜甫的《范二员外邈、吴十侍御郁特枉驾阙展待,聊寄此》正相类,故宋人罗大经在《鹤林玉露》丙编卷六中把他们相类比曰:"范二员外、吴十侍御访杜少陵于草堂,少陵偶出,不及见,谢以诗云:'暂往比邻去,空闻二妙归。幽栖诚简略,衰白已光辉。野外贫家远,村中好客稀。论文或不愧,重肯款柴扉。'陈后山在京师,张文潜、晁无咎为馆职,联骑过之。后山偶出萧寺,二君题壁而去。后山亦谢以诗云:'白社双林去,高轩二妙来。排门冲鸟雀,挥壁带尘埃。不惮升堂费,深愁载酒回。功名付公等,归路在蓬莱。'杜、陈一时之事相类,二诗蕴藉风流,亦未易可优劣。"②

张耒三十三岁。张耒幼时颖悟,弱冠即中进士(熙宁六年,1073年),遂授临淮主簿(熙宁七年,1074年)。元丰年间(1078—1085),或任寿安尉,或任咸平丞。至本年到京师,召试学士院,擢馆职,为太学录。《宋史》卷四四四《张耒传》曰:"人为太学录,范纯仁以馆阁荐试。"③

在京期间识陈师道。此前,张耒即闻陈师道之名。《与陈三书》即说:"去年始获履常名于友人王子立书中。"④又元丰八年(1085年)冬,苏轼《与张耒书》还把陈师道与张耒等人并提。苏轼曰:"文潜县丞张君足下:久别思仰。到京公私纷然,未暇奉书。……文字之衰,未有如今日者也,其源实出于王氏。……仆老矣,使后生犹得见古人之大全者,正赖黄鲁直、秦少游、晁无咎、陈履常与君等数人耳……"⑤故今年遇陈,已自熟稔。

三月,张耒寄书陈师道即《与陈三书》。此书过去的《张右史文集》失载。邵祖寿的《张文潜先生年谱》即云:"先生原书,本集失载。"⑥今人李逸安等人点校的《张耒集》据吕本补入了此书。又陈师道其上有两兄陈师黯和陈师仲,陈师道排行第三,故张耒称之为陈三。书曰:"履常足下:去年始获履常名于友人王子立书中,

---

① 冒广生补笺:《后山诗注补笺》,上册,33—34页,北京,中华书局,1995。
② 周义敢、周雷编:《张耒资料汇编》,89页,北京,中华书局,2007。
③ 《宋史》卷四四四《张耒传》,见《二十五史》第8册《宋史》下,1486页,上海,上海古籍出版社,1986。
④ 张耒:《张耒集》,下册,848页,北京,中华书局,1990。
⑤ 孔凡礼点校:《苏轼文集》,第4册,1427页,北京,中华书局,1986。
⑥ 张耒:《张耒集》,下册,984页,北京,中华书局,1990。

其后颇见履常诗句文章卓伟过人,上配作者。私自疑念,以谓士之所负如此,非久不闻于世者,何其得知名之晚也。及后见子立,始能一一道履常事,乃知贤公卿已有为履常地者。昨至京师,历游大人先生间,而后知履常焯焯日久,顾仆获知晚耳。耒不幸仰食冗官日久,所见大抵市井厮役贱人也,使吾履常之名何自而到?其晚知履常而不得早从游也,理自宜耳,夫又谁怨?譬如窦穴之物,微景入隙,始知将晨,而不知朝阳之光在物久矣。始王子立为仆说履常不肯应举,年过三十为布衣,囊无副裘,釜无遗粒,履常甘之泰然,如食大烹,被华衮,无一毫悔心。履常能以此胜彼,亦必有谓矣,不然履常岂真好乐贫贱与人异情也哉?在京师时,已略与履常面论此事,颇欲履常稍出应有司之求,似蒙不鄙而受之。夫凡欲履常仕者,岂谓使履常以彼易此也?顾事势与前日所以不欲者似稍异耳。使无失所守而不废得禄以养其亲,是宜履常平日之所欲,不然则是耽守贫贱,与人异情,是于道何所当哉?想既行之矣。仆到陈十日,私干颇已办,只俟一见。沈丘家兄遂赴亳,当在暮春之初。自少无所嗜,独知世间有文字之乐,长年以来谋衣食,逼忧患,耗失过半,今幸得闲官,俸禄可给,朝夕欲屏去百事,复其所志,进其所未能。履常虽奉太夫人于京师,而闻尊兄在侧,无乏养之忧。亳去都五驿,亦能为我一来同乐于寂寞之间耶?昨见京师贤士大夫与履常游者,不啻如或良金宝玉,顾耒之力,安能夺君而私之也?然于事计履常如何耳。春益暄,千万自爱。"①据书内容来看,张耒于去年始知其名;在京师时已与陈师道相过从,所谓"在京师时,已略与履常面论此事";在了解陈师道的为人品格后劝其出仕,所谓"颇欲履常稍出应有司之求";此书当是张耒自京师赴亳州后所寄,所谓"亳去都五驿,亦能为我一来同乐于寂寞之间耶"?何由赴亳而不知,大约赴亳又旋归。从来回书信的内容看,特别是两封书末都有"春益暄"语,故知陈师道的《答张文潜书》即是答张耒的这封书。

四月,诏执政大臣各举文学政事行谊之臣,张耒因范纯仁荐得充馆阁之选。时张耒得陈师道赠诗。如前。

十二月初七日,召试学士院。黄庭坚、晁补之与张耒并擢馆职。

据《长编》卷三百九十三:"试太学录张耒、试太学正晁补之……并为正字。……并以学士院召试充选也。"②又王文诰曰:"毕仲游等九人试学士院,擢仲游为第一,补集贤校理,黄庭坚为校书郎,迁集贤校理、著作佐郎;张耒为太学录,范纯仁荐,召试,迁秘书省正字;晁补之为太学正,李清臣荐,召试,迁秘书省正

---

① 张耒:《张耒集》,下册,848—849页,北京,中华书局,1990。
② 转引自见孔凡礼:《三苏年谱》,第3册,1769页,北京,北京古籍出版社,2004。

字。"①张、晁入馆后,同荐陈师道为太学录。他与晁补之合撰的《太学博士正录荐布衣陈师道状》曰:"窃以朝廷患庠序不本于教,而纠禁是先;学者不根于古,而浮剽是竞,故选置旧学,削去苛规,为之表仪,使有趣向,所以助成风化,实系得人。伏见徐州布衣陈师道,年三十五,孝弟忠信,闻于乡闾。学知圣人之意,文有作者之风。怀其所能,深耻自售,恬淡寡欲,不干有司,随亲京师,身给劳事,蛙生其釜,愠不见色。方朝廷振起滞才,风劝多士,谓如师道一介,亦当褒采不遗,伏睹太学录五员,系差学生。见今有阙。师道虽不在学籍,而经行词艺,宜充此选。某等职预考察,不敢蔽而不陈。伏乞选差师道充太学录。倘不任职,某等同其罪罚。谨具申国子监,乞耆申礼部施行。"②冒笺曰:"此无咎与张文潜合词为之,故文内称某等。"③黄庭坚对张耒、晁补之的举荐甚为推誉,作诗《奉和文潜赠无咎篇末多见及以既见君子云胡不喜为韵》赞曰:"吾友陈师道,抱独门扫轨。晁张作荐书,射雉用一矢。吾闻举逸民,故得天下喜。两公阵堂堂,此士可摩垒。"④

本年,张耒与晁补之共过陈师道宅而未遇,张耒题诗《赠陈履常》曰:"劳苦陈夫子,欣闻病肺苏。席门迁次数,僧米乞时无。旨蓄亲庖急,青钱药裹须。我场方不给,何以絷君驹。"⑤

又《陈履常惠诗,有曾门一老之句。不肖二十五岁,谒见南丰舍人于山阳,始一书而褒与过宜阳有同途至亳之约,未以病不能如期。后八年始遇公于京师,南丰门人惟君一人而已。感旧慨叹,因成鄙句愿勿他示》:"南丰冢木已萧萧,犹有门人守一瓢。文彩自应传壶奥,典刑犹可想风标。纷纷但见侏儒饱,寂寂谁歌隐士招。十载敝冠弹未得,簪缨知复为谁彯。"⑥

郑骞认为:这两首诗"皆本年或稍前后与后山赠答之作"⑦。今据之系于此。

元祐二年丁卯(1087年)

陈师道三十六岁,春,在开封。四月乙巳(二十四日),以苏轼等人荐,除徐州州学教授,旋赴任。时,张耒寄诗《昼卧怀陈三,时陈三卧疾》,陈师道遂作《答张文

---

① 见《张耒集》下册,987页,北京,中华书局,1990。
② 晁补之:《太学博士正录荐布衣陈师道状》,见《全宋文》一二五册,卷二七一四,349页,上海辞书出版社,安徽教育出版社,2006。
③ 冒广生补笺:《后山诗注补笺》,上册,4页,北京,中华书局,1995。
④ 刘尚荣校点:《黄庭坚诗集注》,第1册,159页,北京,中华书局,2003。
⑤ 张耒:《张耒集》,上册,281页,北京,中华书局,1990。
⑥ 张耒:《张耒集》,上册,379页,北京,中华书局,1990。
⑦ 郑骞:《陈后山年谱》,77页,台北,联经出版事业公司,1984。

潜》,诗曰:"我贫无一锥,所向皆四壁。瀛洲足风露,胡不减饥色。昔闻杜氏子,剪髻事尊客。君妇定不然,三梳奉巾栉。"并自注曰:"文潜来诗云:'欲饷子桑归问妇,食箪过午尚悬墙。'"①则诗当是赴徐州教授任前在京之作。

张耒三十四岁,在京师,任秘书省正字。作《昼卧怀陈三,时陈三卧疾》:"睡如饮蜜入蜂房,懒似游丝百尺长。陋巷谁过居士疾,春风正作国人狂。吟诗得瘦由无性,辟谷轻身合有方。欲饷子桑归问妇,一瓢过午尚悬墙。"②

元祐六年辛未(1091年)
陈师道四十岁,于徐州教授任上四年,本年改任颍州教授。十一月,欧阳棐(字叔弼)离颍,陈师道作《送叔弼寄秦张》,诗送欧阳叔弼,而又寄秦观和张耒。诗曰:"庐陵四公子,吾及识其半。叔也英达人,平易亦稍悍。于时吾始壮,败壁不涂墁。孤身客东都,转食诸公馆。时来扣君门,百遍不留难。倾心倒囊笈,燕语彻昏旦。磬折挽为亲,少得而多患。相过汝颍上,岁月不胜叹。君才得公余,十日而十蒇。舌端悬日月,笔下来江汉。此行不寻常,谈者方一贯。逸足宁小试,宝刀当立断。用意不崎岖,欲得志挟弹。目今平生亲,稍作春冰泮。因声督张秦,书来不应缓。"③诗后"因声督张秦,书来不应缓"希望秦观与张耒早寄书来。挂念之情可见。

张耒三十八岁,在京任馆职,为参详官(元祐三年,1088年),集贤校理(元祐五年,1090年),本年十一月除著作郎兼国史院检讨官。得陈师道诗《送叔弼寄秦张》。

哲宗绍圣元年甲戌(1094年)
陈师道四十三岁。自元祐六年(1091年)任颍州教授,本年夏末,罢颍州教授,改监海陵酒税任。本年张耒擢为起居舍人,陈师道作《寄张文潜舍人》,诗曰:"今代张平子,雄深次子长。名高三俊上,官立右螭旁。车笠吾何恨,飞腾子莫量。时平身早达,未要梦凝香。"诗后师道自注曰:"来书云:补郡之乐,发于梦寐。"④"三俊"是指黄庭坚、秦观和晁补之。后张耒改任宣州,陈师道又寄诗《寄张宣州》:"与世情将尽,怀仁老未忘。故人今五马,高处谩三长。诗岂江山助,名成沈

---

① 冒广生补笺:《后山诗注补笺》,上册,50—51页,北京,中华书局,1995。
② 张耒:《张耒集》,上册,381页,北京,中华书局,1990。
③ 冒广生补笺:《后山诗注补笺》,下册,482—483页,北京,中华书局,1995。
④ 冒广生补笺:《后山诗注补笺》,上册,155—156页,北京,中华书局,1995。

鲍行。肯为文俗事,打鸭起鸳鸯。"①

张耒四十一岁。自任馆职,在京八年,由秘书省正字,而著作佐郎、秘书丞、著作郎、史馆检讨。《宋史·张耒传》曰:"居三馆八年,顾义自守,泊如也。"②至本年三四月间,吕大防、范纯仁相继罢相,四月,章惇拜左相,至元符三年九月始罢,独相六年余,对元祐旧人,备极迫害,张耒遭谪,以直龙图阁知润州(今江苏镇江)。是年秋,坐党籍,又解润州任,被命宣州(今安徽宣城),《实录》:"绍圣元年八月,直龙图阁张耒权知宣州。"③遂赴任。当张耒为起居舍人与改任宣州时,陈师道均有寄诗。如前。

绍圣二年乙亥(1095 年)
陈师道四十四岁。早春,先居开封,由监海陵酒税改官江州彭泽县令。三月,奉母携眷往岳父郭概河北东路提刑任所。是月二十九日,行至东阿(今山东东阿),母病卒舟中,以丁忧,未赴彭泽任,而扶柩归徐。

张耒四十二岁,仍在宣州任。闻陈师道为彭泽令,作诗《寄陈履常二首》,其一:"近闻彭泽令,旅饭寄招提。杜老不厌赋,韦郎犹愧妻。得州惭牧养,怀友负招携。只学新诗好,高吟独醉泥。"其二:"故人犹念我,一笑向何人。老去唯佛祖,州闲如隐沦。残年河朔雪,近腊水乡春。何日相逢笑,天边白发新。"④

哲宗元符三年庚辰(1100 年)
陈师道四十九岁,因坐元祐余党,又举非科第,陈师道落职归徐。至本年七月,始除棣州教授(今山东惠民)。十一月,又改除秘书省正字。是年七月,张耒改知兖州(今山东兖州),陈师道遂作诗《寄兖州张龙图文潜二首》,其一:"去国遭前政,还家未白头。百年当晚遇,一辱独先收。齿脱空余舌,颜衰早著秋。三为郡文学,大胜邓元侯。"其二:"剩喜开三面,旋闻乞一州。力难随鸟翼,行复立螭头。今日骐驎阁,当年鹦鹉洲。寄书愁不达,书达得无愁。"⑤

---

① 冒广生补笺:《后山诗注补笺》,上册,163 页,北京,中华书局,1995。
② 《宋史》卷四四四《张耒传》,见《二十五史》第 8 册《宋史》下,1487 页,上海,上海古籍出版社,1986。
③ 转引自邵祖寿:《张文潜先生年谱》,见《张耒集》,下册,999 页,北京,中华书局,1990。
④ 张耒:《张耒集》,上册,367 页,北京,中华书局,1990。
⑤ 冒广生补笺:《后山诗注补笺》,下册,405—406 页,北京,中华书局,1995。

张耒四十七岁。自绍圣元年(1094年)知宣州,绍圣三年(1096年)即罢。其后谪黄州(绍圣四年,1097年),谪复州(元符二年,1099年)。至本年七月,以直龙图知兖州,得陈师道寄诗《寄兖州张龙图二首》。

徽宗建中靖国元年辛巳(1101年)
陈师道五十岁,在京为秘书省正字。十一月二十三日,预郊祀礼,感寒得疾,十二月二十九日卒。

张耒四十八岁。徽宗听政,召为太常少卿,与陈师道同朝。夏,出知颍州。

徽宗政和四年甲午(1114年)
张耒六十一岁。崇宁元年(1102年),复坐党籍落职,贬迁于亳州、房州(崇宁二年,1103年)、黄州(崇宁三年,1104年)、颍州(崇宁五年,1106年),归陈州(大观元年,1107年)。至本年,卒于陈州(今河南淮阳)。

二、陈师道论张耒

陈师道的《后山集》中尚有数首诗及文写到张耒,任渊未注,亦未系年。今据冒广生、冒怀辛的《后山诗注补笺》与《后山居士文集》辑录之。

1.《送李奉议亳州判官四首》其四:"吾友张文潜,君行乃其里。当年钓游处,壮者或可指。闻风起遐想,意作千古士。不知尘土中,奴推婢不齿。胸中无一尘,笔下有百纸。勿问见自知,未语君已喜。与游今已后,行已勿停轨。"

2.《寄文潜无咎少游三学士》:"北来消息不真传,南度相忘更记年。湖海一舟须此老,蓬瀛万丈自飞仙。数临黄卷聊遮眼,稳上青云小著鞭。李杜齐名吾岂敢,晚风无树不鸣蝉。"

3.《贺文潜》:"飞腾无那高詹事,奔轶难甘杜拾遗。释梵不为宁顾计,公侯有命却随宜。且留陈迹来韩愈,不用逢人说项斯。富贵风声真两得,穷人从此不因诗。"

4.《嘲无咎文潜二首》:"诗人要瘦君则肥,便然伟观诗不宜。诗亦于人不相累,黄金九环腰十围。""一机缘我不缘渠,身作贾孟《行诗图》。穷人乃工君未可,早据要路安肩舆。"

5.《答李端叔书》:"两公之门,有客四人,黄鲁直、秦少游、晁无咎,长公之客也;张文潜,少公之客也。仆自念不敢齿四士,而足下遽进仆于两公之间,不亦汰乎?"

三、宋元明清各家论陈、张之关系

宋及金元明清各代均有对陈师道与张耒关系的论述，现据有关资料，选辑若干条，论述相同或相近的只用最早的；文中已用的，不再采录。

1. **答李方叔十七首**（选一首） 比年于稠人中，骤得张、秦、黄、晁及方叔、履常辈，意谓天不爱宝，其获盖未艾也。比来经涉世故，间关四方，更欲求其似，邈不可得。以此知人决不徒出，不有益于今，必有觉于后，决不碌碌与草木同腐也。（宋 苏轼《苏轼文集》卷五十二）

2. **《题苏子由黄楼赋草》** 铭欲顿挫崛奇，赋欲弘丽。故子瞻作诸物铭，光怪百出。子由作赋，纡徐而尽变。二公已老，而秦少游、张文潜、晁无咎、陈无已，方驾于翰墨之场，亦望而可畏者也。（宋 黄庭坚《山谷全书》卷六）

3. **《饮酒二十首同苏翰林先生次韵追和陶渊明》**（录一首） 黄子似渊明，城市亦复真。陈君有道举，化行闾井淳。张侯公瑾流，英思春泉新。高才更难及，淮海一髯秦。嗟予竟何为，十驾睎后尘。文章不急事，用意斯已勤。……（宋 晁补之《鸡肋集》卷四）

4. **诗嘲张文潜** 张文潜在一时中，人物最为魁伟。故陈无已有诗云："张侯便然腹如皷，雷为饥声酒为雨，文云要瘦君则肥。"……皆戏语也。（宋 王直方《王直方诗话》）

5. 昔四明有异僧，身矮而蹯腹，负一布囊，中置百物，于稠人中时倾泻于地，曰："看，看！"人皆目为布袋和尚，然莫能测。临终作偈曰："弥勒真弥勒，分身百千亿；时时识世人，时人总不识。"于是隐囊而化。今世遂塑画其像为弥勒菩萨以事之。张耒文潜学士，人谓其状貌与僧相肖。陈无己诗止云："张侯便然腹如鼓"，至鲁直遂云："形模弥勒一布袋，文字江河万古流。"（宋 庄绰《鸡肋编》卷中）

6. **《呻吟集序》**（节录） 元祐初，异人辈出，盖本朝文物全盛之时也。邢惇夫于是时，以童子游诸公间，为苏东坡之客，黄鲁直、张文潜、秦少游、晁无咎之友，鲜于大受、陈无已、李文叔皆屈辈行与之交。（宋 汪藻《浮溪集》卷十七）

7. **《诗八珍序》** 余年十二三岁时，已不喜为儿曹嬉戏事，闻先子与客论书，常从旁窃听，往往终日不去。是时张文潜为宣守，时时得所为诗，诵之辄喜。自是见俗子诗，必唾而去之不顾也。……绍兴元年春，避地山间，不能尽挈群书以行，携古今诸人诗，惟……张文潜、陈无已……皆适有之，非择而取也。（宋 周紫芝《太仓稊米集》卷五十一）

8. 苕溪渔隐曰："东坡《梅词》云：'花谢酒阑，春到也离离，一点微酸已着枝。'《张右史集》有《梅花十绝》，《后山集》有《梅花七绝》，其无已《七绝》，乃文潜《十绝》中诗,但三绝不是,未知竟谁作者。其间有云:'谁知檀葶香须里,已有调羹一点酸。'用东坡语也。"(宋　胡仔《苕溪渔隐丛话》前集卷二十一)

9. 见季守书　某不佞,少有志于学文,习之不能以有见,盖喟然叹息,以为曾子固、梅圣俞、苏子美尝得见欧阳公,黄鲁直、秦少游、晁无咎、陈无己、张文潜亦及见苏氏兄弟。……皆因其所见,咸各有所得,而吾独不得生乎其时也。(宋　吴儆《竹洲集》附录)

10.《张右史集序》(节录)　予去冬两侍太师公相,论近世中原名士,因及苏门诸君子,自黄豫章、秦少游、陈后山、晁无咎诸文集,皆已次第行世,独宛丘先生张文潜诗文散落,其家子弟死兵火,未有纂萃而诠次之者。(宋　张表臣《东湖丛记》卷一附载)

11. 四客各有所长　子瞻、子由门下客最知名者,黄鲁直、张文潜、晁无咎、秦少游,世谓之四学士。至若陈无己,文行虽高,以晚出东坡门,故不若四人之著。故陈无己作《佛指记》云:"余以辞义,名次四君,而贫于一代",是也。……当时以东坡为长公,子由为少公。陈无己答李端叔云:"苏公之门,有客四人,黄鲁直、秦少游、晁无咎,则长公之客也;张文潜,则少公之客也。"然四客各有所长,鲁直长于诗词,秦、晁长于议论。(宋　吴曾《能改斋漫录》卷十一)

12. 神宗徽猷阁成,告庙祝文,东坡当笔。时黄鲁直、张文潜、晁无咎、陈无己毕集观坡落笔云:"惟我神考,如日在天。"忽外有白事者,坡放笔而出。诸人拟续下句,皆莫测其意所向。顷之坡入,再落笔云:"虽光辉无所不充,而躔次必有所舍。"诸人大服。(宋　杨万里《诚斋诗话》)

13. 画者,文之极也,故古今之人,颇多著意。……本朝文忠献公、三苏父子、两晁兄弟、山谷、后山、宛丘、淮海、月岩,以至漫士、龙眠,或评品精高,或挥染超拔,然则画者,岂独艺之云乎?(宋　邓椿《画继》卷九)

14. 吕氏文鉴　初,欧阳氏以文起,从之者虽众,而尹洙、李觏、王令诸人各自名家。其后王氏犹众,而文学大坏矣。独黄庭坚、秦观、张耒、晁补之始终苏氏,陈师道出于曾而客于苏,苏氏极力援此数人者,以为可及古人世。或未能尽信,然聚群作而验之,自欧、曾、王、苏外非无文人,而其卓然可以名家者,不过此数人而已。(宋　叶适《习学记言》卷四十七)

15. 坡门酬唱集原序　诗人酬唱,盛于元祐间。自鲁直、后山宗主二苏,旁与秦少游、晁无咎、张文潜、李方叔驰骛相先后,萃一时名流,悉出苏公门下。(宋　张叔椿《坡门酬唱集》卷首)

16. 坡门酬唱集引(节录)　绍兴戊寅,浩年未冠,乃何幸得肄业于成均。……念两公之门下士,黄鲁直、秦少游、晁无咎、张文潜、陈无己、李方叔所谓六君子者,凡其片言只字,既皆足以名世,则其平日属和两公之诗,与其自为往复,决非偶然者,因尽摭而录之,曰《苏门酬唱》。……(宋 邹浩《坡门酬唱集》卷首)

17. 陈耆卿筼窗集序　宋东都之文,以欧、苏、曾倡,接之者无咎、无己、文潜,其徒也。(宋　吴子良《筼窗集》卷首)

18. 送俞唯道序(节录)　……大概律诗当专师老杜、黄、陈、简斋,稍宽则梅圣俞,又宽则张文潜,此皆诗之正派也。(元　方回《桐江集》卷一)

19. 读太仓稊米集跋(节录)　周紫芝字少隐,宣城人……其集曰《太仓稊米集》……少隐绍兴元年避地山中,不能尽挈群书,唯有柳子厚、刘梦得、杜牧之、黄鲁直、杜子美、张文潜、陈无己、陈去非八家诗抄,为诗八珍,以谓皆适有之,非择而取。(同上卷三)

20.《瑶池集》　……元祐黄、陈、晁、张、秦少游、李方叔诸公,无一语及之,惟引苏长公软饱黑甜一联及笔头上挽得数万斤语。(同上卷七)

21. 回二十学诗,今七十六矣。七言决不为许浑体,妄希黄、陈、老杜,力不逮则退为白乐天、张文潜体。(同上卷二十七)

22. 唐长孺艺圃小集序(节录)　诗以格高为第一……宋惟欧、梅、黄、陈、苏长翁、张文潜。(同上卷三十三)

23.《和应之盛夏》　冯舒:此诗及下一首似较平淡,然必胜陈。(按:"陈"指陈后山)(同上卷十一夏日类)

24.《昼卧怀陈三,时陈三卧疾》　方回:此以问陈后山疾也。后山答:"尝闻杜氏妇,剪髻事宾客。君妇定不然,三梳奉巾栉"是也。纪昀:第四句不佳,五句"由无性"三字不妥,结却有致。(同上卷四十四疾病类)

25.《苏轼传》　……一时文人如黄庭坚、晁补之、秦观、张耒、陈师道,举世未之识,轼待之如朋俦,未尝以师资自予也。(元　脱脱等《宋史》卷三三八)

26.《西园雅集图》　宋绍兴石林居士叶梦得序,盖元祐诸贤会驸马王诜晋卿西园,李伯时即席中所画也。……黄滔作《述古堂记》,增张文潜、陈无己、晁无咎、李端叔四人。(明　曹安《澜言长语》)

27. 古文类选序　序曰:由宋而来,选者十余家。……陈师道古行艰思,乃甘列于张耒、秦观之班,何处躬之不休乎?(明　崔铣《洹词》卷十一)

28. 宋世人才之盛,亡出庆历、熙宁间,大都尽入欧、苏、王三氏门下。……黄鲁直、秦少游、陈无己、晁无咎、张文潜、唐子西、李方叔、赵德麟、秦少章、毛泽民、苏养直……皆从东坡游者。(明　胡应麟《诗薮·杂编》卷五)

29. 宛丘题跋跋　……陈后山《与李端叔书》云:"黄、晁、秦,则长公客也;张文潜,则少公客也。"二公及三子相继云亡,文潜岿然独存,士人就学者众,分日载

酒肴饮食之,故著作传于世者尤多。(明 毛晋《宛丘题跋》后附)

30. 苏门六君子文萃序 崇祯六年冬,新安胡仲修氏访余苦次,得宋人所辑《苏门六君子文萃》以归,刻之武林。而余为其序曰:六君子者,张耒文潜、秦观少游、陈师道履常、晁补之无咎、黄庭坚鲁直、李廌方叔也。史称黄、张、晁、秦俱游于苏门,天下称为四学士。而此益以陈、李,盖履常元祐初以文忠荐起官,晚欲参诸弟子间;方叔少而求知,事师之勤渠,生死不问,其系于苏门宜也。……自方叔外,五君子皆做党,履常坐越境出见,文潜坐举哀行服,牵连贬谪。其击排苏门之学,可谓至矣。至于今,文忠与六君子之文,如江河之行地。而依附金陵之徒,所谓黄茅白苇者,果安在哉?(清 钱谦益《牧斋初学集》卷二十九)

31. 古今岁时杂咏四十六卷,目录二卷 宋宣献公绶裒集前人岁时篇什,编成二十卷,名曰《岁时杂咏》。绍兴丁卯,眉山蒲积中致穌,又取欧阳、苏、黄、荆公、圣俞、文潜、无己辈流逢时感慨之作,附古诗后,列为今诗,卷次犁然,洵大观也。(清 钱曾《读书敏求记》卷四)

32. 姑溪集(节录) 端叔在苏门,名次六君子,曩毛氏《津逮秘书》中刻其题跋。观全集殊下秦、晁、张、陈远甚,然其题跋自是胜场。(清 王士祯《池北偶谈》卷十七)

33. 敬业堂诗集序(节录) 苏门诸君子与放翁、后山、遗山,皆名节自持,凛凛有国士风,盖有重于诗文者,而诗文益重。(清 王士祯《敬业堂诗集》卷首)

34. 虚谷自言七言决不为"许浑体",妄希黄、陈、老杜,力不逮,则退为白乐天及"张文潜体"。五言慕后山苦心久矣,亦多退为平易,盖其职志如此。(清 翁方纲《石洲诗话》卷五)

35. 予又考文潜所诣,在北宋当属大家,无论非少游、无咎所能,即山谷、后山,亦当放出一头地。盖劲于少游,婉于山谷,腴于后山,精于无咎,苏公以为超越绝群,山谷以为"笔端可以回万牛",诚非虚誉。(清 潘德舆《养一斋诗话》卷六)

36. 宋诗略序汪景龙(节录) ……又若王介甫之峭厉,苏子美之超横,陈去非之宏壮,陈无己之雄肆。苏长公之门有晁、秦、张、王之徒,黄涪翁之派有三洪、二谢……俱宗仰浣花草堂,或得其神髓,或得起皮骨,而原本未尝不同。(清 姚培《宋诗略》卷首)

37. 古今大家,至曹子建始。汉代去古未远,尚无以诗名家之学。……如陈后山、张宛丘、晁冲之、陈简斋等,虽成就家数各异,然皆名家也。(清 朱庭珍《筱园诗话》卷二)

38. 卷一按语 今略区元丰、元祐以前为初宋,由二元尽北宋为盛宋,王、苏、黄、陈、秦、晁、张具在焉。(清 陈衍《宋诗精华录》卷一)

第二章

元代回族诗人萨都剌与徐州

第一节 萨都剌其人

萨都剌是元代著名诗人,也是一位少数民族的优秀诗人。

关于萨都剌的生卒年、家世、族别、籍贯等,学术界迄今无定论,通常的说法是,萨都剌生于1272年,卒于1355年,享年84岁。萨都剌,字天锡,号直斋,回族人。其祖先原为西域色目人,"自其祖思兰不花,父阿鲁赤,世以膂力起家,累著勋伐,受知于世祖。英宗命仗节钺留镇云、代,生君于雁门,故以为雁门人"①。这是其友干文传为其《雁门集》所写的小序中有关他生平的一段文字。在整个元史中,像萨都剌这么有名的诗人却无传,是非常不可思议的事。好在民国时期柯劭忞的《新元史》有《萨都剌传》,其文曰:

> 萨都剌,字天锡,答失蛮氏,后徙居河间。萨都剌本朱氏子,其父养为己出。弱冠,成泰定四年(丁卯,1327年)进士,授应奉翰林文字。擢御史于南台。以弹劾权贵左迁镇江录事司达鲁花赤(按:"达鲁花赤",蒙古语,意即掌印官)。历淮西廉访司经历。至正三年(癸未,1343年),擢江浙行省郎中。迁江南行台侍御史。明年,左迁淮西江北道经历。
>
> 诗才清丽,名冠一时,虞集雅重之。晚年,寓居武林。每风日晴好,辄肩一杖,挂瓢笠,踏芒蹻,凡深岩邃壑,无不穷其幽胜,兴至则发为诗歌。著有《雁门集》八卷、《西湖十景词》一卷。后入方国珍幕府,卒。②

---

① 殷孟伦、朱广祁点校:《雁门集》,401页,上海,上海古籍出版社,1982。
② 柯劭忞撰:线装本《新元史》卷二百三十八·列传第一百三十五《萨都剌传》,北京,中国书店,1985。

其传虽简,且学界亦有歧见,如"入方国珍幕府",但所述生平应大致不差,可补我们所知之缺。

第二节 萨都剌过徐州考

一、萨都剌往返南北与途经徐州的可能

从《萨都剌传》中尚看不出萨都剌与徐州有什么关联。萨都剌的后裔萨龙光编注的《雁门集》于"文宗至顺三年壬申"(1332年)说萨都剌"在翰林国史院,三月出为江南诸道御史台掾史,五月以公事赴北,秋还台"①,并于此年下列出萨都剌经过徐州所写的诗。若果如此,这应是萨都剌最早甚或是第一次到徐州。但在周双利的《萨都剌简谱》、吴文治先生的《中国文学史大事年表》等著作中都未提到。那么,萨都剌到底是什么时候到过徐州,又有几次经过徐州?

据周双利《萨都剌简谱》,萨都剌一生往返南北数次,徐州乃是五省通衢,交通要道,萨都剌经过徐州是肯定的。只是有时留有诗作,有时没有,更有的可能失载。现缕述一下,以见其概。

公元1332年,元文宗至顺三年壬申,萨都剌在翰林国史院任翰林应奉文字。三月出为江南诸道行御史台掾史,五月以公事赴北,秋还台,至金陵。

公元1333年,元顺帝元统元年癸酉,萨都剌在金陵。是岁,曾往上京(今内蒙古自治区多伦西北),迎新任南台御史中丞马伯庸。

公元1334年,元顺帝元统二年甲戌,萨都剌于春夏之交自上京返金陵,八月又北上赴京。

公元1336年,元顺帝至元二年丙子,萨都剌除福建闽海道廉访司知事,于四月自京到闽。此次南行,途经徐州,度淮,临近扬州已是二月。

公元1337年,元顺帝至元三年丁丑,萨都剌迁官出闽北上。

公元1338年,元顺帝至元四年戊寅,萨都剌除燕南河北道廉访司经历,旋改除河南江北道经历。

公元1339年,元顺帝至元五年己卯,萨都剌由河南江北道廉访司经历,知襄阳。

公元1343年,元顺帝至正三年癸未,萨都剌擢江浙行中书省郎中,南下杭州。

---

① 殷孟伦、朱广祁点校:《雁门集》,111页,上海,上海古籍出版社,1982。

公元1349年,元顺帝至正九年己丑,萨都剌以弹劾不法权贵左迁,由宁国北上赴京。

公元1350年,元顺帝至正十年庚寅,萨都剌左迁淮西江北道廉访司经历。

从以上的经历来看,一是萨都剌或由北南下,或由南北上,徐州都应是必经之地。与徐州临近皆为苏北之地的淮安、高邮、扬州等,萨都剌每每经过时都有诗作留存。因而,咏写徐州应该是没有疑问的。二是萨都剌于元顺帝至元四年(1338年)曾任河南江北道经历,而徐州在元时,即属于河南江北道。萨都剌与徐州的交结正在于此。

二、萨都剌经过徐州,可以考定的有两次

一次是在元顺帝至元二年(1336年),还有一次是在元顺帝至正三年(1343年)。

先说第一次。据周双利《萨都剌简谱》,公元1336年,元顺帝至元二年丙子,萨都剌于春天南行入闽,途经徐州①,吴文治先生的《中国文学史大事年表》(中)亦说:"1336年,丙子,春,萨都剌南行入闽,迁闽海福建道(按:应为福建闽海道)肃政廉访司知事。此次南行,经徐州、扬州……等山水壮丽之地,所经各处,均有诗作。"②

但他们虽都提到途经徐州,却未列出诗作。现作考证。

萨都剌有《木兰花慢·彭城怀古》词一首,《彭城杂咏呈廉公亮佥事七首》的诗。在《雁门集》中,词未编年,诗则编在"元文宗至顺三年壬申"(1332年)。这是不对的。诗所呈的对象是廉公亮,即廉惠山海牙,公亮乃是其字。据诗题廉公亮此时的官职是佥事。廉公亮是元代畏兀儿人,布鲁海牙之孙,广德路达鲁花赤阿鲁浑海牙之子,世祖朝平章政事廉希宪(人称廉孟子)之从子。王梅堂的《廉惠山海牙生卒年小考》说:

(廉公亮)在元英宗至治元年(1321)科举考试中考取进士。授承事郎,同知顺州。泰定元年(1324)入史馆,预修英宗、显宗实录。致和元年(1328)六月进秘书监丞。历经监察御史、都水监、都转运使等职。至正三年(1343)召拜侍仪使,至正四年(1344)预修辽金宋三史,迁崇文太监。自后历经河南、湖广、江西、福建行省大丞。至正二十一年(1361)以宣政院使游福州玄沙寺,后拜翰林学士承旨,知制诰兼修国史。③

---

① 周双利:《萨都剌简谱》,143页,北京,中华书局,1993。
② 吴文治:《中国文学史大事年表》,中册,2000页,合肥,黄山书社,1993。
③ 王梅堂:《廉惠山海牙生卒年小考》,《西域研究》2002年第4期。

这是廉公亮的大致简历,但只说他"历经河南、湖广、江西、福建行省大丞",未明说佥事一职。《元史·廉惠山海牙传》则说:廉公亮曾"出佥淮东廉访司事,迁江浙行省左右司员外郎,既而历佥河东、河南、江西廉访司事,升江南行御史台经历"①。这里有佥事一职,且与徐州直接有关。元时,徐州隶属于河南江北道,而廉公亮又恰好曾佥河南廉访司事。因而赵兴勤先生认为,"廉公亮佥河南廉访司事,供职时间当在至元元年前后这一时段"②。所以,他把《木兰花慢·彭城怀古》的写作时间定为至元二年,即1336年,这也恰好与萨都剌此年赴福建闽海道廉访司知事相合。而《彭城杂咏呈廉公亮佥事七首》一诗,赵兴勤认为应是与《木兰花慢·彭城怀古》写于同时的作品。故此,我们推断萨都剌于1336年曾经过徐州。

再说第二次,即公元1343年,元顺帝至正三年癸未。这一次也是由北南下。萨都剌因母丧,丁内艰三年,服阕期满,遂擢为江浙行中书省郎中,于是束装南下,赴任杭州。这次途经徐州,在周双利的《萨都剌简谱》与吴文治先生的《中国文学史大事年表》中均未提到。

萨都剌有一首《沛尉蒋景山沛簿赵伯颜送予金沟月夜别去有怀》的诗,一般不大为人注意,故从未有人对它的作年提出过怀疑。萨龙光编注的《雁门集》也把此诗列在"元文宗至顺三年壬申"(1332年)。这同样是错误的。这首诗写于元顺帝至正三年,即1343年。理由是:文宗至顺三年沛县并无主簿赵伯颜与县尉蒋景山。

据明嘉靖本《沛县志》载:元代沛县设"县官六员:达鲁花赤一员,县尹一员,主簿一员,县尉一员,典史二员"③。到了明代,主簿仍之,县尉则裁。在本志中,没有关于蒋景山、赵伯颜的记载。整个元代主簿只载李伟一人,县尉只载王郁、李茂二人。

---

① 宋濂等撰:《元史》卷一百四十五·列传第三十二《廉惠山海牙传》,3447—3448页,北京,中华书局,1976。
② 赵兴勤:《博大苍凉 激烈深沉——萨都剌〈木兰花慢·彭城怀古〉赏析》,《古典文学知识》2013年第3期。
③ [明]嘉靖本《沛县志》,见《徐州古方志丛书》,第7册,5803页,北京,中华书局,2014。

又据明万历本《沛志》载：至正□年，知县为李旺，主簿为赵伯颜，县尉为蒋景山。其他信息则无①。具体是至正哪一年，惜字不清，难以辨认。

由沛县志可知，《沛尉蒋景山沛簿赵伯颜送予金沟月夜别去有怀》一诗，不是作于"文宗至顺三年壬申"（1332年），而是作于元顺帝至正年间。这样一来前后相差至少十年。

周双利《萨都剌简谱》载：元顺帝至正三年癸未（1343年），萨都剌以六七十岁的高龄擢江浙行中书省郎中，只身赴任杭州②。这次南行，曾经过山东的高唐，有《过高唐》《题高唐驿》，继续南下则经过苏北的淮安、高邮、扬州等地，亦有诗纪行，如《初夏淮安道中》《题界首驿二首》（注：界首镇在高邮州）《大同驿》（注：大同驿在扬州的江都县）等。而徐州正是经行之地，则《沛尉蒋景山沛簿赵伯颜送予金沟月夜别去有怀》是否即作于此时？从其行履来看，大致论定为至正三年，应不会太差。

又据《简谱》，萨都剌于元顺帝至元六年庚辰（1340年）擢为翰林应奉，居于京都，随后即丁内艰而家居三年，服阕期满，即擢江浙行中书省郎中，南行杭州赴任。其后仅顺帝至正九年己丑（1349年）曾赴京，此次北上，似未经苏北，亦无如前之有关苏北的诗。从至正十年庚寅（1350年）左迁淮西江北道廉访司经历，又南行庐州，直至其终年，都在南方，或为官，或居住，或避乱，再未北上③。

故至正三年，一路南行，题诗《沛尉蒋景山沛簿赵伯颜送予金沟月夜别去有怀》，此后再未经过徐州。

以上是可以考定确知的萨都剌过徐州的两次经历。

---

① [明]万历本《沛志》，见《徐州古方志丛书》，第7册，5906页，北京，中华书局，2014。
② 周双利：《萨都剌简谱》，150、151页，北京，中华书局，1993。
③ 周双利：《萨都剌简谱》，149—157页，北京，中华书局，1993。

第三节　萨都剌过徐州诗词作年考

据萨龙光辑《雁门集》载,萨都剌经过江苏徐州时,曾写下了十一首诗词,它们的编次是:《沛尉蒋景山沛簿赵伯颜送予金沟月夜别去有怀》《登歌风台》《过洪》《彭城杂咏呈廉公亮佥事七首》与《木兰花慢·彭城怀古》。除最后一首词未编年外,其他十首诗皆编于"文宗至顺三年壬申",即公元1332年。那么,这些诗词是否都作于至顺三年呢?学界从未提出过疑义。然据沛县志及相关史料,则并非此年所作。现考证如下:

一、《登歌风台》《过洪》与《黄楼歌》

《登歌风台》《过洪》这两首诗,《雁门集》仅编次于至顺三年,没有按语说明。现据今人考证,为重出之诗。段海蓉《萨都剌〈雁门集〉(十四卷本)辨误》一文列出萨都剌作品中有41首为作者重出之诗,其中萨都剌之《登歌风台》,方孝孺有《歌风台》,载《逊志斋集》卷二十四。萨都剌之《过洪》前四句,与鲜于枢的《过桐庐漏港滩示同舟人》前四句相同,其作见《元风雅》卷三,又《元音》卷二。这两首诗仅题、文略有不同,其他皆重①。这样看来,《登歌风台》与《过洪》就不能断定为萨都剌的作品,因而亦无作考的必要。

另,杨光辉的《萨都剌佚作考》从《诗渊》第5册辑得萨都剌的一首七言古风佚诗《黄楼歌》,很是让人兴奋了一阵。全诗如下:

> 长河如带彭城东,乱石矗起百步洪。
> 昔年民歌山鞠丛,孤城汇为河伯宫。
> 城上门门鲸须红,雪堂先生人中龙。
> 惊湍偃受泥丸封,手接赤子鱼腹中。
> 黄楼千尺雉堞雄,危栏画栋光瞳瞳。
> 吹笙伐鼓撞歌钟,先生铿然一枝筇。
> 麾斥八极凌星虹,酒酣以起楚重瞳,为我拔剑舞西风。
> 卵君作歌声摩空,至今读者毛发松。

---

① 段海蓉:《萨都剌〈雁门集〉(十四卷本)辨误》,《新疆大学学报·哲学人文社会科学版》2015年第6期。

百年往事如飞鸿，我独流涕将何从。
孤舟一叶烟濛濛，又送落日沉西峰。

此诗中提到的雪堂先生、卯君二人不知所指，从诗作中亦不能推知其作年。遗憾的是，就在杨文后面的注中，又说："……《黄楼歌》诸诗又见元·陈孚《陈刚中集》(文渊阁四库全书本)卷一，题目及字句略有不同。"①

也就是说，所谓佚作《黄楼歌》也是一首作者重出的诗，尚不能笃定是萨都剌的作品。故仍当除外。

不过，作为一首咏徐州黄楼的诗，在现今的《徐州诗史》《徐州文化大观》《徐州古人咏徐州》、新千年整理全本《徐州府志》等著作中皆未收录，故仍然是非常难得而有价值的。

二、《沛尉蒋景山沛簿赵伯颜送予金沟月夜别去有怀》

关于这首诗，《雁门集》亦未作按语说明，这是一首七绝，诗题提到两个人沛尉蒋景山与沛簿赵伯颜，这是我们考定此诗作年的关键。前已据明嘉靖本《沛县志》与明万历本《沛志》，考定此诗作于元至正三年癸未(1343年)。故此从略。

三、《彭城杂咏呈廉公亮佥事七首》与《木兰花慢·彭城怀古》

《彭城杂咏呈廉公亮佥事七首》是否即作于一时的七首组诗，似亦可怀疑。萨龙光为《雁门集》作注即指出诗题之异：石君惟《彭城杂咏》四字，顾同(指顾嗣立《元诗选》)。至于篇数，萨龙光说：瞿佑《归田诗话》采第三首(即"雪白杨花拍马头")，曹学佺《名胜志》采第三、第四(即"何处春风燕子楼")两首，《渊鉴类函》采第二(即"城下黄河去不回")、第三、第四、第五(即"歌扇摇风噀酒香")共四首，且都题作《彭城杂咏》②。

上述文献皆以《彭城杂咏》为题，且都非七首，独萨龙光辑《雁门集》为七首，题中除同出之"彭城杂咏"，尚有"呈廉公亮佥事七首"。

现姑且以这七首诗是作于同时的组诗，从诗中尚未发现作年的印记，唯诗题透漏了一点信息，即所呈对象是廉公亮。

诗题说廉公亮的官职是佥事。上文已据王梅堂《廉惠山海牙生卒年小考》考定他"历经河南、湖广、江西、福建行省左丞"，又据《元史·廉惠山海牙传》得知廉

---

① 杨光辉：《萨都剌佚作考》，《文献季刊》2003年第3期。
② 殷孟伦、朱广祁校：《雁门集》，114页，上海，上海古籍出版社，1982。

公亮曾"出佥淮东廉访司事,迁江浙行省左右司员外郎,既而历佥河东、河南、江西廉访司事,升江南行御史台经历",根据这里的佥事一职,加上徐州在元时又属于河南江北道,而廉公亮恰好曾佥河南廉访司事,故此,可认定"廉公亮佥河南廉访司事,供职时间当在至元元年前后这一时段"①。

所以,赵兴勤先生把《彭城杂咏呈廉公亮佥事七首》与《木兰花慢·彭城怀古》看作是写于同时的作品,并判定它们的写作时间为至元二年。若果是此年,则至元二年是1336年,与萨都剌此年赴福建闽海道廉访司知事相合。也就是说,《彭城杂咏呈廉公亮佥事七首》与《木兰花慢·彭城怀古》作于同时,即至元二年(1336年),而并非如萨龙光所编之"文宗至顺三年壬申"(1332年)。但赵兴勤先生又认为:"此间,萨都剌曾穿越吕梁洪,到过沛县,又凭吊歌风台,并承蒙沛县县尉蒋景山、主簿赵伯颜款待。"②这就把《沛尉蒋景山沛簿赵伯颜送予金沟月夜别去有怀》一诗也当作是至元二年(1336年)的作品了。虽纠正萨编,然一样是因失考而致误。

四、小结

由上所考,可以得出以下几点结论:

1.《登歌风台》与《过洪》,还有所谓佚作《黄楼歌》,皆为作者重出之诗,若无可靠证据,尚不能断定即为萨都剌之作。故考定作年并无意义。

2.《彭城杂咏呈廉公亮佥事七首》与《木兰花慢·彭城怀古》是写于至元二年(1336年)的作品。

3.《沛尉蒋景山沛簿赵伯颜送予金沟月夜别去有怀》是写于至正三年(1343年)的作品。

萨都剌一生数次往返南北,而至元二年(1336年)与至正三年(1343年)这两次经过徐州,且皆有诗作,大约是可以肯定的。

第四节 萨都剌在徐州诗史上的地位

我们试析萨都剌经徐州所写的最后一首也是不太为人注意的诗《沛尉蒋景山沛

---

① 赵兴勤:《博大苍凉 激烈深沉——萨都剌〈木兰花慢·彭城怀古〉赏析》,《古典文学知识》2013年第3期。

② 赵兴勤:《博大苍凉 激烈深沉——萨都剌〈木兰花慢·彭城怀古〉赏析》,《古典文学知识》2013年第3期。

簿赵伯颜送予金沟月夜别去有怀》,来看看萨都剌的诗艺及在徐州诗史上的地位如何。

这是一首七言绝句：

> 公子将军两少年,绣衣白马杏花天。
> 醉中送客归城暮,回首金沟月满船。

诗的开头两句点题,送行者沛尉蒋景山与沛簿赵伯颜,用"绣衣白马"写出两少年的飒飒英姿,"杏花天"指时令,正当三月。这一句色彩鲜明。后两句写送别,再次点题的后半句。"醉中送客归城暮",可见白天有一场豪欢酣饮,以致送行时尚在醉中。"回首金沟月满船",写出依依别情。人已上船,而两少年犹恋恋不舍,此时月色满船,情也满船。以景结情,余韵袅袅。全诗先写人,后写别,紧扣诗题,以景结情,深得唐人诗味。

萨都剌的诗,人谓诸体皆备,即以写徐州的诗来看,也是有七绝、有古风、有五言、有长调等,而以绝句最有情致。他的《彭城杂咏》之"雪白杨花扑马头"一诗,与其相去不太远的元末明初的瞿佑就特采入《归田诗话》中,并赞其"洒脱可诵"①。其实这首《沛尉蒋景山沛簿赵伯颜送予金沟月夜别去有怀》又何尝不然。元人慕唐,喜爱唐音,萨都剌的诗"最长于情,流丽清婉"(虞集《清江集序》),故有人说他诗"似长吉"(戴良《丁鹤年诗集序》),或说他"善学义山"(顾奎光《元诗选》),或说他"诵法青莲"(胡应麟《诗薮》),都指出他的诗与唐诗的渊源。就连萨都剌也说自己是"诗句尽唐音"(《送金德启之句容》)。那么,《沛尉蒋景山沛簿赵伯颜送予金沟月夜别》这首送别诗不正是有满满的唐音吗?

历史上,任职徐州或流寓彭城的诗人不少,最有名的当然是宋代的苏东坡,他任徐州知州二年,写下了三百余篇诗文,萨都剌于量上虽不可比,但质上似亦不弱。他的《彭城杂咏呈廉公亮金事七首》与《木兰花慢·彭城怀古》都是传世名作,不但可以独步徐州的诗坛,即使放在三千年中国文学史上,也是毫不逊色的。

尤其难得的是,萨都剌是一位少数民族——回族的诗人,在整个徐州诗史上似还未见第二个少数民族的作家像萨都剌那样取得如此突出的成就。一个少数民族的诗人,把他的天才、诗情,毫无保留地洒在了徐州这片山水大地上,为徐州写下了十二首诗词(虽有重出的)。毫无疑问,萨都剌是徐州诗的星空中一颗最为耀眼的明星。作为"有元一代词人之冠"(林人中《雁门全集序》)的萨都剌当然要在徐州诗史上占有一席重要之地。

---

① 殷孟伦、朱广祁点校:《雁门集》,437 页,上海,上海古籍出版社,1982。

第三章

郁达夫与徐州

第一节 千里劳军此一行

1938年4月,徐州会战之台儿庄战役大捷后,郁达夫奉命到徐州慰劳前线将士,时间虽短,仅有半月,但在郁达夫一生中,却是极其重要而光辉的一段历史时期。20世纪20年代,郁达夫被人目为"颓废作家",此后,郁达夫自己也自认"我不是战士,只是作家"。然而,这次到徐州,到主战场的台儿庄视察,亲上前线,"冒烽火炮弹"[1]巡视,又几乎日日遇寇军的狂轰滥炸,在战火的洗礼中,郁达夫蜕变了,成长了,升华了,过去都是穿旧式长衫,而今却"穿起草绿色的军装,热情洋溢地做抗战宣传工作"[2],他不再是"颓废",而是勇敢;不仅是作家,更是战士了。正是这一次的徐州劳军,郁达夫看到了中国必胜的希望,在远赴新加坡后,更加积极地坚定地宣传抗战,不顾毁家之痛,全身心地投入伟大的抗日战争的洪流。

然而,郁达夫徐州劳军的这一段历史,在各种郁达夫年谱或年表中,都所记甚简,而且有误,或相互矛盾。这对了解郁达夫这一段生活,及这一段生活对郁达夫后来思想的影响,都留下了很大的遗憾。因此,本章拟根据盛成的《盛成台儿庄纪事》《盛成回忆录》,以及郁达夫自己的相关诗、文和新发现的信件,以勾勒出郁达夫徐州劳军的活动原貌,及其对郁达夫抗战必胜思想形成之影响。

一、郁达夫年谱(表)所记徐州劳军之简、误与矛盾,并作考辨

王自立、陈子善主编的《郁达夫研究资料》,由天津人民出版社于1982年出

---

[1] 郁达夫:《郁达夫全集》,第7卷,173页,杭州,浙江大学出版社,2007。
[2] 陆诒:《忆郁达夫先生》,见陈子善、王自立编《回忆郁达夫》,330页,长沙,湖南文艺出版社,1986。

版，是新时期出版的最早也是最权威的一部资料，在《郁达夫生平活动大事记》中，关于1938年郁达夫徐州劳军，仅记一句："四月中旬，去台儿庄、徐州等地劳军，并到山东、江苏、河南一带视察战地防务。""五月八日，返回武汉。"①

在1986年两人主编的香港版的《郁达夫研究资料》中，其《郁达夫简谱》则记述为："四月十四日，与作家盛成等一起代表政治部和文协，携带'还我河山'锦旗一面和《告慰台儿庄胜利将士书》万份，去郑州、台儿庄、徐州等地劳军。""五月三日，返回武汉。"②

这两本资料集出自同人之手，第一处所记依据的是郁达夫的《毁家诗纪》之自注③；第二处所记依据的是盛成的《与达夫一起去台儿庄劳军》④。陈子善、王自立二人因主编了《回忆郁达夫》一书，内收盛成的文章，故对前《郁达夫生平活动大事记》略作修订与增补，但返汉的时间两相矛盾。在郁达夫的《毁家诗纪》与盛成的《与达夫一起去台儿庄劳军》中，均未提及劳军后返回武汉的具体时间。

陈其强的《郁达夫年谱》由浙江大学出版社1989年出版。该谱记郁达夫劳军仅一句，且明说是据郁达夫的《毁家诗纪》："中旬，去台儿庄、徐州劳军，在山东、江苏、河南一带视察河防，'冒烽火炮弹，巡视一月之久'。"⑤刘炎生的《郁达夫传》后附《郁达夫年表》记曰："4月中旬，奉命去台儿庄、徐州等地劳军，并到山东、江苏、河南一带视察战地防务。""5月8日，返回武汉。"⑥这与王自立、陈子善主编的第一本《郁达夫研究资料》所记相同。

在郁谱中，唯郭文友的《郁达夫年谱长编》所记略详。在郁达夫徐州劳军这一段中，郭《谱》中记述了4月14日、4月15日、4月22日、4月23日、4月26日、5月3日的活动。如说："四月十四日，受政治部和文协派遣，与作家盛成一起去郑州、台儿庄、徐州劳军。""五月三日，视察结束，返回武汉。"⑦这里所说去的日期与陈、王主编的第二种资料同，而返回武汉的日期则异。郭《谱》的可贵之处是增加了一些辅助的资料，如详引盛成的《与达夫一起去台儿庄劳军》以加强立谱的可靠

---

① 王自立、陈子善：《郁达夫生平活动大事记》，见《郁达夫研究资料》，714页，天津，天津人民出版社，1982。
② 陈子善、王自立：《郁达夫简谱》，见《郁达夫研究资料》，840页，香港，三联书店香港分店，广州，花城出版社，1986。
③ 郁达夫：《郁达夫全集》，第7卷，173页，杭州，浙江大学出版社，2007。
④ 盛成：《与达夫一起去台儿庄劳军》，见陈子善、王自立编《回忆郁达夫》，433页，长沙，湖南文艺出版社，1986。
⑤ 陈其强：《郁达夫年谱》，364页，杭州，浙江大学出版社，1989。
⑥ 刘炎生：《郁达夫年表》，见《郁达夫传》，366页，南昌，百花洲文艺出版社，1996。
⑦ 郭文友：《郁达夫年谱长编》，1513—1514、1517页，成都，四川人民出版社，1996。

性。如4月23日所记郁达夫在徐州花园饭店与美国驻华武官参赞史迪威见面,并同往台儿庄,即依据盛文。然关于去徐劳军的具体日期,盛成的文章明写为"大约是在四月十二三日,我与达夫同车出发"①,而非"4月14日"。其实,即使盛成所记"是在四月十二三日",也并不准确,因这是盛成晚年(1984年)的回忆,记不确切,是可以理解的,盛成先生自己也说是"大约"。

从以上所列年谱与年表,记述郁达夫去徐州劳军与返回武汉的日期,均不太一样。去的日期,或说是4月中旬,或说是四月十二三日、4月14日;返回的日期,或说是5月3日,或说是5月8日,到底准确的日期应是哪一天呢?

据1938年4月18日汉口《新华日报》的《救亡简报》报道:"中华全国文艺界抗敌协会,以最近鲁南大捷,奠定我最后胜利之基础。特派该会理事(十七)晨北上,遄赴台儿庄前线,慰劳英勇抗战将士……"这里明说是十七日。又据郁达夫给王映霞的信说:"十七晨上车,抵郑州已昏夜。"②这是1938年4月19日写的。又说:"来徐州已将四五日"③,这是1938年4月27日写的。这两封信都是写于去劳军期间,故是非常准确的。前说"十七晨上车",是指离武汉的日期,《盛成台儿庄纪事》《盛成回忆录》亦说是4月17日;后说"来徐州已将四五日",是指到达徐州的日期,由4月27日往前推四五日即是4月22日,这与《盛成台儿庄纪事》所记大致是相同的(盛记为4月21日)。由此可知,郁达夫离汉赴徐的日期是4月17日,《救亡简报》、郁达夫、盛成都如是说,而非四月十二三日或4月14日,四月中旬则更不确,中旬指11日至20日,郁达夫劳军则在下旬。至于离徐返汉的日期,郁达夫的诗、文、信皆未提及,只有《盛成台儿庄纪事》有十分明确的交代,是1938年5月4日,而非前面的年谱年表所说的5月3日或5月8日,但这是盛成返汉的日期,而不是郁达夫。据盛成的另一部著作《盛成回忆录》说,郁达夫是5月1日返回武汉的④。由于盛成是与郁达夫"同车出发"去徐州,其《台儿庄纪事》一书又是返回武汉后不久,即1938年5月14日所写,"是一部关于台儿庄战役的原始记录"⑤,所以,其说离汉和到徐的日期,应当是非常准确而可靠的;其《回忆录》说郁达夫是5月1日返汉,我以为也是可信的。因为郁达夫、盛成都说在徐州是半月,

---

① 盛成:《与达夫一起去台儿庄劳军》,见陈子善、王自立编《回忆郁达夫》,435页,长沙,湖南文艺出版社,1986。
② 郁达夫:《郁达夫全集》,第6卷,281页,杭州,浙江大学出版社,2007。
③ 郁达夫:《郁达夫全集》,第6卷,281页,杭州,浙江大学出版社,2007。
④ 盛成:《盛成回忆录》,113页,太原,山西人民出版社,2012。
⑤ 阎纯德:《盛成及〈盛成台儿庄纪事〉》,见《盛成台儿庄纪事》,13页,北京,北京语言大学出版社,2007。

4月17日到5月1日,正好是半个月。若以4月21日到徐州为算,则5月3日或5月8日也大致是半个月,但5月3日或5月8日不是郁达夫返回武汉的日期,也没有这方面的材料做佐证,故我们以为还是取同为当事人的盛成的说法为妥。

二、郁达夫徐州劳军的日程活动

郁达夫徐州劳军,为时半月,其逐日活动是怎样的?这里主要依据《盛成台儿庄纪事》《盛成回忆录》及郁达夫本人的相关诗、文与信件。虽然,郁达夫与盛成同为中华全国文艺界抗敌协会的代表一起去徐州,但郁达夫主要是政治部的代表,盛成则是国际宣传委员会的代表,因而,《盛成台儿庄纪事》所记当然主要是盛成自己的行程与活动,有的与郁达夫相合,则可知郁达夫具体活动的准确日期;有的则只能根据提到的"政治部代表"而进行大致推测;有的仍然付诸阙如,待有新的材料补正。下面按年谱的形式逐日记述,为了能了解郁达夫徐州劳军的全貌,稍稍推前了一些。

一九三八年

3月24日　徐州会战的台儿庄战役打响。

3月27日　中华全国文艺界抗敌协会在武汉成立,郁达夫被推为理事,并担任研究部主任。

> 快开会,一眼看见郁达夫先生。久就听说,他为人最磊落光明,可惜没机会见他一面。赶上去和他握手,果然他是个豪爽的汉子。他非常的自然,非常的大方,不故意的亲热,而确是亲热。
>
> (老舍《文协与会刊》,徐德明编《老舍自述》,湖北人民出版社,2006年,第124页)

4月1日　军事委员会政治部第三厅成立,郭沫若任厅长,郁达夫原拟任第三厅第七处处长,因在福建赶不及而由范寿康担任,郁达夫改任少将设计委员。

4月6日　鲁南台儿庄大捷。

4月7日　发表旧诗《闻鲁南捷报,晋边浙北迭有收获而南京傀儡登场》。

> 大战临城捷讯驰,倭夷一蹶势难支。
> 拼成焦土非无策,痛饮黄龙自有期。
> 晋陕河山连朔漠,东南旗鼓壮偏师。

怜他傀儡登场日,正是斜阳欲坠时。

4月17日　受政治部和文协派遣,携带"还我河山"锦旗一面和《告慰台儿庄胜利将士书》万份,与作家盛成等人一起去郑州、徐州、台儿庄劳军。政治部向他们专门颁发了劳军委任状。

中华全国文艺界抗敌协会,以最近鲁南大捷,奠定我最后胜利之基础。特派该会理事(十七)晨北上,遄赴台儿庄前线,慰劳英勇抗战将士,随行携有"还我河山"锦旗一面,与"告慰台儿庄胜利将士书"万份。

(《救亡简报》载1938年4月18日汉口《新华日报》,转引自张桂兴编撰《老舍年谱》上册,上海文艺出版社,2005年,第240—241页)

十七晨上车,抵郑州已昏夜,有各民众团体来站相迎。……此间有裕丰纱厂,工人男女合计三千余人,此次因战争而失业。工人代表团来请愿,都以愿赴前线,为国效命为言,大约政府当设法施发给养。

(《郁达夫全集》第6卷第281页)

中华全国文艺界抗敌协会及国际宣传委员会为慰劳前线将士特派我为代表出发前方,恰巧军事委员会政治部亦派代表团到前方慰劳,遂与之结伴同行。

四月十七日早七时一刻,乘车由汉口大智门车站出发。……车到郑州,已夜十一点钟。第一战区司令长官部政训处长李师璋上车欢迎政治部代表,站上欢迎者有市民千余人。军乐声中,群众高呼:"欢迎总政治部代表!"……到鑫开旅馆后,接着郑县豫丰和记纱厂工人代表三人来见政治部代表。

(《盛成台儿庄纪事》第17—18页)

4月17日,协会派郁达夫和我先到第一战区郑州。

(《盛成回忆录》第110页)

4月18日　在郑州受到第一战区司令长官程潜的接见,然后向第一战区将士献旗致敬。

昨日(按指4月18日)忙了一天,莅临民众大会,向第×战区司令长官献旗,视察民训政训工作,接见工人代表团,晚上饱啖黄河鲤鱼而睡。

(《郁达夫全集》第 6 卷第 281 页)

4月19日　去黄河南岸劳军,并作诗。

今晨当去黄河南岸劳军,遥瞩倭寇北岸情形,拟向之大呼口号,招反战之日本士兵来归降也。

晚上去徐州,有事请电徐州第五战区司令长官参谋处转政治部慰劳前线战士代表团。

达夫在寓舍书
四月十九日
(《郁达夫全集》第 6 卷第 282 页)

霞:

四月十九日到黄河南岸,题诗五龙顶,归谒虞姬祠,预备他日收复西京时,再来致敬献香。匆匆寄回此邮片,请善藏作永久纪念。

达夫上
(《郁达夫全集》第 6 卷第 282 页)

朝晨一早,自郑州出发,汽车在国道上、大堤上跑了两个多钟头,我们才在沙尘影里,到达了黄河铁桥的南岸下车。

……………

走上了五龙顶,太阳也已经到了中天……弥天满野的沙尘,遮住了我们的望眼……五龙顶殿上的圣帝菩萨,似乎也对我们这一次瞭望的失败,发出了微笑……可是中间有一位不平分子,却愤愤地说:"我们瞭望不成,总也得留个纪念在这里,好于他年收复北平、重经此地时,做个参证。"迫不得已,我就做了他们的书记,在歪诗写得很多的壁上,留下了猪头似的一团墨迹。

千里劳军此一行,戒途计驿慎宵征。
春风渐绿中原土,大纛初明细柳营。
碛里碉壕连作寨,江东子弟妙知兵。
驱车直指彭城道,伫看雄师下两京。

走下山来,重到山脚虞姬庙里去一看,才知道黄河南岸的一个三等邮局,还有一位邮务员在庙里办公。于是乎大家就争买明信片,各写并非必要的信，纷纷闹了一阵，为的是那一个某年某月某日黄河南岸的邮戳，是可以作永久的纪念的。

（郁达夫《黄河南岸》，《郁达夫全集》第3卷第310页）

南岸最高处为五龙顶，上有明碑，郁达夫留诗一首，中有"春风渐绿中原土"之佳句，末句为"伫看雄师下两京"。……回郑州后曾往参观第一战区政训处抗敌画展，地点在陇海花园众乐轩……晚间去陇海大礼堂看第一战区政训处抗敌剧团演出《保卫大河南》。

（《盛成台儿庄纪事》第21页）

4月20日　去徐州。

二十日早乘"蓝钢皮"特快车往第五战区。……车到开封，警报，这是我们路上遇到第一次的警报。月台上有许多救护棚，伤兵过站时在此换药。下午车过砀山站……沿途因须让兵车先过，特快客车，误点甚多。

（《盛成台儿庄纪事》第21—22页）

4月21日　到徐州，住花园饭店。

至二十一日早始抵距徐州十八里之夹河寨。因开车无期，遂下车骑驴，依公路进徐州城……进城住花园饭店。正逢警报，这是到徐州后所遇到的第一次警报。……午后到第五战区司令长官部，敬谒李司令长官。……五时正，见李司令长官，代表中华全国文艺界抗敌协会……向之致敬。……李司令长官……意欲留餐，因有紧急电话到，遂辞出。

（《盛成台儿庄纪事》第21—22页）

抵达徐州的当晚，第五战区司令长官李宗仁先生就热情会见我们，向我们详细介绍了台儿庄战役的经过。在李宗仁倡议下，政治部在徐州组织了一个抗敌动员委员会，由达夫、我、林素园（李宗仁秘书）和著名记者范长江、陆诒等人组成，委员会的章程委托我和达夫负责起草，由我执笔，达夫润色，经李宗仁审定，动员委员会大会通过。当时《大公报》和《新华日报》好像都发表过。……动员委员会举行过多次抗日宣传活动，曾产生较大的影响。

（盛成《与达夫一起去台儿庄劳军》，陈子善、王自立编《回忆郁达夫》第

159

433页）

4月22日　代表政治部向第五战区司令长官献旗。被选为第五战区民众总动员委员会委员。登云龙山，赋诗。

> 二十二日早七时偕政治部代表郁达夫……等往司令长官部献旗。由陈参议江领导，第一，政治部代表献旗，第二，中华全国文艺界抗敌协会献"还我河山"旗，第三，上海文化界国际宣传委员会献"为世界和平而战"旗。……抵寓适逢警报，警报解除后，时已十一点钟，陈参议来导往游徐州名胜云龙山。……回寓午后，林素园先生来约往第五战区民众总动员委员会开设计委员会……晚间赴李司令长官宴。饭后见……台儿庄抗战民族英雄池峰城师长，谈至夜深始散。

（《盛成台儿庄纪事》第23—26页）

> 李司令长官任第五战区民众总动员委员会主任委员。
> 第五战区民众总动员委员会设计委员会委员名册
> 盛成　花园饭店十号　文化组正组长
> 郁达夫　同上

（《盛成台儿庄纪事》第80—82页）

> 《晋谒李长官后，西行道阻，时约同老友陈参议东阜登云龙山避寇警，赋呈德公》
> 　　道阻彭城十日间，郊坰时复一跻攀。
> 　　地连齐鲁频传警，天为云龙别起山。
> 　　壮海风淮如大范，长淮形胜比雄关。
> 　　指挥早定萧曹计，忍使苍生血泪殷。
> 　　　　　　　　　　1938年4月22日　徐州

（《郁达夫全集》第7卷第166页）

4月23日　在徐州致美楼宴请池峰城师长。带美国驻华使馆武官史迪威上校见李宗仁。晚乘车去台儿庄。

> 我们在去台儿庄之前，很希望池师长来替我们上一课台儿庄。所以三个

<<< 第三章 郁达夫与徐州

团体代表们决定公宴池师长于徐州致美楼。二十三日警报解除后时已正午，三团体代表慰劳池师长并请林素园、刘汉川、郑天民、包华国、黄冈仇、郁达夫、谢冰莹、陆诒、苏芗雨等作陪。……晚间，池师长回宴代表……大家又谈了许多台儿庄的情况；屈处长并且代我们画了一幅地图。九时因需乘车前往台儿庄遂暂时握别。……我们排队上车站……过天桥，车已进站，……登车，解开带来的行李就睡，打算直睡到台儿庄。

(《盛成台儿庄纪事》第26—43页)

从台儿庄回来的第三天(此处有误——引者按)，我们在徐州的花园饭店前面的一家叫作致美楼的饭馆子楼上吃午饭。
…………
那一天同我们吃饭的有一位是在孙仿鲁总指挥麾下的池师长峰城，他所告诉我们的，就是……应募的志愿者，有四十七位之多。……忽然寒水里爬上了一位五十岁左右的乡下的农妇……据她的报告，……池师长令救护队把她送上了后方去后，就依她的话，下令改短了大炮的射程。不出十几发的试射，果然爆炸声和火光将这农妇的报告证实了。"这真是我们老圣女祥，大克了，我们要恭祝她的健康！"我们同志中间的一位盛成先生，在飞机警报戒除的声里，就举起了他那只小小的高粱酒杯。

(郁达夫《在警报声里》，《郁达夫全集》第3卷第346—348页)
(辩：此处郁达夫说是"从台儿庄回来的第三天"，不确，应是记错了。当以盛成所记为准。又，戒除当为解除。)

台儿庄大捷名震中外，当时美国驻华武官史迪威上校也在徐州。……他也住在花园饭店……当时由于几个意大利记者到前线窃取军事情报，政治部遂给各战区司令长官下达一道密令，禁止所有外国人到前线去，史迪威到徐州后也被阻止了。我听了这件事后，觉得非同小可，马上找达夫商量，达夫也认为这是一个极重要的情况，当即拉着我去见李宗仁，向他反映史迪威的要求，李宗仁听到史迪威到了徐州，十分高兴，说："我们正需要美国人，你们赶快去约他来！"于是，我们下午邀请史迪威一起到长官公署去见李宗仁，李宗仁设宴款待史迪威……饭后双方会谈，谈得很融洽，很深入，一直到深夜一二点才散。最后，李宗仁问史迪威有什么要求，史答曰想去台儿庄，李一口答应。因为政治部代表达夫在场，达夫不表示反对，就等于代表政治部破例同意了。所以，史迪威能到台儿庄，达夫之功实不可没。

（盛成《与达夫一起去台儿庄劳军》，陈子善、王自立编《回忆郁达夫》第434页）

4月24日　到台儿庄献旗，慰问将士。

二十四日清晨，车停在赵墩……七时，车向临枣台赵支线北开，隐约闻炮声。过宿羊山站，炮声清晰。至车辐小站，炮声隆隆……日将午到杨楼司令部……由杨楼乘车往于军部，见于学忠将军……再回到孙军部，见孙连仲将军……辞别了出来，时间已是下午三时半了……即到台儿庄南火车站……进台儿庄西门，堵塞一半，城外桥已塞断，卫兵守着城门，我们将慰劳品，散在他们的手中，一张中华全国文艺界抗敌协会告诸位同志书，他们念得很起劲……四时三十分，我们大踏步进了西门，眼前一幅焦土抗战的画图……回到东岳庙后身，政治部代表团正由庙内断壁处，瞭望外面，一呼百应，遂结队同出西关乘孙军部大汽车经由北站回车辐山车站。

（《盛成台儿庄纪事》第44—49页）

李宗仁为我们安排好一切，在第五战区一位陈姓副官的陪同下，达夫、史迪威和我三人一起到了台儿庄。……我们在车站上合影留念后直接驱车去台儿庄，受到台儿庄驻军负责人第三十一师师长池峰城的热烈欢迎，我们向英勇的台儿庄将士敬献了"还我河山"锦旗。……视察结束后，三人一起到孙连仲的司令部休息，第二天返回徐州。

（盛成《与达夫一起去台儿庄劳军》，陈子善、王自立编《回忆郁达夫》第434—435页）

4月25日　由台儿庄乘车回徐州。

二十五日清晨车停车辐山，因无轨道，不能开回赵墩。……下车先行，结果行仅十里又回车一齐南去，十二点到宿羊山，下午二时抵赵墩，因需让军车先开，专车夹在五十辆空车之内同回徐州，五时，车无路签由大许家开出，……当晚遂无回徐州之望。

（《盛成台儿庄纪事》第50页）

4月26日　返回徐州，仍住花园饭店。

> 二十六日清晨，车抵徐州，仍回花园饭店。稍休息后，即往司令长官部敬谒白副参谋总长，面呈文艺界抗敌协会名誉理事的公函，代表慰劳并致最敬礼。……因其公事太忙，遂请见司令长官，报告去台儿庄经过。李德公坚示坚守徐州，他极有把握。午间政治部代表团公宴陈参议。
>
> (《盛成台儿庄纪事》第50—51页)

4月27日 致信王映霞，告以来徐州的情况及行踪。

> 霞：
> 来徐州已将四五日，前两天去了中国打倭寇划一时代的台儿庄。历访了于总司令学忠、孙总司令连仲等前线将士，总算是经过了敌人炮火下的一条血路。头上的炮火，时常飞来。轰隆隆的重炮声，不断地打着。还有飞机（敌机）的飞来飞去，麦田里躲避，也不知躲避了多少次，前线的将士，真能够拼命，我们扼守着台儿庄东南，扼守着郯城、临沂、峄县、邳县等地的血肉长城，不管他炮火轰得如何厉害，总是屹然不动，使倭寇无法可施。等炮火一停，或倭寇看见了之后，就冲出战壕来杀敌，砍，放机枪步枪。倭寇有的是炮火，我们有的是勇气。倭寇在这拐角形的线上，一天平均总要死二三千人，伤者倍此。我们的伤亡，也差不多和他们一样。可是照此样子，维持一月两月，在我们是并不要紧，而倭寇却就为难。所以我们下了死守徐州的决心。
> 本来打算上山东曹县去一走，但因时间不许可，对于那一线的将士，只能遥致敬意与慰劳，拟于今晚动身到开封去。
> 在开封顶多只住一两日，然后就往郑州回武昌。四过信阳，当下车去潢川一看青年干部在那里训练的情形，到家当在五月初旬。
> 先告行踪，然后再祝你们全家的康健。
>
> 达夫手书
四月廿七日
>
> (《郁达夫全集》第6卷第282—283页)

4月28日 参加徐州文化人在奎光阁宴谈。

> 二十八日晨八时敌机三十二架飞徐狂炸……下午六时由司令长官部之夏秘书次叔、晁秘书庆昌约徐州文化人在奎光阁宴谈。我谨将徐州动员日报

的记载转录于下。

一个划期的文化人座谈会

五战区文化运动的基础将由此建立起来

（本报特写）今天是自抗战以来，敌机轰炸徐州最疯狂，投弹最多的一天。就在这个下午，十几个留在这里的文化人，在奎光阁举行了一个极严肃的座谈会。……六点半钟，被邀请者……到齐了，一共是十五位：……郁达夫……………

最后，大家请郁达夫先生发表这次来前方观战的感想，他说：五战区军纪好，军民合作，一切皆生气勃勃。必能阻止敌人打通津浦的企图。我方士兵抗战情绪极高，毫无畏惧的心理，反之日军则异常厌战怯战，从曹聚仁先生那里看到一本日本军官的日记，是一个彻底法西斯蒂参加"二二六"事变的青年将校所遗失的。内容记载非常强硬顽固，但是他写的"这次调为守备军，总算有了回家的希望"这么一句，却无形中暴露了他怕死的心理。

郁先生的话说完后，已经是十一点钟了，大家很严肃而愉快地离开了奎光阁。

四月二十八日二十四时

（中华民国二十七年四月二十九日《动员日报》第四版）

（《盛成台儿庄纪事》第51—55页）

5月1日　返回武汉。

我们在武汉时（此有误，应该是徐州——引者按），从济南来了一帮人，要组织"中国文化界抗敌协会徐州分会"。他们来找我，要做我们"全国文艺界抗敌协会"徐州分会。我提出你们是"文化界"，我们是"文艺界"，前提不同。当时我是协会组织部成员，郁达夫不是协会常务理事，也不负责组织工作。济南那些人见同我谈不成，便去找郁达夫，郁达夫答应了。结果他们定在"五四"这天开成立大会，李宗仁见势头不对，便让我负责处理此事。郁达夫也感到情况不妙，便于5月1日回到武汉。老舍、老向等到站接他，当时记者问到我，郁达夫说我要等"五四"开大会后才回来。结果汉口的报纸都登了这则消息。

（《盛成回忆录》第112—113页）

三、郁达夫徐州劳军的功绩与影响

郁达夫5月1日回武汉,盛成也于5月4日回武汉。"回到武汉后",盛成回忆说:"我俩合作了一份很长的工作报告,我们根据自己在台儿庄的所见所闻,认为中国必胜,日本必败。报告分别送交政治部、文协和国际宣传委员会等部门备案。"①

这次短暂的半月劳军,对郁达夫思想的影响是极其巨大而深刻的,那就是坚定了抗战必胜的信念。郁达夫自己即说:"老实地说吧,我来到鲁南战地去之先,对于最后胜利必属我的这句口号,是有七八分怀疑的。在徐州住上半月,这怀疑便减少了四分,上湘西各地去一看,这怀疑又减少了二分,等在武汉外围的左右翼走了一圈之后,这怀疑却完全去尽了。现在的我,当然是百分之百的必胜论者。"②1938年底,郁达夫远赴新加坡,从事抗战宣传工作,写作了大量的政论与杂文,在所有这些文章中都贯穿了"抗战必胜"的思想,而这一中心思想也使郁达夫一直坚持到1945年,我国抗战的全面胜利。不幸的是,郁达夫已经看到了胜利的曙光,却被日本宪兵暗杀,成为抗日战争中最后一个殉国的文化战士。

至于这次徐州劳军的功绩,就是促成了美国驻华武官史迪威的台儿庄之行。"由于史迪威此行掌握了大量的第一手材料,他写成的军事实况,得以用事实证明中国必胜,日本必败。这个外国人写的这篇关于台儿庄的详细报告,送到美国最重要的军事杂志上发表后,在美国政府和军方中引起很大反响,促使他们重新考虑改变对华观望的政策,决定援助中国。"这一点,现在已为许多文章与郁达夫的传记作品所写到。盛成先生接着说:"因为史迪威要求我们保密,所以我们回到武汉没有把此事写在工作报告中。达夫在一九三九年写《在警报声中》一文,对此仍只字未提。"③虽然,在工作报告中,在郁达夫的文章中未提,我们从其后郁达夫的一些文章中,仍然隐约看到这次偕史迪威到前线考察的影响。如:"经济战,则我们有英美的后援。"④又如:"现在,则大家也都已经知道,英美两国,同时同样的对

---

① 盛成:《与达夫一起去台儿庄劳军》,见陈子善、王自立编《回忆郁达夫》,435页,长沙,湖南文艺出版社,1986。
② 郁达夫:《必胜的信念》,见《郁达夫全集》第3卷,337页,杭州,浙江大学出版社,2007。
③ 盛成:《与达夫一起去台儿庄劳军》,见陈子善、王自立编《回忆郁达夫》,436页,长沙,湖南文艺出版社,1986。
④ 郁达夫:《星华茶业工友互助社开幕词》,见《郁达夫全集》第9卷,29页,杭州,浙江大学出版社,2007。

我有积极的援助了。"①再如:"去年年底一亿二千万美金,和伦敦二千五百万镑的借款……这一笔存款,我们现在只用去了十分之三……"②到抗战中后期的1941年,当美国派军事代表团来华时,郁达夫论及它的意义时说:"关于对中国之援助,罗大总统与丘吉尔首相在海上会商时,亦经通盘规划,英美两国,对于援助中国抗战,今后只会加强,决不至于放松。"③

从这些文字中,可以看出,郁达夫是肯定知道了史迪威送交美国政府的台儿庄考察报告,并且也可能看到了史迪威的这篇发表在美国军事杂志上的报告(因为郁达夫后期写作中有许多篇关于中日与二战时的精辟的军事分析的文章,说明他是非常关注战时的国际形势与军事的)。所以,他虽然并不提与史迪威一起去台儿庄考察,这首先是为了遵守诺言,以保护史迪威(因为史迪威单身潜往徐州,乃私自行动),但他在心里是知道这笔美国的经济援助是怎么一回事的。有人说:若没有郁达夫,美国的经援可能还要晚一些,这个判断应是不差的。所以,"我们不应忘记达夫的功绩"④。

第二节　郁达夫写徐州的诗

徐州作为一座历史文化名城,当然与历史文化名人是分不开的。郁达夫就是中国现代文学史上著名的作家、诗人。易君左这样称赞郁达夫,说"他是一个人才,一个天才和一个仙才……李太白以后隔了一千多年,才生出一个黄仲则,黄仲则以后又隔了几百年才生出一个郁达夫"。就是这个"数百世而不可一见"⑤的郁达夫与徐州却有着很深的关系。他曾两过徐州,一住花园(饭店),写下许多抗战诗文。这些既是郁达夫个人的重要著作,也是他留给徐州人民的一笔值得珍视的宝贵财富。

---

① 郁达夫:《读〈毛拉在中国〉》,见《郁达夫全集》第9卷,34页,杭州,浙江大学出版社,2007。
② 郁达夫:《抗战两年来敌我之经济与政治》,见《郁达夫全集》第9卷,98—99页,杭州,浙江大学出版社,2007。
③ 郁达夫:《美派军事代表团来华的意义》,见《郁达夫全集》第9卷,379页,杭州,浙江大学出版社,2007。
④ 盛成:《与达夫一起去台儿庄劳军》,见陈子善、王自立编《回忆郁达夫》,433页,长沙,湖南文艺出版社年版,1986。
⑤ 易君左:《海角新春忆故人——记郁达夫和王映霞》,见郭文友著《郁达夫年谱长编》,1541页,成都,四川文艺出版社,1996。

一、过徐州

郁达夫于1913年去日本留学,在日本第八高等学校学医,后转文科。1919年6月毕业,遂应其长兄郁华之召,回国参加外交官和高等文官考试。就在这一年,国内爆发了五四运动。"一战"结束后,在巴黎和会上,中国北京政府提出取消"二十一条",归还山东,取消列强在华特权等要求,不仅遭到美英法意日等国的否决,甚而把战败国德国在中国山东的侵略特权转让日本,遂激起中国人民一场伟大的反帝爱国运动。时在日本的郁达夫听到这一消息后,在日记中写道:"……山东半岛又被日人窃去,故国日削,予复何颜再生于斯世!今与日人约:二十年后必须还我河山,否则予将哭诉秦廷求报复也!"(1919年5月5日)"……国耻纪念日也。章宗祥被殴死矣。午前摄影做纪念,以后当每年于此日留写真一张。"(1919年5月7日)①就是在这一大背景下,郁达夫返国应考的。郁达夫成为一名文学家,那是以后的事,他当时在日本学的专业则是法律科的政治学。日记中所表现出来的强烈的爱国激情,专业又是与济世救国有关的政治,那么,他的回国参加外交官和高等文官考试乃是再自然不过的事了。郁达夫觉得,当此国难之日正是报国之时。遂整装买舟,九月回国。到家(浙江富阳)小住,即乘车进京,七绝《过徐州》就是他进京途中于9月22日车上所作:

  红羊劫后几经秋,沙草牛羊各带愁。
  独倚车窗看古垒,夕阳影里过徐州。

诗写出了郁达夫为国难而忧的感情。1919年是农历丁未年,按五行的说法,丁为火,色赤,未属羊,丁未年是国家多发灾难之年,故称红羊劫。日记中所说"山东半岛又被日人窃去","国耻纪念日",即"红羊劫"之谓。1918年,郁达夫的《题写真答荃君三首》之二亦曾用此典:"乱世何人识典谟,遗民终老作奚奴。荒坟不用冬青志,此是红羊劫岁图。"1918年是丙午年,古人亦以之为灾年。故一典之用,可见郁达夫忧国之深。1894年,即郁达夫所说的"悲剧的出生"(1896年)的前三年,甲午海战,中国败于日本,今山东半岛又窃于日本,真是国耻不断,国难连连,已"几经秋"了。独倚车窗,看黄沙漠漠,草见牛羊(化用古诗"风吹草低见牛羊"句),断垣古垒,残阳如血。徐州这个历史上的古战场,楚霸王的古城都,在郁达夫的心里,在这个时当23岁尚是热血青年的心里该是多么的难忘。夕辉余照中,郁

---

① 郁达夫:《郁达夫全集》,第5卷,13页,杭州,浙江大学出版社,2007。

达夫怀着古垒雄起楚王心而别徐赴京了。然而两试落第,给郁达夫以沉重打击。满腔热血,付之东流。报国无门,而有垓下之悲。他在日记中写道:"庸人之碌碌者,反登台省;品学兼优者被黜而亡!世事如斯,余亦安能得志乎!余闻此次之失败因无人为之关说。夫考试而必欲人之关说,是无人关说之应试者无可为力矣!取士之谓何?"(1919年9月26日)①又在家信中说:"文(郁达夫,名文,字达夫,以字行——引者注)少时曾负才名,自望亦颇不薄,今则一败涂地,见弃于国君,见弃于同胞矣,伤心哉!伤心哉!"(《致孙荃书》1919年11月29日)②前记述落第之因("无人关说"),实千古才人之悲;后信写见弃之伤,也是千古英雄同悼之情。后来所作《己未秋,应外交官试被斥,仓促东行,返国不知当在何日》一诗,不禁怜起前不久过徐州时,他想到的"古垒"边的那个垓下失败的英雄楚霸王来。"江上芙蓉惨遇霜,有人兰佩祝东皇。狱中钝剑光千丈,垓下雄歌泣数行。燕雀岂知鸿鹄志,凤凰终惜羽毛伤!明朝挂席扶桑去,回首中原事渺茫。"③郁达夫对这个建都彭城又在徐州展开壮丽生命史的悲剧英雄楚霸王多有同情,曾自拟项羽,如1917年的《西归杂咏》之十:"去国今年刚四岁,离家当日是初秋。项王心事何人会,泣上天涯万里舟。"原诗注是"出乡时本拟业毕始归,今日之归实非本意也",这是说他自己尚未毕业,功业未就,即回国奉母命定亲,实在不是本意。后来他在1918年阴历四月十九日给孙荃的信中说得更明白:"……布衣返里,未免为父老所笑。去年归时,曾有诗云,盖谓此也。"④这里所说的诗即指上面的这首"项王心事何人会",据此可知郁达夫当时回归的心情,与项王在垓下的兵败而仍不肯回江东,羞见江东父老时的心情有些相同,故感叹无人理会他的"项王心事"。现在他又再引项羽为同调,然并不慕其乌江自刎。他觉得羽毛虽伤,而鸿鹄志存;虽国家前途渺茫,还是在"歌泣数行"之后,再提光耀千丈之剑,"挂席扶桑"而去,虽然"返国不知当在何日",然"项王心事"并不在远,十年之后,郁达夫北上,又再过徐州:

秋雨秋风遍地愁,戒严声里过徐州。
黄河偷渡天将晚,又见清流下浊流。

---

① 郁达夫:《郁达夫全集》,第5卷,13页,杭州,浙江大学出版社,2007。
② 郭文友:《郁达夫年谱长编》,310页,成都,四川文艺出版社,1996。
③ 郁达夫:《郁达夫全集》,第7卷,91页,杭州,浙江大学出版社,2007。
④ 周艾文、于听编:《郁达夫诗词抄》,34页,杭州,浙江人民出版社,1981。

此诗写于1931年的深秋,与第一次过徐州同样是在秋天,不同的是那时郁达夫还是一个未出校门的学生,而此时,郁达夫早于1922年从日本东京帝大毕业回国从事文学创作活动,已是名闻海内外的作家了。1919年的过徐州,是在山东被日窃,国难深重的"红羊劫后",而1931年的再过徐州,国事又如何呢?那就是震惊中外的"九一八"事变的爆发,又是日本侵占了我国的东三省,而蒋介石政府采取不抵抗政策,全国一片反帝抗日之声。正可与"五四"相呼应。郁达夫对时局是怎样认识的呢?他在11月22日日记中写道:"自九月十八日,日军无理侵占东三省后,迄今已将两个半月,然而国际联盟一筹莫展。"但是中国的广大民众却"因日帝国主义者强占满洲,一步不让,弄得中国上下,举国若狂。然预料此事必无好结果,因中央政府早与日帝国主义者签有密约也"。尽管如此,郁达夫还是坚信,"无产者的专政不到,帝国主义是无从打倒的"[1]。他并在左联的外围刊物《文艺新闻》的"文艺界的观察与意见"栏内发表《军阀的阴谋,消灭异己的政策》[2]对中央政府加以揭露,同时他还加入了周建人、胡愈之等组织的上海文化界反帝抗日大联盟,投身实际的抗日活动。当此之时,郁达夫由沪入京,他把这次北上称之为"北征",是有深意存焉的。此时,日本不仅占领了东三省,又直逼北京。郁达夫的北上当然是有非常危险的,故称之为"北征"。从《过徐州》诗中也可看出,临近北京的徐州已是一片紧张的"戒严声"了,而情势则是"秋雨秋风",既是实景,不又是战时实况的写照吗?在这里他化用秋瑾的"秋雨秋风愁煞人"句,来表达他心里顿然而生的忧愁。前过徐州,已尝愁味("沙草牛羊各带愁");此番再过,仍不离愁,然愁都不是一己私人之愁,而是为国家忧,为民族愁。徐州已经戒严,黄河渡口封锁,战局吃紧,已不能像上次那样的尚能依窗而望沙草牛羊,古垒残堡,只能向晚"偷渡","又见清流下浊流",过徐入京了。

　　郁达夫的两过徐州,时令上都是在秋天的傍晚,时局上也都是国家多难之秋,每一过,他都留诗而记,是非同寻常的。看来在郁达夫的心目中,徐州不仅是一个历史文化悠久的名城,它还是中国的重镇,是战略要地,交通枢纽,与国家的命脉有关。前过单见古垒,多少还有点发思古之幽情,而今日北征则已闻"戒严声"了。前过只觉"中原事渺茫",如今眼前却是"秋雨秋风遍地愁"了。国事日非,国难日亟,郁达夫于十余年前所发誓言,"今与日人约:二十年后必须还我河山",看来他是一定要在徐州为国家干一番大事了。果然,7年后,1938年的4月,郁达夫真的来到徐州,不是前两番的匆匆而过,而是进住徐州了。

---

[1] 郭文友:《郁达夫年谱长编》,1016页,成都,四川文艺出版社,1996。
[2] 郁达夫:《郁达夫全集》,第8卷,51页,杭州,浙江大学出版社,2007。

二、住徐州

　　1937年,七七事变后,中国进入全面抗日战争。1938年3月,以徐州为中心的"徐州会战"取得了台儿庄大捷的辉煌胜利,中国军队歼灭日本板垣、矶谷两个精锐兵团一万余人,打破了日本皇军不可战胜的神话,极大地鼓舞了中国人民抗日必胜的信心。当时在武汉任政治部第三厅少将设计委员的郁达夫,受命到徐州前线劳军。4月17日,郁达夫与作家盛成等一起代表政治部和文协(中华全国文艺界抗战协会的简称),携带《还我河山》锦旗一面和《告台儿庄胜利将士书》万余份,由武汉经郑州一路巡防视察来到徐州,下榻徐州著名的花园饭店,并在此与美国将军史迪威秘密接触,成就了当时还不为郁达夫所知的对中国抗战在日后产生重大影响的国际(美国)援助。

　　郁达夫这次住徐州前后半月,有如下几事可述:一是举行抗日宣传活动。郁达夫所在的政治部第三厅本就是专负责宣传的,周恩来任副部长,郭沫若任厅长,郁达夫就在他们的领导下开展工作。这次到了徐州,郁达夫仍不忘自己的职责。在第五战区司令长官、"徐州会战"总指挥李宗仁倡议下,郁达夫代表政治部在徐州组织了一个抗敌动员委员会,由郁达夫、盛成、李宗仁秘书林素园、著名记者范长江、陆诒等人组成,委员会的章程委托郁达夫和盛成起草,盛成执笔,郁达夫加以润色,经李宗仁审定后,动员委员会大会通过。此章程在当时的《大公报》和《新华日报》上发表。在这个委员会的名义下,郁达夫就在徐州他曾两过未下的这块土地上,和大家一起开展了多次抗日宣传活动,为徐州的抗战史添写了壮丽的一笔。

　　二是会见美国将军史迪威。郁达夫与盛成一行来到徐州后入住花园饭店,恰好时任美国驻华武官参赞史迪威上校也下榻于此,与盛成住前后院,仅一墙之隔,当两人在散步时偶然相遇。史迪威早在1911年还是一个28岁的年轻中尉时就已来到中国,一住20多年,对中国的情况非常了解,可谓是个"中国通"。作为一名在华的情报官员,史迪威在中国一直是受美国陆军军事情报处节制,又和自己的顶头上司麦凯布上校经常吵架,麦凯布不准他擅自行动,指责他乱花经费,以致史迪威气愤得想要退役。1938年1月,史迪威经过反复要求,终于冲破封锁,第一次获准到外地去,先去兰州是奉陆军部的命令,但单身来徐州则是擅自行动。他也是因台儿庄大捷为中国军队的胜利而兴奋,想去前线台儿庄看看,但被阻止。原因是当时有几个意大利记者到前线窃取军事情报,政治部遂给各战区司令长官下达一道命令,禁止所有外国人到前线去。盛成知道后,立即找郁达夫商量,郁达夫认为这是一个极重要的情况,当即拉着盛成去见李宗仁,向他反映史迪威的要求。李宗仁对这位美国人的到来很高兴,说:"我们正需要美国人,你们赶快去约他来!"于是,郁达夫与盛成即于当天下午邀请史迪威到了也是在花园饭店的李宗仁的长官公署兼"徐州会战"的总指挥部去见李宗仁。李设宴款待史迪威后,双方进行会谈,一直到深夜一二点才散。据盛成回忆说:"最后,李宗仁问史迪威有什么要求,史答想去台儿庄,李一口答应,因为政治部代表达夫在场,达夫不表示反对,就等于代表政治部破例同意了。所以,史迪威能到台儿庄,达夫之功实不可没。"①史迪威进入台儿庄亲眼看见了中国军队恶战 17 天,使日军伤亡一万六千人,损失坦克 40 辆,装甲车 70 辆,机动车 100 辆,还有许多大炮和其他武器。取得如此的战绩,证明中国军队是有很强战斗力的。史迪威撰写了一份对美国的报告,并根据李宗仁的建议希望美国政府给中国经济援助,以购买作战物资。1938 年 8 月 30 日,美国财政部代表洛辛·巴克听取了史迪威的报告,把意见转呈财政部长摩根索,12 月,美国政府通过进出口银行,安排给予中国贷款两千五百万美元。从此,美国开始了大规模的经济援华,使中国人民取得抗日战争的胜利有了一定的经济保障。所有这一切,是当时的郁达夫所并不知道的,却又是与郁达夫有关系的。

如果郁达夫作为政治部的代表墨守政治部的一切外国人不得到前线的禁令,而拒绝了史迪威,那么美国的经济援华就有可能晚一段时间甚至没有。因美国的国务卿赫尔是要求美国保持中立,反对援华的;而史迪威则可能因擅自来徐而被革职或早早退役,永远和后来成为"中国战区盟军参谋长""中国远征军司令"美国 4 星级上将这种显赫的军衔无缘了。(参见罗以民《天涯孤舟——郁达夫传》第四章第五节"以笔作战")可以说,是郁达夫成就了史迪威,也为他自己的这趟徐州劳军写下了浓墨重彩的一笔。因史迪威这次单身潜往台儿庄是擅自行动,所以,他要求郁达夫为他保密,郁达夫也信守诺言,在回武汉向政治部、文协、国际宣传委员会等部门所写的工作报告中,未提此事,就是 1939 年写的《在警报声里》一文,也对此只字不提。时隔近半个世纪后,盛成先生才披露了此事:"达夫和史迪威、李宗仁诸位均已谢世,我作为还健在的慰劳人,有责任把这件事公之于世。我们不应该忘记达夫的功劳,也不应该忽略了史迪威将军。"②

三是前线劳军。郁达夫此次徐州之行的主要任务就是到台儿庄去慰问那些

---

① 盛成:《与达夫一起去台儿庄劳军》,见陈子善、王自立编《回忆郁达夫》,434 页,长沙,湖南文艺出版社,1986。

② 盛成:《与达夫一起去台儿庄劳军》,见陈子善、王自立编《回忆郁达夫》,436 页,长沙,湖南文艺出版社,1986。

奋勇杀敌取得大捷的前线将士。4月24日,郁达夫、盛成还有获得批准的史迪威将军一行三人由徐州乘车到达战地台儿庄,受到台儿庄驻军负责人第三十一师师长池峰城的热烈欢迎。郁达夫和盛成向英勇的台儿庄将士敬献了"还我河山"锦旗。十余年前,郁达夫与日人约,二十年后必须还我河山,现在,已由他亲手把"还我河山"锦旗送给从日人手中夺回河山的将士们,他的心情应是非常激动的,用他所崇尚的岳飞的一句"壮怀激烈"似可形容之。郁达夫还对从徐州的丰县、沛县、萧县、砀山县(后两县当时亦属徐州)征来的新兵非常赞赏,称其中四十七义士不愧为大汉的"沛公子弟兵"。

四是登云龙山。郁达夫一生好游,足迹遍南北,海外有游踪,履痕处处,闽游滴沥,随时随处都写下了妙绝一时、脍炙人口的游记。但这次徐州之行,却并非是来探幽访胜以作抒怀述志的记游之文。虽然徐州历史文化悠久,名胜古迹众多,秋风戏马,云龙放鹤,东坡石,燕子楼,郁达夫早系之于心,欲萦之于笔,然劳军政务,事关重大,抗敌宣传,为己之职。虽驻节花园饭店,而谋事在此,足不过远,台儿庄一劳即回。所以,郁达夫在徐州虽有半月之久,却仅有一次登临城郊的云龙山,而且还是为了避寇警。郁达夫的《在警报声里》一文就记下了当时敌机轰炸的情形:"从台儿庄回来的第三天,我们在徐州的花园饭店……敌机日日来炸,十字路口的那一个警报钟楼,忙得像似圣诞节前夜的教堂里的悬钟。"[1]就在去台儿庄前不久的4月22日,郁达夫写下了一首七律,《晋谒李长官后,西行道阻,时约同老友陈参议东皋登云龙山避寇警,赋呈德公》:

道阻彭城十日间,郊垌时复一跻攀。
地连齐鲁频传警,天为云龙别起山。
壮海风怀如大范,长淮形胜比雄关。
指挥早定萧曹计,忍使苍生血泪殷。

此诗首联写因欲西行而道阻,为避寇警才有暇而登郊野的云龙山。颔联写登临送目,远眺四周,徐州地理的险要与云龙山的壮观。颈联借景抒怀,以"壮海""长淮"隐含泛称"淮海"的徐州,意谓要像北宋范仲淹抵御西夏入侵一样,使淮海形胜,势如雄关,敌寇难犯。尾联赞扬李宗仁指挥若定,取得台(儿庄)战大捷,而使天下百姓不再受日寇焚掠之苦。诗写于警报声中,融时势于写景之中,词甚雄壮,境甚开阔,而立意更是崇高伟大,实非自有咏云龙山以来一般写景之作可比。

---

[1] 郁达夫:《在警报声里》,见《郁达夫全集》第3卷,346页,杭州,浙江大学出版社,2007。

172

三、写徐州

郁达夫在徐州,除写下了上面这首的"登云龙山"外,尚有许多诗文。与他一起来徐的盛成即说,"这次到台儿庄前后约半个月的时间,我和郁达夫朝夕相处,亲密共事,十分愉快。在此期间,郁达夫每有所感就即兴挥毫,写下了不少好诗,遗憾的是,我未能保存下来。"①虽如此我们从他的《全集》中还是能看到一些有关徐州的作品。如诗有收在《毁家诗纪》中的第五首:"千里劳军此一行,计程戒驿慎宵征。春风渐绿中原土,大纛初明细柳营。碛里碉壕连作寨,江东子弟妙知兵。驱车直指彭城道,伫看雄师复两京。"第六首:"水井沟头血战酣,台儿庄外夕阳昙。平原立马凝眸处,忽报奇师捷邳郯。"诗后注曰:"四月中,去徐州劳军,并视察河防,在山东、江苏、河南一带,冒烽火炮弹,巡视至一月之久。"又第十一首:"戎马间关为国谋,南登太姥北徐州。荔枝初熟梅妃里,春水方生燕子楼。绝少闲情怜姹女,满怀遗憾看吴钩。闺中日课阴符读,要使红颜识楚仇。"这是借台儿庄之战告诫妻子王映霞要关心时事的。文章则有《战时的文艺作家》(1938.4.15)《平汉陇海津浦的一带》(1938.5.4)《黄河南岸》(1938.5.23),前引"千里劳军此一行"诗即出于这篇文章中。还有身已在新加坡而写于1939年4月25日的《在警报声里》,则是他对一年前台儿庄劳军的真实记录,写他与池峰城英雄师长的相见,赞扬了那四十七个义士的大汉"沛公子弟兵"。这些诗文都将载入徐州的文学史册,成为一笔不朽的文学遗产。

综观郁达夫的两过徐州与一住徐州,都与反帝抗日有关,前后相接整20年,又正与郁达夫早年所发宏誓相当。20年前,"今与日人约:二十年后必须还我河山。"恰好20年后,郁达夫把"还我河山"的锦旗敬献给英雄们。郁达夫后来远渡南洋在新加坡继续从事抗日救亡活动,并撰写了大量政论文章,也还多次提到徐州。1945年8月29日,郁达夫在日本帝国主义投降后15天被日本宪兵杀害于武吉丁宜附近的丹戎革岱。郁达夫一生反帝反日本法西斯主义,最终成为一名伟大的抗日民族英雄。而他在徐州所做的光辉业绩,将为徐州人民永远铭记;徐州也为有这样一位伟大的作家、伟大的战士所歌咏过而永远感到自豪。

---

① 盛成:《与达夫一起去台儿庄劳军》,载陈子善、王自立编《回忆郁达夫》,435页,长沙,湖南文艺出版社,1986。

第四章

盛成与徐州

第一节 "徐州真不愧为东方马德里"

他是一名辛亥童子军;
他是"五四"工运的领袖;
他是新文学史上以一本书而轰动全球的中国作家;
他是"法国荣誉军团骑士勋章"的获得者;
他就是抗战时期的《徐州慰劳报告》作者
——盛成!

一、盛成与其徐州劳军

盛成(1899.2.6—1996.12.26),字成中,江苏仪征人。13岁即参加辛亥革命,被誉为"辛亥三童子"之一,获得孙中山的嘉奖与勉励。五四运动时,盛成是长辛店京汉铁路工会"救国十人团联合会"会长,与周恩来、许德珩等学生领袖结为战友。运动过后,盛成赴法勤工俭学,于1928年以法语出版自传体小说《我的母亲》而名动欧陆,获得了广泛赞誉,并被翻译成英、德、西、荷、希伯来等十六种文字在世界各地出版发行。20世纪30年代初回国,正是"国难当头"之时,盛成即投笔从戎,担任十九路军政治部主任。七七事变后,中国的抗日战争全面爆发。1938年4月,徐州会战之台儿庄战役大捷,盛成作为中华全国文艺界抗敌协会和国际宣传委员会的代表与郁达夫一起到徐州劳军,深入前线,报道战况,留下了《徐州慰劳报告》的最原始、最直接、最翔实的记录,而载入抗日战争史和徐州文化史。战后,盛成于1947年底到台湾任教,后又去法国,在外羁留了31年,直到改革开放的1978年才实现了他的"归一"思想——回归祖国,任北京语言大学一级教授,从事教学与研究。1985年,法国的密特朗总统为表彰他对中法文化交流的杰出贡献而授予他"法国荣誉军团骑士勋章",是中国继巴金之后的第二人。盛成虽成名甚早,且与政界、军界、教育界、学术界、文化界的名人多有交往,是中国现代著名的作家、翻译家、诗人、学者、教授,只因在海外羁久,晚年埋首书斋,故不大为人所知。尤其是他在徐州的一段经历,更鲜为一般徐州人所了解。今年是台儿庄大捷80周年,徐州是当年徐州会战的中枢神经,盛成在台儿庄大捷后到徐州劳军之举,及其《徐州慰劳报告》,毫无疑问当载入徐州的历史,并应为徐州人民所永记。

二、盛成徐州劳军实录

盛成在徐州十余天,期间又亲到前线台儿庄,冒敌机轰炸的危险,用笔记录下了徐州劳军的全过程,让我们看到了一幅全景的真实的画卷。即使在今天,读着他的《徐州慰劳报告》,仍感到震撼与悸动。现据《盛成台儿庄纪事》《盛成回忆录》等相关资料,用年表的形式以勾勒盛成徐州劳军之行的全过程。

一九三七年

8月14日　出任国际宣传委员会总干事。

　　一天,胡愈之来我家找我,说宋子文要见我。在约好的那天,他陪我去见宋子文,预备成立一个民间性质的国际宣传委员会,让我出任总干事,会长由蔡元培担任,副会长由陈光甫(当时上海银行董事长)担任,宋子文自己做顾问。胡愈之做总务组主任,王炳南做副主任。委员会属于上海各界救亡联合会,经费独立。

　　…………

　　"八一三"一开火,8月14日委员会就成立了。

(《盛成回忆录》第105—106页)

一九三八年

3月27日　担任中华全国文艺界抗敌协会总务与常务理事。

　　一九三八年三月二十七日,中华全国文艺界抗敌协会在武汉成立,达夫和我都被选为常务理事。

　　(盛成《与达夫一起去台儿庄劳军》,陈子善、王自立编《回忆郁达夫》第432—433页)

协会的章程由我起草。协会最初由我和老舍两人任总务,胡风任编辑组组长。2月27日,协会在汉口江汉路江海厅召开了成立大会。老舍念中文宣言,我念法文宣言。我正念时,日本飞机来了,我们决定继续开会。轰炸时,我的声音越来越高。大会选举了理事45名,候补理事25名。理事中,老舍得票最多,我是第13名。周扬在候补理事中得票第一。理事中我又被选为常务理事。(按:2月27日应为3月27日)

(《盛成回忆录》第109—110页)

4月6日　台儿庄大捷。

4月17日　受中华全国文艺界抗敌协会和国际宣传委员会派遣,携带"还我河山"锦旗一面和《告慰台儿庄胜利将士书》万份,与作家郁达夫等人一起去郑州、徐州、台儿庄劳军。政治部向他们专门颁发了劳军委任状。

中华全国文艺界抗敌协会,以最近鲁南大捷,奠定我最后胜利之基础。特派该会理事(十七)晨北上,遄赴台儿庄前线,慰劳英勇抗战将士,随行携有"还我河山"锦旗一面,与《告慰台儿庄胜利将士书》万份。

(《救亡简报》载1938年4月18日汉口《新华日报》,转引自张桂兴编撰《老舍年谱》上册,第240—241页)

中华全国文艺界抗敌协会及国际宣传委员会为慰劳前线将士特派我为代表出发前方,恰巧军事委员会政治部亦派代表团到前方慰劳,遂与之结伴同行。

四月十七日早七时一刻,乘车由汉口大智门车站出发。……车到郑州,已夜十一点钟。第一战区司令长官部政训处长李师璋上车欢迎政治部代表,站上欢迎者有市民千余人。……我随着代表团下榻于鑫开饭店。

(《盛成台儿庄纪事》第17—18页)

4月17日,协会派郁达夫和我先到第一战区郑州。

(《盛成回忆录》第110页)

4月18日　在郑州受到第一战区司令长官程潜的接见。访友。

我们先到郑州，住了一天，第一战区司令长官程潜先生会见了我们，我们向第一战区将士献旗致敬。

（盛成《与达夫一起去台儿庄劳军》，陈子善、王自立编《回忆郁达夫》第433页）

十八日晨我到平汉战区司令部访旧日老同志陈世芳，得悉此番作战，铁路员工尽力不小，兵车来去绝不误点，可称得起神速。……中午李处长在豫顺楼宴政治部代表，我亦附在后面。……下午民众大会，本约定去说话，我在旅社睡午觉，他们也不曾来惊醒我，误了事啦。……晚间平汉路老同事约我去吃饭……饭后，他们陪我上车站，正遇汉军卢部兵车经过……我当年服务平汉路的时候，内战中兵车进站，过了一点多钟车绝不能出站呢！

（《盛成台儿庄纪事》第18—21页）

4月19日　往黄河南岸参观。看抗敌画展。观剧《保卫大河南》。

十九日早偕代表团往黄河沿岸参观，乘车到大堤，守军并无书读，也没有报纸看；……长三公里许的黄河铁桥，现已炸毁。……铁路工人搬运铁轨，既闲散而又紧张，他们不怕对岸敌人的炮火。……回郑州后曾往参观第一战区政训处抗敌画展，地点在陇海花园众乐轩，……晚间去陇海大礼堂看第一战区政训处抗敌剧团演出《保卫大河南》。

（《盛成台儿庄纪事》第21页）

4月20日　去徐州。

二十日早乘"蓝钢皮"特快车往第五战区。……车到开封，警报，这是我们路上遇到第一次的警报。月台上有许多救护棚，伤兵过站时在此换药。下午车过砀山站……沿途因须让兵车先过，特快客车，误点甚多。

（《盛成台儿庄纪事》第21—22页）

20日左右，我们从郑州乘车到了徐州。

（《盛成回忆录》第110页）

4月21日　到徐州，住花园饭店。

至二十一日早始抵距徐州十八里之夹河寨。因开车无期，遂下车骑驴，依公路进徐州城……进城住花园饭店。正逢警报，这是到徐州后所遇到的第一次警报。……午后到第五战区司令长官部，敬谒李司令长官。……五时正，见李司令长官，代表中华全国文艺界抗敌协会及上海文化界国际宣传委员会向之致敬。……李司令长官……意欲留餐，因有紧急电话到，遂辞出。

（《盛成台儿庄纪事》第21—22页）

　　抵达徐州的当晚，第五战区司令长官李宗仁先生就热情会见我们，向我们详细介绍了台儿庄战役的经过。在李宗仁倡议下，政治部在徐州组织了一个抗敌动员委员会，由达夫、我、林素园（李宗仁秘书）和著名记者范长江、陆诒等人组成，委员会的章程委托我和达夫负责起草，由我执笔，达夫润色，经李宗仁审定，动员委员会大会通过。当时《大公报》和《新华日报》好像都发表过。……动员委员会举行过多次抗日宣传活动，曾产生较大的影响。

（盛成《与达夫一起去台儿庄劳军》，陈子善、王自立编《回忆郁达夫》第433页）

　　4月22日　代表文协和国际宣传委员会向第五战区司令长官献旗。避寇警登云龙山。

　　二十二日早七时偕政治部代表郁达夫……等往司令长官部献旗。由陈参议江领导，第一，政治部代表献旗，第二，中华全国文艺界抗敌协会献"还我河山"旗，第三，上海文化界国际宣传委员会献"为世界和平而战"旗。……抵寓适逢警报，警报解除后，时已十一点钟，陈参议来导往游徐州名胜云龙山。……回寓午后，林素园先生来约往第五战区民众总动员委员会开设计委员会……结果请我担任他们的设计委员并担任文化组组长的名义。晚间赴李司令长官宴。饭后见……台儿庄抗战民族英雄池峰城师长，谈至夜深始散。

（《盛成台儿庄纪事》第23—26页）

　　第五战区民众总动员委员会设计委员会第四次会议记录
　　　　时间：二十七年四月二十二日下午三时
　　　　地点：民众总动员委员会会议室

出席者:盛成(列席)
　　…………
　　本会各组正副组长如何推定案
　　盛成为文化设计组组长

(《盛成台儿庄纪事》第109—110页)

　　4月23日　在徐州致美楼宴请31师池峰城师长。带美国驻华武官参赞史迪威上校见李宗仁。晚乘车去台儿庄。

　　我们在去台儿庄之前,很希望池师长来替我们上一课台儿庄。所以三个团体代表们决定公宴池师长于徐州致美楼。二十三日警报解除后时已正午,三团体代表慰劳池师长并请林素园、刘汉川、郑天民、包华国、黄冈仇、郁达夫、谢冰莹、陆诒、苏芗雨等作陪。……饭后,偕包华国先生往游徐州快哉亭公园,池塘尚在。城郭依然……晚间,池师长回宴代表……大家又谈了许多台儿庄的情况;屈处长并且代我们画了一幅地图。九时因需乘车前往台儿庄遂暂时握别。……我们排队上车站……过天桥,车已进站……登车,解开带来的行李就睡,打算直睡到台儿庄。

(《盛成台儿庄纪事》第26—43页)

　　台儿庄大捷名震中外,当时美国驻华武官史迪威上校也在徐州。……他也住在花园饭店,我住前院,他住后院,房间只一墙之隔。我俩在散步时偶然相遇,他是中国通,中国话讲得很好,他知道我是《我的母亲》的作者,又用法语同我交谈。原来,当时由于几个意大利记者到前线窃取军事情报,政治部遂给各战区司令长官下达一道密令,禁止所有外国人到前线去,史迪威到徐州后也被阻止了。我听了这件事后,觉得非同小可,马上找达夫商量,达夫也认为这是一个极重要的情况,当即拉着我去见李宗仁,向他反映史迪威的要求,李宗仁听到史迪威到了徐州,十分高兴,说:"我们正需要美国人,你们赶快去约他来!"于是,我们下午邀请史迪威一起到长官公署去见李宗仁,李宗仁设宴款待史迪威……饭后双方会谈,谈得很融洽,很深入,一直到深夜一二点才散。最后,李宗仁问史迪威有什么要求,史答曰想去台儿庄,李一口答应。因为政治部代表达夫在场,达夫不表示反对,就等于代表政治部破例同意了。所以,史迪威能到台儿庄,达夫之功实不可没。

　　(盛成《与达夫一起去台儿庄劳军》,陈子善、王自立编《回忆郁达夫》第

179

434 页）

早上起来时……看见一个外国人走来走去。忽然他停了下来，用法文对我说："你是不是《我的母亲》的作者？"我惊讶地问："你怎么知道？"他说他听说的。我问他如何称呼，他说他是史迪威上校，是使馆的武官。我们坐下交谈，我意识到这是一个重要的时机。当时，因为意大利新闻记者在前线拍了情报送回去被我们发现，政治部下令外国记者不得去前线。所以，史迪威来了好久，一直待在旅馆动弹不得。……我想，我们现在正需要美国，这是一个大好机会。我约他下午四点在此处再见。回去后，我立刻到第五战区司令部找到李宗仁，讲了情况，李宗仁十分高兴，让我赶快带史迪威来。因为我不是政治部的，便去找郁达夫，让他同我一起带史迪威去见李宗仁。见面后，李宗仁请我们吃饭，我因已约好晚上十点去台儿庄，就推辞了。

（《盛成回忆录》第 110—111 页）

（辩：盛成的这两处回忆略有出入，一说"饭后双方会谈，谈得很融洽，很深入，一直到深夜一二点才散"，一说"见面后，李宗仁请我们吃饭，我因已约好晚上十点去台儿庄，就推辞了"。在前引《盛成台儿庄纪事》中也说是晚上九时乘车前往台儿庄，故当以此说为准。）

4月24日　到台儿庄献旗，慰问将士。

二十四日清晨，车停在赵墩……七时，车向临枣台赵支线北开，隐约闻炮声。过宿羊山站，炮声清晰。至车辐小站，炮声隆隆，……日将午到杨楼司令部，休息吃茶，见合众社记者白德恩氏。……由杨楼乘车往于军部，见于学忠将军，……再回到孙军部，见孙连仲将军……辞别了出来，时间已是下午三时半了……即到台儿庄南火车站……进台儿庄西门，堵塞一半，城外桥已塞断，卫兵守着城门，我们将慰劳品，散在他们的手中，一张中华全国文艺界抗敌协会告诸位同志书，他们念得很起劲……四时三十分，我们大踏步进了西门，眼前一幅焦土抗战的画图……回到东岳庙后身，政治部代表团正由庙内断壁处，瞭望外面，一呼百应，遂结队同出西关乘孙军部大汽车经由北站回车辐山车站。

（《盛成台儿庄纪事》第 44—49 页）

李宗仁为我们安排好一切，在第五战区一位陈姓副官的陪同下，达夫、史迪威和我三人一起到了台儿庄。……我们在车站上合影留念后直接驱车去台儿庄,受到台儿庄驻军负责人第三十一师师长池峰城的热烈欢迎,我们向英勇的台儿庄将士敬献了"还我河山"锦旗。……史迪威在视察时,每事必问,对台儿庄战役的经过情形,李宗仁新军的组成和战斗能力等,都作了详细的调查。……视察结束后,三人一起到孙连仲的司令部休息,第二天返回徐州。

(盛成《与达夫一起去台儿庄劳军》,陈子善、王自立编《回忆郁达夫》第434—435页)

第二天早上十点,我在前线孙连仲司令部见到了史迪威。史很感谢我。他说,吃过饭后,李长官打电话联络好了一切。

(《盛成回忆录》第111页)

(辩:盛成的这几段记述有出入,前段为当时所记,后两处的回忆又不一致。录以备考。)

4月25日　由台儿庄乘车回徐州。

二十五日清晨车停车辐山,因无轨道,不能开回赵墩。……下车先行,结果行仅十里又回车一齐南去,十二点到宿羊山,下午二时抵赵墩,因需让军车先开,专车夹在五十辆空车之内同回徐州,五时,车无路签由大许家开出,……当晚遂无回徐州之望。

(《盛成台儿庄纪事》第50页)

4月26日　返回徐州,仍住花园饭店。作《台儿庄歌》。

二十六日清晨,车抵徐州,仍回花园饭店。稍休息后,即往司令长官部敬谒白副参谋总长,面呈文艺界抗敌协会名誉理事的公函,代表慰劳并致最敬礼。……因其公事太忙,遂请见司令长官,报告去台儿庄经过。李德公坚示坚守徐州,他极有把握。午间政治部代表团公宴陈参议。

(《盛成台儿庄纪事》第50—51页)

中华民族起来了,台儿庄变成一片瓦砾场!日本帝国主义打倒了,烧杀伤兵变成白骨灰飞扬。……中华民族起来了……最后胜利最后胜利属我中华,四万万人只一心,我从台儿庄归来更自信,我从台儿庄归来静候最后之捷

181

音。四月二十六日

(《盛成台儿庄纪事》第106—107页)

4月28日　参加徐州文化人在奎光阁宴谈。

二十八日晨八时敌机三十二架飞徐狂炸……下午六时由司令长官部之夏秘书次叔、晁秘书庆昌约徐州文化人在奎光阁宴谈。我谨将徐州动员日报的记载转录于下：

一个划期的文化人座谈会

五战区文化运动的基础将由此建立起来

（本报特写）今天是自抗战以来，敌机轰炸徐州最疯狂，投弹最多的一天。就在这个下午，十几个留在这里的文化人，在奎光阁举行了一个极严肃的座谈会。……六点半钟，被邀请者……到齐了，一共是十五位：……郁达夫……盛成……

夏次叔先生以主人的地位，简单说明了这次邀集的意义，接着便请盛成先生报告武汉方面文化人最近的活跃姿态。盛先生是一位负盛名的文艺作家，他说的每一句话都生动而有力。在报告全国文艺界抗敌协会的中间，他说："国内的文艺作者素来党派成见门户成见非常之深……预料在大会中一定要打破头的，然而结果我的预料完全错了。……大会中是充满了融和的团结的空气。"

………

盛成先生对大家的意见，感觉极浓厚的兴趣。他接着肯定地说：第二期抗战与第一期中文化人的作风完全不同，过去大家还是偶然地接触，现在是有意识地团结，现在不是"你"或"我"，而是"我们"。任何人对任何人都不许算旧账。全国文化人现在熔化在武汉这个大火炉里面。私人的恩怨已经绝对不存在了。后方的文化人的看法与愿望与前方各位的看法与希望，完全是不谋而合的。前后方的文化人之工作统一的形成，不久就会实现。中华民族的新文化，是非诞生不可的。

最后，大家请郁达夫先生发表这次来前方观战的感想……郁先生的话说完后，已经是十一点钟了，大家很严肃而愉快地离开了奎光阁。

四月二十八日二十四时

（中华民国二十七年四月二十九日《动员日报》第四版）

(《盛成台儿庄纪事》第51—55页)

4月29日　再登云龙山。欢宴外国记者。

　　四月二十九日上午,偕友人往游云龙山,午后见刘守中先生,下午四时,陪美国驻华大使馆参赞史迪威去见池峰城师长,史氏对于池将军的勇敢善战称赞不已。晚六时代表国际宣传委员会,欢宴塔斯社记者谷礼冰斯基……德国记者江毕德等十余人。他们对于我鲁南的战绩的批评,中国已因抗战而起重大的转变,新中国之产生已在酝酿,并已发现端倪。……晚间陪他们到中正堂去看抗敌剧团之公演……

(《盛成台儿庄纪事》第62—63页)

4月30日　参加战地记者会议。

　　三十日,上午九时,中国青年记者学会徐州分会筹备会在云龙山下一家风凉的茶楼上,聚集一批战地记者开会,一个战地座谈会……人人笑容满面,对于敌机的空袭,似与他们无关,并决定五四纪念日召开成立大会。……下午六时我偕苏芗雨欢宴司令长官部及动员委员会诸负责人员。

(《盛成台儿庄纪事》第63—64页)

5月1日　参加徐州五一劳动节。

　　五月一日,徐州举行劳动节……徐州街上贴了很多标语……下午六时,在公安街中山纪念堂举行群众大会,我因赴苏联塔斯社记者谷礼冰斯基氏民众草堂的宴会,到了会场时已八点,只见人山人海,前方竟有此盛大的劳动节纪念会,令人万分兴奋,我于是打电话到花园饭店约外国朋友来参加,使他们也兴奋一下。徐州离前线仅三十里,而市面安定如常,群众之情绪热烈如此!徐州真不愧为东方马德里!

(《盛成台儿庄纪事》第82—87页)

5月2日　向李宗仁报送材料,并以来宾身份列席徐州文化界抗敌协会筹备会。

　　二日早往见李司令长官,送去国际宣传委员会报告及材料,并露辞行之意,他希望我以后常来常往。得悉当晚所举行之文化界抗敌协会筹备会……下午七时,筹备会在中山纪念堂举行……我以来宾资格列席,并声明本人未接得中华全国文艺界抗敌协会令做出席代表,本人不是代表。……

(《盛成台儿庄纪事》第90—91页)

5月3日　向李宗仁辞行。往云龙山避警。作诗《保卫大徐州》。

三日正午到司令长官部辞行,适遇警报,即往云龙山,见敌机二十一架于下午一时半由蚌埠分批北飞,到徐轰炸,第一批十四架,第二批七架,并在徐州上空盘旋四十分钟,投弹七十多枚,仍多烧夷弹,计毁民房二百余间,死平民七十多人,伤者不计其数。……五时后到司令长官部,向李司令长官辞行……关于国宣,他希望多做对美国的宣传。告辞后即出北门到北站附近觅老百姓与之畅谈一下,可以知道前方民众的抗战情绪。……

(《盛成台儿庄纪事》第91页)

暮色苍茫之中,我走回徐州城,心中充满前方的感想,我自言自语道:"这些才是民族复兴的种子!"因仿圣经旧约体而作歌曰:

中华民族啊,保卫大徐州,西楚霸王之故都,民情强悍有遗风,津浦陇海交叉点,苏鲁豫皖之关键,云龙山上多光荣,微山湖畔多英雄。……大徐州啊!你是汉家发祥地,丰沛萧砀睢宿邳,山上湖中有英雄,淮北重镇极光荣。……中华民族啊,大风起兮云飞扬!

(《盛成台儿庄纪事》第92—93页)

5月4日　结束劳军之行,返回武汉。

今日是"五四"的十九周年,然思当年不堪回首。车到郝寨站(距徐州北站二十二公里),四日早晨离徐州回武汉。

(《盛成台儿庄纪事》第93页)

三、盛成徐州劳军的功绩

盛成的徐州劳军,为时虽短,仅及半月,但在盛成近百年的生命历程中,却是非常重要而光辉的一页篇章。盛成自己也极其重视这次徐州之行,称劳军"是一项光荣而重要的使命"①。但是,在盛成研究中,人虽略知其事,却并不详知其行,而其功绩亦少有论及。从以上所述盛成劳军纪实中,我们敬佩盛成先生的恢宏大度而推功于郁达夫,"我们不应忘记达夫的功绩"②,同样,我们也不应该忘记盛成的功绩。

  首先,是盛成最先与史迪威相遇并促成史迪威的台儿庄之行及台儿庄战役报告。史迪威的与李宗仁相见,去台儿庄视察,写出台儿庄战役的军事报告,及其后得到的美国的经济援助,首功当然要算是郁达夫的,因为郁达夫是军事委员会政治部的代表,外国人能否上前线必须有政治部的指令,"达夫不表示反对,就等于代表政治部破例同意了"③,郁达夫的作用正在于此。然而,盛成的功劳也是不应低估的。盛成在徐州花园饭店散步,当时也正在这里的史迪威一眼认出了盛成,交谈之后,由于当时的情势,正需要美国人,"达夫看到史迪威比较稳重友好,认为应该争取他"④,这才有之后的与李宗仁相见,并获准到台儿庄前线考察。"回来后,他说美国还不知道这里的情形,他要写一篇文章登在美国军事杂志上,请我帮忙。我答应了。守台儿庄的池峰城也在,他随时回答史迪威的疑问,使史迪威的文章写得十分详细,对美国援助中国抗日起了巨大的作用。"⑤所以,如果说没有郁达夫,美国的经济援助可能要晚一些的话,那么,如果没有盛成,史迪威也就不可能见到李宗仁,也就不可能到台儿庄考察,当然也就没有此后"在美国政府和军方中引起很大反响"⑥的台儿庄战役的报告了。

  其次,是盛成最早称"徐州不愧为东方马德里",他与郁达夫合作的徐州劳军工作报告坚定了中国人民抗战必胜的信念。当时的人在日本三个月灭亡中国的叫嚣声中非常恐慌,对战胜日本尚存怀疑。盛成在徐州,在台儿庄,亲身体验了徐州军民高涨的抗战激情,他把徐州与西班牙的马德里相比,称"徐州真不愧为东方马德里",正是看到了徐州在中华民族全面抗战中的伟大作用与重要意义。马德

---

① 盛成:《与达夫一起去台儿庄劳军》,见陈子善、王自立编《回忆郁达夫》,433页,长沙,湖南文艺出版社,1986。
② 盛成:《与达夫一起去台儿庄劳军》,见陈子善、王自立编《回忆郁达夫》,436页,长沙,湖南文艺出版社,1986。
③ 盛成:《与达夫一起去台儿庄劳军》,见陈子善、王自立编《回忆郁达夫》,434页,长沙,湖南文艺出版社,1986。
④ 盛成:《与达夫一起去台儿庄劳军》,见陈子善、王自立编《回忆郁达夫》,436页,长沙,湖南文艺出版社,1986。
⑤ 盛成:《盛成回忆录》,111页,太原,山西人民出版社,2012。
⑥ 盛成:《与达夫一起去台儿庄劳军》,见陈子善、王自立编《回忆郁达夫》,436页,长沙,湖南文艺出版社,1986。

里是西班牙的首都,1936年至1939年,马德里的军民为反对国内反革命叛乱和外国的武装干涉进行了首都保卫战,因此而闻名世界。也正是在日本侵华的时候,西班牙发生了内战。1936年7月18日,佛朗哥发动武装叛乱,9月28日,叛军占领马德里西南托莱多地区,直逼首都马德里,11月6日,叛军进抵马德里城郊。1937年2月6日,叛军又在意大利干涉军支援下,包围了马德里。18日至27日,共和军实施反击,粉碎叛军合围首都的企图,至3月22日终于粉碎意军进攻,马德里趋于稳定。由于德、意继续大量支持叛军,政府内部亦因党派分歧,力量削弱。1939年3月28日,马德里陷落,开始了佛朗哥的独裁统治。马德里军民为保卫首都浴血奋战、宁死不屈的精神,鼓舞了各国人民反法西斯的斗争。而此时,中国的徐州保卫战,也已打响。在马德里保卫战尚未结束的时候,盛成就看到了徐州保卫战与马德里保卫战相同的性质,这确是有非常的世界眼光与军事眼光的。盛成大约是最早称"徐州不愧为东方马德里"的人。盛成在诗歌《保卫大徐州》中豪放地唱道:"中华民族啊,保卫大徐州,西楚霸王之故都,民情强悍有遗风,津浦陇海交叉点,苏鲁豫皖之关键,云龙山上多光荣,微山湖畔多英雄。……大徐州啊!你是汉家发祥地,丰沛萧砀睢宿邳,山上湖中有英雄,淮北重镇极光荣。……中华民族啊,大风起兮云飞扬!"盛成到徐州、台儿庄劳军半月后回到武汉,与郁达夫一起合作了一份很长的工作报告,送交政治部、文协和国际宣传委员会等部门备案。在这份报告中,盛成根据自己在台儿庄前线的所见所闻,特别是中国军队的英勇将士们的顽强意志和战斗精神,坚信中国伟大的抗日战争的未来一定是"中国必胜,日本必败"[①]。这个信念传递给了在武汉的所有文化人,并通过媒体传递给了全体中国人民。当时的中华全国文艺界抗敌协会的总务老舍,对盛成他们的这份报告给予充分的肯定。在1938年5月13日,即盛成回到武汉十天后,中华全国文艺界抗敌协会举行第二次理事会,老舍作《会务报告》说,盛成"写出那么厚的一本报告书,真是值得钦佩"[②]。

第三,是盛成的《徐州慰劳报告》可以载入史册的不朽价值。盛成于4月17日离开武汉,5月4日返回武汉,十多天中,或躲避警报,或奔赴前线,或与将士交谈,在戎马倥偬之中,尚有余裕记下每日的行程活动。到家十天之后的5月14日,盛成就撰就了《徐州慰劳报告》一书,这是盛成自己当初的定名,今名之曰《盛成台儿庄纪事》。该书三大部分:一即是《徐州慰劳报告》,包括《中华全国文艺界

[①] 盛成:《与达夫一起去台儿庄劳军》,见陈子善、王自立编《回忆郁达夫》,435页,长沙,湖南文艺出版社,1986。

[②] 张桂兴编撰:《老舍年谱》,上,246页,上海,上海文艺出版社,2005。

抗敌协会告同志书》《一个划期的文化人座谈会》《盛成来函》《修正第五战区民众总动员委员会组织条例》等；二是《台儿庄血战记》，包括《台儿庄血战大事表》《我城市陷落情况简表》《津浦北段全面战》《敌军兵力分布情况笔记》等；三是《前线通讯》，包括《李白两将军亲赴前方》《民族解放的先锋队》《津浦北线会战的意义》，最后是《徐州现况》等。这本书不仅因其经历的传奇而不朽，它是盛成的夫人李静宜冒着生命的危险从日本鬼子的眼皮底下"保护"[①]下来的；还因为这本书又经过了近七十年的辗转，漂泊了亚欧美三大洲，直到2007年，才使得这部未刊稿正式出版。同时，更因为这部书的价值。它的原始性，它的现场感，它极其翔实地记录下了台儿庄战役的全过程，徐州劳军的详细活动，因而具有十分重要的文献与史料价值。正如阎纯德为该书作序所说："《盛成台儿庄纪事》是集文学与文献于一身的书籍，其纪实性和文献性均具有原始性。真实，来自参加台儿庄战役官兵们和他的身临其境；价值，来自台儿庄战役所昭示的历史精神和价值，来自盛成的思想。"[②]

第二节　一首大气磅礴的诗《保卫大徐州》

　　正如前述，盛成于1938年4月来徐州劳军时，随手记下了每日活动、所见人物、战事进程，乃至一些作战用的手绘地图等，并自己亲用毛笔手书，名为《徐州慰劳报告》，当时并未出版，随着盛成和他的妻子辗转七十年，漂泊三大洲，才于2007年由北京语言大学出版社出版，始定名为《盛成台儿庄纪事》，长诗《保卫大徐州》就载于该书。诗原本无题，现据诗而定。诗曰：

　　　　中华民族啊，保卫大徐州！
　　　　西楚霸王的故都，民情强悍有遗风。
　　　　津浦陇海交叉点，苏鲁皖豫之关键。
　　　　云龙山上多光荣，微山湖畔多英雄。
　　　　黄河旧槽运河边，飞机轰炸冒浓烟。
　　　　百十炸弹向下落，无辜平民受荼毒。
　　　　炮火打得满天红，炮弹飞过一阵风。

---

① 盛成：《盛成台儿庄纪事》，16页，北京，北京语言大学出版社，2007。
② 盛成：《盛成台儿庄纪事》，12页，北京，北京语言大学出版社，2007。

全家老小都不怕,熙熙攘攘笑谈中。

台儿庄啊!
你的英雄刘大个,你的英雄老妇人。
予打击者以打击,运河之上铁血城。
巨石砌成大碉堡,枯树枝头几小鸟。
老夫老妇过来人,几只村犬倦卧不知晓。
敌人大败敌人逃,留下白骨多多少。

大徐州啊!
你是汉家发祥地。丰沛萧砀睢宿邳,
山上湖中有英雄,淮北重镇极光荣。
司令长官李德公,指挥如意笑谈中。
日本帝国主义啊,我为你悲伤。
中华民族啊,大风起兮云飞扬!①

此诗写作于1938年5月3日。盛成于4月17日离开武汉奔赴徐州,先到郑州第一战区,21日到徐州,见第五战区司令长官李宗仁将军,接着到前线台儿庄向英勇的将士们献旗,散发文协的慰问书。5月3日,在结束劳军返回武汉(5月4日)的前一天,心中仍然"充满前方的感想"②,情不自禁,创作了这首《保卫大徐州》。

全诗可分三段。第一段写徐州是一座光荣的英雄的城市。历史上,徐州是西楚霸王的故都,民情强悍,有尚武好勇的遗风。地理上,徐州是津浦线和陇海线交汇点,是苏鲁皖豫四省的关键要地。现实中,徐州此时正受到日寇飞机的狂轰滥炸,平民遭受荼毒,仅盛成在徐州半个月中,避寇警就有数次,而4月28日一天,"敌机三十二架飞徐狂炸,共投弹八十七枚,死伤男女二百三十四人,焚毁民房四百余间"③。所以,当时的《动员日报》的记者报道说:"今天是自抗战以来,敌机轰炸徐州最疯狂,投弹最多的一天。"(中华民国二十七年四月二十九日《动员日报》第四版)日本帝国主义在徐州犯下了滔天罪行。但尽管如此,徐州人民在"炮火打

---

① 盛成:《盛成台儿庄纪事》,93页,北京,北京语言大学出版社,2007。
② 盛成:《盛成台儿庄纪事》,92页,北京,北京语言大学出版社,2007。
③ 盛成:《盛成台儿庄纪事》,51页,北京,北京语言大学出版社,2007。

得满天红"中,仍然从容淡定,谈笑自若,"全家老小都不怕,熙熙攘攘笑谈中",表现了徐州人民一派英雄的气概。

第二段写台儿庄战役取得的伟大胜利。台儿庄在地理上属于山东省峄县,但是,在军事上,它属于徐州第五战区。卢沟桥事变后,当时的国民政府应战争形势需要,把中国境内划分为几大对日作战区,以徐州为主脑,山东的南部、江苏的北部为第五战区,台儿庄战役的指挥中心即在徐州。盛成在4月24日,冒烽火炮弹,亲上前线台儿庄,了解战情,与将士交谈。驻守台儿庄的31师师长池峰城向他介绍了作战的全过程,还特别讲述了五十七壮士和一个老妇送情报的"可歌可泣的故事"①。盛成赞美老妇人是英雄,赞美千千万万的刘大个式的战士是英雄,正是有这样英雄的战士和人民,才打得敌人大败而逃,"留下白骨多多少"。

第三段写徐州是汉家发祥地,是中华民族的骄傲。盛成对徐州的历史地理相当熟悉。历史上,徐州所辖范围比较大,现在属于安徽的萧县、砀山,现已独立成市的宿迁,过去都隶属于徐州。故有徐州八县"丰沛萧砀铜睢宿邳"之说。所以,盛成说,"丰沛萧砀睢宿邳"的大徐州,是淮北的重镇。对台儿庄战役的总指挥李宗仁将军更是倾笔赞美,在帷幄谈笑之中使强虏灰飞烟灭。诗在最后为日本侵略者唱起了挽歌,"日本帝国主义啊,我为你悲伤"。而对中华民族,则高唱汉皇刘邦的"大风起兮云飞扬"之歌。那种豪迈激越之情,荡胸层云之气沛然而出。

盛成说,这是"仿圣经旧约体而作"②的。这是说此诗的诗体形式。所谓圣经旧约体是指圣经旧约中的诗歌部分,其中有多篇是圣颂诗,即赞美上帝耶和华的伟大和全能,如诗篇93曰:"耶和华啊,大水扬起,大水发声,波浪澎湃。……耶和华啊,你的法度最的确,你的殿永称为圣。"③但盛成只是仿其咏叹的形式,赞颂的则是中华民族。

在艺术上,此诗风格雄豪遒劲,大气磅礴。历史、地理、现实、人物等,熔于一炉。以"中华民族"起,以"中华民族"结;以西楚霸王项羽的故都发端,以大汉刘邦的《大风歌》收尾,全诗浑然一体,臻于完美。

盛成是集多种盛名于一身的人。他是现代著名作家、翻译家、语言学家、社会活动家、教授、学者。他更是一位诗人。盛成有法文诗集《秋心美人》《狂年吼》《老觚新酿集》,还有上千首的旧体诗《盛成诗稿》。这篇《保卫大徐州》就是一首融合中西的古风诗。

---

① 盛成:《盛成台儿庄纪事》,41页,北京,北京语言大学出版社,2007。
② 盛成:《盛成台儿庄纪事》,92页,北京,北京语言大学出版社,2007。
③ 《圣经》,575页,南京,中国基督教协会编,1998。

第三节　盛成与其《徐州慰劳报告》

一、盛成先生的传奇色彩

盛成,江苏仪征人。出生于 19 世纪末的 1899 年,逝世于 20 世纪末的 1996 年,横跨了两个世纪,享年近百,寿高龄长。而小小 12 岁年纪,他就已出来闯世界了。盛成 13 岁参加辛亥革命,是"辛亥三童子"之一,受到过孙中山的嘉勉。五四运动时,他作为长辛店京汉铁路工会的代表,与周恩来、许德珩等学生领袖结为战友。1919 年底,盛成赴法勤工俭学,于 1928 年,以法文出版自传体小说《我的母亲》一书,而轰动文坛,法国著名诗人瓦乃理为其作万言长序,著名作家纪德、罗曼•罗兰、萧伯纳、海明威、罗素等人给书以高度评价;随后《我的母亲》被译成英、德、西、荷、希伯来等 16 种文字销行世界各地达 100 万册,中国现代作家的著作在外国的翻译至今无出其右者。20 世纪 30 年代初,盛成回国,投笔从戎,担任十九路军政治部主任。抗战爆发后,1938 年 4 月,徐州会战之台儿庄战役大捷,盛成作为中华全国文艺界抗敌协会和国际宣传委员会的代表,奉命与作家郁达夫一起到徐州劳军,在戎马倥偬之中,写下了《徐州慰劳报告》。

1947 年底,盛成赴台,后又去国外,一待就是 31 年,直到 1978 年始返回祖国,担任北京语言大学一级教授,从事教学与研究。盛成于沉寂了几十年后,又给人带来了一阵阵惊喜。先是由于盛成在中法文化交流方面的突出成就,被法国总统密特朗授予"法国荣誉军团骑士勋章",是中国继巴金之后的第二人,连法国人也很奇怪法国已有 70 年没有发过骑士勋章了,怎么一下子给了两个中国人?盛成的书也开始一本本地出版了,除了单本的散文集《东西南北中》《旧世新书》等,《盛成文集》(一卷本)《盛成文集》(四卷本)也相继问世,特别是他的《盛成回忆录》《盛成台儿庄纪事》两本书,使人们了解了盛成早年的波澜壮阔、丰富多彩的经历:他是法国总统戴高乐、密特朗,土耳其总统凯末尔,越南主席胡志明的座上宾;他与世界文豪瓦乃理、萧伯纳、纪德、海明威、泰戈尔等是挚友;他是蒋介石也很佩服的"很有一套"的人……盛成走进了公众的视野,加拿大魁北克电影公司、法国国家电视台来拍他的电影,人们又从影视中看到了这位 20 世纪见证人的传奇。

二、《徐州慰劳报告》的传奇性

盛成自己不仅是一位极其富有传奇色彩的人,而他的《徐州慰劳报告》也是一本十分传奇的书。

前述1938年4月,盛成到徐州劳军,写下了《徐州慰劳报告》,当时没有出版,手稿随身携带。后来在逃难时,他的妻子李静宜为"保护"这部手稿险些丢了性命。若干年后,李静宜回忆说:

> 有次逃难时,我们想起忘了带这本文稿(本书),我就化装成农妇到原住屋去收文稿。有位理学院的赵教授,他也想去,我借了一只箩筐把书和文稿还有扯坏的衣服装好,刚走到封锁线时,赵教授他说很累,休息一下再走,我说等到我们地盘休息吧。这时山上枪声响了,一大群日本兵来打捞来了,我们只有躲在农民家中的扇米车下了,农民也都跑走了,大批日军走后又一个军官进来,我把文稿放在头上,他不识中国字,就按下我的头,又摇了手,他走了。如果他对我无礼,我会拼命抵抗的,一死了之。这也是上天保护了这文稿和我的命。到我们地区,盛成带孩子来接我,他见我面无血色,就说为此文稿差点失去了你,我说这是我应该做的。①

为此文稿,李静宜不惜以生命来"保护"。后来盛成去了台湾地区,又到了国外,文稿一直跟随身边,漂泊了亚欧美三大洲。60年后,许宗元去北京语言大学拜访盛成先生,此时老人已卧于病榻之上,李静宜遵盛成之嘱拿出了手稿说:"盛教授刚才嘱我把他的《前线慰劳报告》(按:即《徐州慰劳报告》——引者注)给你看。这部文稿,他视为珍宝,从不轻易示人的,已近60年了,颠沛流离,漂洋过海,多少值钱的东西,珍存的照片书信资料,我们逃难时都丢了,为保存它,我也付出了心血。盛教授很看重你,所以今天才破例嘱我给你看。"②许宗元看后,本想待盛成身体好转后,帮其出版。不料,两个月后,盛成去世,手稿因是在战时匆忙所写,尚未来得及整理,"遂成空谷绝响"③。又过了十年,李静宜已到了美国,仍念念不忘这部文稿,一心想把它公之于世,以了盛成的心愿。2005年,李静宜让她女儿盛鸾把手稿的复印件及相关照片的数字光盘从美国寄给了盛成生前所在的北京语言大学出版社,在"经过认真的整理、审查、文字加工等流程"之后,终于"为读者呈现

---

① 李静宜:《盛成手稿保存经过》,见《盛成台儿庄纪事》,17页,北京,北京语言大学出版社,2007。
② 许宗元:《盛成·郁达夫·李宗仁》,见《新文学史料》2002第2期。
③ 许宗元:《盛成·郁达夫·李宗仁》,见《新文学史料》2002第2期。

了一份饱含激情的抗战史诗"①。

《徐州慰劳报告》从1938年成稿,到2007年出版,已走过了70年。它从日本鬼子的眼皮底下走过,从烽火连天的战场上走过,从法国、从美国走过,最后终于又回到中国,回到了中国人民的手中。

三、《徐州慰劳报告》的价值

盛成先生著作等身,而独对这本文稿"视为珍宝",可见其一定有很独特的价值。

《徐州慰劳报告》是盛成当初的定名,并亲手用毛笔写下书名。书从1938年4月17日由武汉起程赶赴徐州起,到1938年5月4日离徐返汉止,逐日记事(唯27日未记),至细至详。1938年5月14日在武汉华中里103号楼上完稿。2007年出版时始更名为《盛成台儿庄纪事》。该书的价值体现在三个方面:

(一)历史价值

称《徐州慰劳报告》是一部"抗战史诗"是一点也不为过的。这本书三大部分,第一部分即《徐州慰劳报告》,包括《前线慰劳报告》中的《一个划期的文化人座谈会》《电汉全国文艺界抗敌协会诸同志》《盛成来函》《中国工人解放运动对于新文化的影响》《文化界救亡运动应有之检讨》以及附文等。第二部分《台儿庄血战记》,包括《台儿庄血战大事表》《我城市陷落情况简表》《津浦北段全面战》《我军与敌军各兵团组成情况笔记》《敌军兵力分布情况笔记》等。第三部分《前线通讯》,包括《李白两将军亲赴前方》《夕阳马上听士兵抗战闲话》《小灯照人作夜谭》《徐州现况》等。其《徐州慰劳报告》是在郑州、徐州、台儿庄劳军的纪实,以徐州为主轴记叙了劳军活动的全过程,时间、地点、人物、事件,都非常具体明确。如:"四月十七日早七时一刻,乘车由汉口大智门车站出发。……车到郑州,已夜十一点钟。"②涉及的重要人物有李宗仁、白崇禧、于学忠、孙连仲、池峰城等,都是台儿庄战役的前线指挥官。著名的文化人则有郁达夫、范长江、谢冰莹、陆诒等。外国人则有美国驻华使馆武官史迪威,塔斯社、合众社、哈瓦斯、纽约泰晤士报、伦敦报泰晤士报、纽西兰今日妇女报及观察报美国、德国的记者十多人。这些都是一些可以载入军事史、文化史、新闻史上的人。他们的讲话、活动是此书的一个重要内容。除了这些人物外,盛成还用大量的笔墨写下了战争的主体,那些英勇无畏的

---

① 北京语言大学出版社:《编辑说明》,见《盛成台儿庄纪事》,1页,北京,北京语言大学出版社,2007。
② 盛成:《徐州慰劳报告》,见《盛成台儿庄纪事》,17页,北京,北京语言大学出版社,2007。

战士、平民、老人和小孩,他们都无名姓,但正是他们的献身精神才谱写出壮丽的"抗战史诗"。在《徐州慰劳报告》之外,盛成还编写了《台儿庄血战记》,这是关于这场战争最原始、最翔实、最生动、最鲜活的记录。《台儿庄血战大事表》以《临沂歼灭战(右翼)》《台儿庄正面歼灭战(滕县血战)》《济宁分路包围战(左翼)》三条战线,分别记述战争的起止时间和经过,尤以台儿庄正面歼灭战为主,从开始的3月13日,到结束的4月7日,逐日记述,如:"三月十三日,敌两下店增援八百人,邹县增援四五千。三月十四日,拂晓,敌军约三四万人分三路进犯我滕县……""四月六日,下午六时,我全线各路向敌总攻……四月七日夜,上午一时,敌人总崩溃……"这种记述极具有历史的真实感。

(二) 文献价值

盛成在《徐州慰劳报告》中除了记人叙事之外,尚保存了许多的历史文献,有徐州地方的,有第五战区的,这些文献为写徐州地方史和研究台儿庄战役提供了可贵的资料。关于徐州地方的,有徐州职工五一劳动节纪念大会的大会宣言、告职工书、告妇女书以及电文,电林主席、电委员长、电李长官、电工人总会、电世界工人等。像第五战区民众总动员委员会的《动员日报》1938年1月创刊,到1938年5月因徐州沦陷而停刊,仅存3个月,如今报纸已荡然无存。然而1938年4月29日的一篇报道《一个划期的文化人座谈会》,盛成在书中把它完整地保存了下来。文章报道了十多个与会人员的讲话,特别是著名作家郁达夫在最后所作的一大段总结性的发言,是现今各种郁达夫的全集、选集、文集、年谱、年表所没有的,这对研究郁达夫是非常重要而极其难得的史料。关于第五战区的,有《修正第五战区民众总动员委员会组织条例》《修正第五战区民众总动员委员会省分会组织条例》《修正第五战区民众总动员委员会县分会组织条例》《修正第五战区民众总动员委员会区分会乡镇分会组织条例》《修正第五战区民众总动员委员会各县乡镇自卫队组织训练大纲》《第五战区民众总动员委员会设计委员会组织条例》《第五战区民众总动员委员会设计委员会委员名册》《第五战区民众总动员委员会设计委员会第四次会议记录》《李司令长官之约法七章》《第五战区文化界抗敌协会章程草案》等,尤其是《我城市陷落情况简表》《我军与敌军各兵团组成情况笔记》《敌军兵力分布情况笔记》和多幅历史照片(照片上配有说明文字和短诗)作战地图等都原貌地留了下来,这些文献资料对研究抗战史、研究台儿庄战役是十分难得的。

(三) 文学价值

《徐州慰劳报告》《台儿庄血战记》《前线通讯》(此是臧克家的作品,见下文)今总名为《盛成台儿庄纪事》,把这三个方面合在一起,在文体上,就形成了综合性,显得比较特别,很难说它是属于哪一种文体。在这里,有报告,有文件,有信函,有讲话,有笔记,有图表,有电文,有诗歌,有照片,有题字,有会议记录,有新闻报道,等等,真是林林总总,各体各式,为文所用,熔成一炉。在众体之中,则以日记与编年为主,是"纪事"式的综合性的散文体。这种"综合性的散文体"在散文中颇为少见,似可备为一格。盛成作文,往往不受文体限制,虽难免文体不纯之讥,但作文为达意,体本为我用,而非为文就体。盛成早年写的自传体小说《我的母亲》,就有人对它的文体如何界定提出了不同的说法。在《意国留踪记》一书的卷头语中,他说:"这是一本很难分门别类的书。说它是游记,它也夹杂了许多随笔。说它是随笔,它又夹杂了许多诗歌。本想用书中的女主角,来命名这本书,叫它《露意莎》,这本书又不是小说。"[1]这就很好地说明了盛成作文在文体上的随意适性。晚年写的《回忆录》于记人叙事之中,不乏文史考证与谈论学术,如《我的家族史》一节,直"追到周文王第五子成叔武"以说明"父亲盛氏的由来"[2]。又如《跟欧阳竟无学习汉学》大谈"汉学的源流"[3]。这些在文体上都是有些出格或破格的,但盛成就是不拘一格,就是这样用了。同样,在《徐州慰劳报告》中写到台儿庄劳军,却对台儿庄作起一番"历史考据"来[4]。

其次在语言上。虽然,由于书稿是由手稿整理而成,盛成未及润色加工就去世了,但无妨大体,仍能看出盛成多样的语言风格。表记语言求简明,叙述语言讲清楚,描写语言有文采,说理语言多感情,且随文而作诗语。"一个人将生死置之度外,为人类求幸福,谋和平,喋血沙场,或死守据点,是不是值得我们尊崇,担得起我们的慰劳呢?"[5]这是全书开始的第一句话,以议论式的感叹起,情含其中。"走到乡村里,来和广大的下层见面,走到队伍里,来和血肉的长城聚首";"从行动中,从生活中,加强了她们忍苦耐劳的意志,从学习中,从锻炼中,充实了她们对各种事物的认识"[6],不求偶而自偶。

第三在写法上,盛成应文体需要而运用多种写法。《徐州慰劳报告》用的是日记体的写法,从1938年4月17日开始,逐日记叙到5月4日为止,但又不是通常意义上的日记那么简单,只有阴晴流水账,而是有人,有事,有景,有物,有情,有理,甚或有游记,有故事。如:"二十二日……时已十一点钟,陈参议来导往游徐州

---

[1] 盛成:《盛成文集·散文随笔卷》,3页,合肥,安徽文艺出版社,1998。
[2] 盛成:《盛成回忆录》,50页,太原:山西人民出版社,2012。
[3] 盛成:《盛成回忆录》,95页,太原,山西人民出版社,2012。
[4] 盛成:《徐州慰劳报告》,见《盛成台儿庄纪事》,46页,北京,北京语言大学出版社,2007。
[5] 盛成:《徐州慰劳报告》,见《盛成台儿庄纪事》,17页,北京,北京语言大学出版社,2007。
[6] 盛成:《徐州慰劳报告》,见《盛成台儿庄纪事》,44页,北京,北京语言大学出版社,2007。

名胜云龙山。……山脚碑坊林立。……拾级而上,山顶有放鹤亭故址……山下有石佛寺……由云龙山到燕子楼……由此去西楚霸王宫旧地……内尚有霸王楼,楼中供奉霸王及虞姬……楼之东南角,有小屋两椽,东为宋苏姑墓,东坡为徐州太守时,葬其幼女于此……"①这是避寇警登云龙山,匆游而记。如果单独拿出来,也不失为一章短篇游记。再如记一个老妇人送情报的故事,一个13岁小孩子的故事,也都是穿插在日记之中,所以,有的一天记得非常之短,只有几句话,有的一天记得又很长,有上千字。这既是日记,又不似日记了。

最能体现此书文学色彩的,当然还是盛成所创作的两首长诗,一首独立出来,一首在行文之中。第一首《台儿庄歌》是4月26日盛成从台儿庄前线劳军回到徐州,心中仍为英勇的战士们的精神所感动而创作。第二首《保卫大徐州》是5月3日结束劳军欲返回武汉前一天所作。这两首诗篇幅都比较大,《台儿庄歌》有64句,475字;《保卫大徐州》有38句,292字,都是以七言为主的古风体,而《保卫大徐州》盛成说是"仿圣经旧约体而作"的②,那么,诗就有西式的韵味了。在语言上,在格调上,两首诗的共同特点是激越豪迈,刚健遒劲,大气磅礴,气势如虹。"中华民族起来了,台儿庄变成一片瓦砾场。"(《台儿庄歌》)"中华民族啊,保卫大徐州,西楚霸王之故都,民情强悍有遗风,津浦陇海交叉点,苏鲁豫皖之关键,云龙山上多光荣,微山湖畔多英雄。"(《保卫大徐州》)很好地把中国人民不畏牺牲的勇敢精神,血战到底的英雄气概表现了出来,令人读了真感觉荡气回肠,坚信中国的抗战是必然要胜利的。

诚如阎纯德为该书作序所说:"《盛成台儿庄纪事》是集文学与文献于一身的书籍,其纪实性和文献性均具有原始性。"③它"是抗日战争史和台儿庄战役研究难得的历史文献"④,从中让人们"发现盛成的伟大爱国情怀","发现盛成的价值"⑤。应该说,这是对盛成及其《徐州慰劳报告》很好的概括。而我们分析了该书的历史价值、文献价值与文学价值,说到底,也就是"盛成的价值"。

---

① 盛成:《徐州慰劳报告》,见《盛成台儿庄纪事》,23—24页,北京,北京语言大学出版社,2007。
② 盛成:《徐州慰劳报告》,见《盛成台儿庄纪事》,92页,北京,北京语言大学出版社,2007。
③ 盛成:《徐州慰劳报告》,见《盛成台儿庄纪事》,12页,北京,北京语言大学出版社,2007。
④ 盛成:《徐州慰劳报告》,见《盛成台儿庄纪事》,14页,北京,北京语言大学出版社,2007。
⑤ 盛成:《徐州慰劳报告》,见《盛成台儿庄纪事》,15页,北京,北京语言大学出版社,2007。

第四节 《盛成台儿庄纪事》之《前线通讯》非盛成所作

《盛成台儿庄纪事》于2007年出版,全书包括《徐州慰劳报告》《台儿庄血战记》和《前线通讯》三个部分。北京语言大学出版社的《编辑说明》对这三个部分介绍说:第一部分"徐州慰劳报告"是作者到台儿庄前线慰劳的经历和见闻,标题是作者原定的,"这部分主要是作者手稿,应为首次出版面世"①。第二部分"台儿庄血战记"等,"因较多字迹难以辨认,基本图表无法复原等原因,以原稿影印的方式呈现给读者"②,其中"我军与敌军各兵团组成情况笔记""敌军兵力分布情况笔记"等是盛成的手写体。第三部分"收录了作者在台儿庄前线采写的通讯,这一部分原稿为印刷字体,都是当年在有关报刊上发表过的文章。根据内容,编辑给这部分内容拟加标题'前线通讯'"③。

以上三部分,前两个部分都是按照原稿的手稿排印的,故是盛成自己的作品,这是毫无疑问的。唯有第三部分"前线通讯"原稿是"印刷字体",是"发表过的文章",标题是编辑给"拟加"的,而非盛成自己定的。那么,这部分的"前线通讯"是盛成"在台儿庄前线采写的通讯"吗?是盛成自己的作品吗?从"通讯"所述时间来看,它不是盛成的。既然不是,盛成为什么要把它和自己的手稿放在一起呢?

一、盛成在1938年4月初没有去徐州

《前线通讯》共收12篇文章,写作者在台儿庄大捷后到前线采访,与李宗仁、白崇禧、孙连仲、池峰城、张金照等将官以及士兵和老百姓的交谈。文章有日期,没有月份,但从内容上看是台儿庄战役胜利后的1938年4月,那么,有了月份,日期就好说了。《通讯》的第十二篇《徐州现况》说,作者是"(四月)四号早晨我离去武汉赶赴徐州"的④,然后在不同的文章中记述了从徐州到台儿庄采访的逐日活动。"到了徐州的第二天,恰恰是前方胜利消息一日数传的时节,怀着一腔狂烈去拜会李司令长官。"(《李白两将军亲赴前方》)"到了徐州的第二天"大约是六号,因当时打仗的原因不能当天到。又"第二天晚上八点钟,司令长官部有电话来"

---

① 盛成:《盛成台儿庄纪事》,1页,北京,北京语言大学出版社,2007。
② 盛成:《盛成台儿庄纪事》,2页,北京,北京语言大学出版社,2007。
③ 盛成:《盛成台儿庄纪事》,2页,北京,北京语言大学出版社,2007。
④ 盛成:《盛成台儿庄纪事》,241页,北京,北京语言大学出版社,2007。

(同上),这是"到了徐州第二天"后的第二天,当是四月七号左右。然后就有准确的日期了。"夜半时,车停在车辐山站上了。这天是八号。次日清早,汽车把我们送到了离车辐山车站二十(十八)里路的一个小村落(杨楼)中。"(同上)"十日,火车耕开了黑暗。"(同上)"十日午后……去访此次血战台儿庄的名将——卅一师池峰城师长。"(《徒步韩佛寺访池师长》)"十一号的早晨,一串马蹄把我带到了台儿庄南站,我寄身的那个卧车载着我的行囊开回了徐州。"(《再吊台儿庄》)十二号那天二十六军的何参谋对作者介绍台儿庄的战斗情况时说道:"昨晚(十一号)又下令……"(《何参谋长按地图纵谈全盘战局》)"十三日,夜宿陈庄……次日十时,敌机四架轰炸我某村炮兵阵地……与阎群缓步运河堤上……我们从运河堤上走回来时二十七师的于秘书拍着我的肩膀……'台儿庄一走好吗?'……'好,三吊台儿庄去!'"(《三吊台儿庄》)"从台儿庄回到陈庄……第二天一早司令长官叫了我去……午饭后我向他辞别……当我们回到别来八日的徐州城时……"(《告别司令长官》)这一天从台儿庄回徐州的时间是十四号。

以上是《前线通讯》的作者在4月4日到4月14日的全部活动情况。

那么,从4月4日到4月14日这一段时间,盛成有没有到徐州到台儿庄呢?答案是没有。盛成在4月份确曾去了徐州,但不是这一段时间。盛成是作为中华全国文艺界抗敌协会和国际宣传委员会的代表奉命去徐州劳军,时间是(1938年)4月17日到5月4日。17日先到郑州[①],21日始到徐州[②],24日到前线台儿庄慰问献旗[③],25日返回[④],26日到徐州[⑤],28日参加徐州文化人在奎光阁宴谈[⑥],29日陪史迪威见池峰城师长,晚上宴请外国记者[⑦],30日参加战地记者开会[⑧],5月1日,参加徐州举行的劳动节[⑨],5月2日见李宗仁露辞行之意[⑩],5月3日到司令长官部辞行[⑪],5月4日早晨乘车离徐州回武汉[⑫]。

以上是盛成在《徐州慰劳报告》中所记。

[①] 盛成:《盛成台儿庄纪事》,18 页,北京,北京语言大学出版社,2007。
[②] 盛成:《盛成台儿庄纪事》,22 页,北京,北京语言大学出版社,2007。
[③] 盛成:《盛成台儿庄纪事》,44 页,北京,北京语言大学出版社,2007。
[④] 盛成:《盛成台儿庄纪事》,50 页,北京,北京语言大学出版社,2007。
[⑤] 盛成:《盛成台儿庄纪事》,50 页,北京,北京语言大学出版社,2007。
[⑥] 盛成:《盛成台儿庄纪事》,51 页,北京,北京语言大学出版社,2007。
[⑦] 盛成:《盛成台儿庄纪事》,62 页,北京,北京语言大学出版社,2007。
[⑧] 盛成:《盛成台儿庄纪事》,63 页,北京,北京语言大学出版社,2007。
[⑨] 盛成:《盛成台儿庄纪事》,82 页,北京,北京语言大学出版社,2007。
[⑩] 盛成:《盛成台儿庄纪事》,90 页,北京,北京语言大学出版社,2007。
[⑪] 盛成:《盛成台儿庄纪事》,91 页,北京,北京语言大学出版社,2007。
[⑫] 盛成:《盛成台儿庄纪事》,93 页,北京,北京语言大学出版社,2007。

《前线通讯》的作者是4月14日从台儿庄回到徐州的,而盛成是4月17日从武汉出来的,这在时间上、地点上也接不上,在《前线通讯》之《徐州现况》中作者说:"在一月的末梢,我曾在徐州勾留过一些时日。"这里的1月是1938年的1月。又说:"去年(按:指1937年——引者注)十二月底由西安来徐州时……"查《盛成回忆录》等著作,盛成在1937年底并不在西安,在1938年1月也并没有到徐州。但在1937年12月6日,"由郑州到徐州,再到武汉"①。

从《前线通讯》与《徐州慰劳报告》各自所述时间的相错,以及其后时间地点的相异,且盛成在《徐州慰劳报告》中也未提到在4月4日到4月14日曾到过徐州,由此可以肯定,《前线通讯》不是盛成的作品。

二、《前线通讯》是盛成为自己写作而收集的材料

据《盛成台儿庄纪事》的《编辑说明》,《前线通讯》原是印刷体,是在报刊上发表过的文章。但《盛成台儿庄纪事》一书没有注明这些文章的署名,发表于哪些报刊,以及具体的时间。因而也就不能确定文章的真正的作者是谁。

既然这不是盛成的作品,那么,盛成何以要把它与自己的放在一起呢?

如前所述,盛成4月17日离开武汉,5月4日返回武汉,仅十天后,5月14日,盛成即在武汉华中里103号楼上完成了他的《徐州慰劳报告》,并亲自用毛笔手写了书名。在《盛成台儿庄纪事》一书中同时还有作者附收的一些当年各界开展抗敌活动的相关文件,如《中华全国文艺界抗敌协会告同志书》《一个划期的文化人座谈会》《修正第五战区民众总动员委员会组织条例》《李司令长官之约法七章》等等,因而,也可以断定被编辑"拟定"为《前线通讯》的文章应是盛成为自己写作《徐州慰劳报告》和《台儿庄血战记》所收集的材料。这两部手稿不仅参考了《前线通讯》,而且还参考了其他人的文章,如以群的《台儿庄战场散记》②,百虑《昨日之台儿庄》,"王西彦注被毁灭了台儿庄居民有一万三千人,房屋有二万间"③,陈符其《台儿庄之战》,长江《台儿庄经过》④,周鼎华《火网上的台儿庄》⑤,陆诒《两总长访问记——胜利前夜的台儿庄》⑥等。还有的引用文章注明了所发表的报纸与日期,如《台儿庄歼灭暴敌》载《大公报》4月9日第3版,《峄县东北的前线》载

---

① 盛成:《盛成回忆录》,107页,太原,山西人民出版社,2012。
② 盛成:《盛成台儿庄纪事》,33页,北京,北京语言大学出版社,2007。
③ 盛成:《盛成台儿庄纪事》,47页,北京,北京语言大学出版社,2007。
④ 盛成:《盛成台儿庄纪事》,141页,北京,北京语言大学出版社,2007。
⑤ 盛成:《盛成台儿庄纪事》,146页,北京,北京语言大学出版社,2007。
⑥ 盛成:《盛成台儿庄纪事》,159页,北京,北京语言大学出版社,2007。

《新华日报》4月24日第2版,《纪念鲁南大捷》载《大公报》5月8日第2版等。

所以,盛成能在返回武汉后的短短十天内即写出《徐州慰劳报告》与《台儿庄血战记》两部手稿,除了亲身前往台儿庄视察与将士民众交谈外,如果没有大量的辅助材料,是不可能这么快就写成的。何况书里还有一些具体的数字,各路部队的具体活动,这些仅凭耳闻而无案头资料是难以详述的。

三、《前线通讯》的原作者是臧克家

《前线通讯》既然不是盛成的,那么是谁的呢?根据查证,原是臧克家的。

臧克家在1938年4月初,应李宗仁之邀,到台儿庄前线作战地记者。据臧克家的回忆录所述:臧克家在1937年底到第五战区司令长官部所在地徐州,因李宗仁没有马上安排其具体工作,旋即由徐州到西安,然后想去延安,但不几天,因没有收到延安的电报,而徐州抗敌青年军团成立,欲其迅速返回徐州,于是即从西安回徐州,"因为新年临近,火车上乘客极少,空空洞洞。刚离开不多天,又回到徐州,真可谓去来匆匆了。"①臧克家在徐州一直待到1938年2月上旬。

这一段与前面所述"去年(按指1937年)十二月底由西安来徐州","在(1938年)一月的末梢,我曾在徐州勾留过一些时日"正好是相吻合的。

臧克家在1938年的3月份在武汉也没有待多久,忽然接到第五战区政治部主任韦永成的邀请函件,臧克家去见韦,韦永成"开门见山地对我说:'台儿庄正在作战,请你赶快回前方去,写点报道文章,鼓舞军心也鼓舞人心。'"②于是,臧克家即"搭上北去的火车……时间是四月初,台儿庄战事正紧张"③。以后即是《前线通讯》中所述的时间、人和事了。臧克家后来说:"在这有名的大会战场——台儿庄,紧张、兴奋而又欢乐地度过了十多天,静了下来,写成了《津浦北线血战记》这样一本报道小册子。为了赶时间,趁热劲,我在四月二十二日向李宗仁告别,到武汉去出版这本书。"④根据《津浦北线血战记》后面所说的写作时间是:"一九三八年四月十五日写起,二十一日完成,时津浦北段第二次大战伊始,徐州可闻炮声。"⑤很快,这本书就在1938年5月由生活书店出版了。"这是抗日战争开始后最早出现的一本反映抗战伊始中华民族儿女与日本军国主义者浴血战斗的具体

---

① 臧克家:《回忆录》,见《臧克家文集》第4卷,686页,济南,山东文艺出版社,1994。
② 臧克家:《回忆录》,见《臧克家文集》第4卷,690页,济南,山东文艺出版社,1994。
③ 臧克家:《回忆录》,见《臧克家文集》第4卷,691页,济南,山东文艺出版社,1994。
④ 臧克家:《回忆录》,见《臧克家文集》第4卷,691—692页,济南,山东文艺出版社,1994。
⑤ 臧克家:《津浦北线血战记》,见《臧克家文集》第5卷,340页,济南,山东文艺出版社,1994。

场面的介乎新闻与文学之间的小册子。它记录了台儿庄大会战的情况。"①

臧克家的《津浦北线血战记》与《盛成台儿庄纪事》之《前线通讯》，两者书名虽然不同，但篇目则完全一样，且《津浦北线血战记》比《前线通讯》还多了5篇，即四、《吊台儿庄》，六、《屈处长谈台儿庄血战经过》，十五、《诗的尾声》；附录一、《五十九军官长谈临沂歼敌》，附录二、《追述临沂大血战》。而且在排序上也不一样，《津浦北线血战记》的开头两篇是：一、《津浦北线会战的意义》，二、《徐州现况》，而《前线通讯》则是将这两篇放在第十一、十二。至于中间各篇的排序也不尽相同。所以，《前线通讯》各篇由于排序与原来的《津浦北线血战记》不同，故在时间上往往接不上，有些凌乱，不如《津浦北线血战记》的每篇都按照时间先后而各自有序。在《隆隆炮声中走马访孙总司令及黄张师长》一篇，《前线通讯》中少了一页多，《徐州现况》一文后，《前线通讯》中也少了三段文字。《三吊台儿庄》中的"与阎群缓步运河堤上"，臧克家的是"与阎君缓步运河堤上"②。

盛成的《台儿庄血战大事表》里也有引用臧克家材料的地方。如在记我军击毁敌人坦克的数量时即引用到"一共是四辆，三辆在一边，那一辆远远地躺在北面。（臧克家）"③这一段即出自臧克家《津浦北线血战记》第四篇《吊台儿庄》："我们立脚在麦田中三辆坦克车的一边了。一共是四辆，那一辆远远地躺在北面。"④

在一份手迹中有一句"余偕臧君克家遄赴前线，督战巡视台儿庄"⑤，因未署名不知是谁"偕"臧克家，但肯定不是盛成，手写的笔迹与盛成的笔迹也并不一样。还有盛成收有27师师长黄樵松的一帧照片和一封手写的信，此信写于1938年4月7日台儿庄前线，臧克家的《津浦北线血战记》第十三篇《三吊台儿庄》明确记叙道："我们从运河堤上走回来时，二十七师的于秘书……他把一张地图，黄师长的一张照片和亲手的题句交给了我。他说：'七十里路，马子跑得我一身大汗，为了送给你这份礼物。我们的师长以得不到与你一见为憾。他很爱好文艺，这篇字是自作自写的，小凳子做了书桌'。"⑥黄樵松于1948年起义未果，以身殉国，他的

---

① 张惠仁：《臧克家评传》，113页，北京，能源出版社，1987。
② 臧克家：《津浦北线血战记》，见《臧克家文集》第5卷，328页，济南，山东文艺出版社，1994。
③ 盛成：《盛成台儿庄纪事》，147页，北京，北京语言大学出版社，2007。
④ 臧克家：《津浦北线血战记》，见《臧克家文集》第5卷，295页，济南，山东文艺出版社，1994。
⑤ 盛成：《盛成台儿庄纪事》，128页，北京，北京语言大学出版社，2007。
⑥ 臧克家：《津浦北线血战记》，见《臧克家文集》第5卷，329页，济南，山东文艺出版社，1994。

这张照片和手迹赖盛成的书而保存了下来,因此是相当珍贵的。

另臧克家的《津浦北线血战记》原还有一篇序和两篇附录,《五十九军官长谈临沂歼敌》和《追述临沂大血战》,是《前线通讯》所没有的。全书的写作时间,书尾记道:"一九三八年四月十五日写起,二十一日完成,时津浦北段第二次大战伊始,徐州可闻炮声。"①这很重要的一句话《前线通讯》也没有。书写成后的第二天,臧克家为了"把个人在前方眼看耳闻的一些惊心动魄的血的事实向大家来个忠实的报告"②,即向李宗仁辞行到武汉联系出书了,李宗仁为他的书写了长篇题句。

盛成的《徐州慰劳报告》与《台儿庄血战记》不同于臧克家的《津浦北线血战记》的是当年没有出版,后来随着盛成辗转了60年,漂泊了三大洲,直到盛成先生逝世后,才于2007年由北京语言大学出版社据其手稿的复印件整理加工出版。但把臧克家《津浦北线血战记》中的12篇文章误收入书中,现作考证,还其原来的面目。

虽然,《前线通讯》非盛成所作,仅就其《徐州慰劳报告》与《台儿庄血战记》两部分,《盛成台儿庄纪事》一书的价值同样也是不可低估的。

---

① 臧克家:《津浦北线血战记》,见《臧克家文集》第5卷,340页,济南,山东文艺出版社,1994。
② 臧克家:《津浦北线血战记·序言》,见《臧克家文集》第6卷,807页,济南,山东文艺出版社,1994。

第五章

臧克家与徐州

臧克家(1905—2004)是中国现代文学史上著名诗人,1933 年,他以一部诗集《烙印》而闻名诗坛,被誉为"农民诗人"。1937 年全面抗战爆发,臧克家从他任教的临清中学回到他的家乡山东省诸城县臧家庄。宁静的教书生活无端被日本帝国主义的侵略破坏,臧克家内心充满对日寇的憎恨,诗人悲愤地唱道:"我们爱和平/然而我们却欢迎战争!"(《我们要抗战》)1937 年 11 月,他的好友吴伯箫率领莱阳乡村师范师生流亡到他的家乡诸城,臧克家遂即与吴伯箫一起去临沂。然而刚刚上了两次大课,日寇的飞机就轰炸了县城。此时,离临沂不远的徐州,是第五战区所在地,正聚集了一大批文化人和抗日爱国的青年。臧克家的心被激荡了,"一匹久经战场的马,把它拴在生活的木槽上,它的心是不死的;一个真理的歌手,没有不应着大时代的呼唤而贡献出自己来的"①。临清是待不下去了,而"最接近敌人"的徐州,才是他真正要去的地方。

第一节 "我要去从军,到徐州"

1937 年 11 月底,臧克家唱着《流亡曲》"我们要洒尽鲜血/保卫五千年祖宗的产业",离开了临沂,到第五战区司令长官部所在地的徐州,同行的有他的妻子王慧兰和妻弟王斐。一路上是流亡的人群,是横行的土匪,而"到了徐州,这个历史上有名的古战场,另是一番景象"。臧克家兴奋地写道:"在这里遇到了许许多多各界的朋友,都是从四面八方汇集到第五战区司令长官部所在地来的。"自 1937 年 10 月,战火烧到了他任教的临清,烧到他的家乡诸城,又烧到了他流亡的临沂,现在,来到了徐州,他才感到,"到了这儿,生命有了安全感,心也壮了"②。

---

① 臧克家:《回忆录》,见《臧克家文集》第 4 卷,565 页,济南,山东文艺出版社,1994。
② 臧克家:《回忆录》,见《臧克家文集》第 4 卷,685 页,济南,山东文艺出版社,1994。

第五章 臧克家与徐州

来到了徐州,让他感到兴奋的有两点。一是徐报上登出了他的消息。作为一个诗人,臧克家已闻名全国,因而他的来徐州也就很快为人所知。此时的第五战区,一方面在积极备战,一方面也在招揽人才,借重文化人笔杆子的力量。李宗仁不仅是负一方重责的司令长官,还是一个有政治头脑的人,他要为自己增添力量,他要左手笔,右手枪,这样就有了徐报上登出的一条消息:凡马寅初、孟超……等先生的朋友和学生,请留在徐州。在这十几个人的名字中,就有臧克家。于是,臧克家在徐州留下了。二是与李宗仁的见面。臧克家留下了,李宗仁也很快接见了他。此时,李宗仁想办一个抗敌青年军团,把从北方流亡来的青年学生收容在一起,组成一支抗敌的队伍,作为他的后备军。李宗仁虽是军人,却也知诗人之名。他让他的秘书去约臧克家来晤谈。臧克家在李宗仁的公署里见到了他。李宗仁是怎样一个人呢?臧克家先描绘了一幅李宗仁的肖像:

> 李宗仁住在一个很大的公署里,住处院子的门上有一副对联,至今还记得:"门对千竿竹,胸罗百万兵。"一进院子,刚巧警报来了,我看见一个人站在房檐底下悠然地望着天空盘旋的飞机,高大的防空洞近在身边,也不进去,这人就是第五战区司令长官李宗仁。[1]

这是一个指挥若定的将军的形象,诗人臧克家立刻有了好感。他与李宗仁对坐寒暄后,李宗仁说:"各方面的著名人士来到徐州,希望能在这里从事抗战工作,我想办一个青年军团,正在筹备。"[2]李宗仁的想法是好的,有"著名人士"在身边,就有点曹操当年的文人集团那样不愁不有陈琳之笔了,何况还有那么多热血青年呢?!所谓"青年军团",不就是一支青年的文化大军吗?!这更要超过曹操了。然而,李宗仁只是还在"筹备",没能给臧克家实质性的工作,而臧克家迫不及待地要战斗,他是一个诗人,更是一个战斗的诗人。他在卢沟桥的火刚一烧起,就大声呐喊"我们要抗战":"诗人啊!……/请放开你们的喉咙/除了高唱战歌/你们的诗句将哑然无声。"(《我们要抗战》)

没有工作,臧克家只在徐州待了不几天就离开了。虽只有短短的几天,但这第一次的来徐州,还是让他对徐州留下了深刻的印象,徐州不仅是个有名的古战

---

[1] 臧克家:《回忆录》,见《臧克家文集》第4卷,686页,济南,山东文艺出版社,1994。
[2] 臧克家:《回忆录》,见《臧克家文集》第4卷,686页,济南,山东文艺出版社,1994。

场,而且,"徐州是一个主脑"①,他还是要回来的,作为一个战士,不能离开战场;要从军,还是在徐州。臧克家走了不几天,就写下了《去从军》:"我要去从军,到徐州!"

第二节 《保卫大徐州》

臧克家在徐州一时没有工作,就去了西安,然后想转赴延安。在西安等了七八天,不见延安那边来电报,而徐州的抗敌青年军团又已成立。李宗仁的秘书催他赶快回徐州的电报到了。臧克家毫不犹豫地与他的妻子又返回徐州,这是1937年12月11日。他在"送琪弟入游击队"后,自己也进了"游击队":"大时代的弓弦/正等待年轻的臂力。"(《从军行——送琪弟入游击队》)

臧克家来到徐州,被安排在宣传科工作。抗敌青年军团由李宗仁挂名,教官有匡亚明等人,学员有数千人,确是一支不小的队伍。臧克家这次在徐州一直待到1938年2月上旬,后因司令长官部移到河南潢川而暂离徐州。

这次在徐州的一个多月里,臧克家充分利用在宣传科的优势搞了一次战时文艺评奖,以推动抗战文艺宣传。当此抗战救亡之时,大敌当前,目标一致,李宗仁的政治态度也比较开明,因而在抗敌青年军团里有不少是共产党员。青年军团的一个重要部门政训处就有共产党的人,为了积极开展抗战活动,政训处拿出一百元钱作文艺奖金,由臧克家来评选作品,臧克家选出了状元章文龙,他的长诗《元宵》深为臧克家赞赏,评为第一名后又被臧克家推荐到《自由中国》发表。评出的第二名是庄重,他写的是一首抗战诗,"调子高昂,字句铿锵有力"②。这是在战时,在徐州举行的一次抗敌文艺活动,是在国民党的第五战区举行的一次进步的抗战文艺宣传活动,是具有一定意义的。

在徐期间,臧克家自己还创作了数首诗歌,有《抗战到底》(1938.1)《从军去——别长安》(1938.1.2)《换上了戎装》(1938.1.16)等,最有名而为徐州人所熟知的就是《保卫大徐州》(1938.2.8)。此外,臧克家在离开徐州后所写的诗里也几次提到徐州,如《武汉,我重见到你》《木刻家》等。

臧克家到徐州写的第一首诗,也是1938年的开年之作,即是《抗战到底》:"抗

---

① 臧克家:《津浦北线血战记》,见《臧克家文集》第5卷,287页,济南,山东文艺出版社,1994。
② 臧克家:《回忆录》,见《臧克家文集》第4卷,688页,济南,山东文艺出版社,1994。

战到底！/我们的红血不是白流的。……""抗战到底！/我们的热血不是白流的。……"诗分两节,以重章叠唱的方式抒写"抗战到底"的决心。之所以有如此的决心,之所以要到徐州来,他在紧接着的一首诗《从军去——别长安》做了说明,徐州,"因为那儿最接近敌人"。长安固然是他向往的地方,"长安城/你坐镇西北的伟大神灵！""陕北/你身旁最光明的部分。"徐州则是最前线,"粮秣的运输,军火的接济,都要经过这里,或直接仰给这里。徐州是一个主脑,一个命令可以立刻到达前方,使战况变一个新样,对于前方的指挥官和火线上的战士,是有着体之使臂,臂之使指的作用的。"①臧克家还是与"长安城/相对八天/便向你伸出告别的手",而奔向了徐州,"因为",臧克家写到,徐州"那儿最接近敌人"。(《从军去——别长安》)臧克家一到徐州就"脱掉长衫/换上了戎装",他"甘心掷上这条身子/掷上一切/去赢最后胜利的/那一份光荣。"(《换上了戎装》)臧克家的这一壮志豪情在《保卫大徐州》中得到更加酣畅淋漓的表达。

> 老黄河用半截手臂,
> 环护着我们这伟大的古城,
> 津浦、陇海画一个铁十字,
> 在它的心中。
> 登上高岗
> 可以对着东海吐气,
> 鲜的鱼,
> 白的盐,
> 往返的火车
> 载不尽的富源。
> 前后不断的青山
> 像数不清的帐幕,
> 要三十万大军,
> 把守在里边。
> 子房山头
> 仿佛箫声还在响,
> 楚歌四面,

---

① 臧克家:《津浦北线血战记》,见《臧克家文集》第 5 卷,287 页,济南,山东文艺出版社,1994。

扛鼎的霸王
领起残骑
引退乌江。
徐州城,
是中华的左心室,
它的脉络
关连着中华整个的生命。
徐州城,
它正受着四面的围攻,
敌人想用炮火穿透这一点,
把我们的南京连接起北京。
保卫它,
用血用肉!
保卫它,
丰沛萧砀从古多英雄!

这首诗写于1938年2月8日,两个月后的4月8日,又再"志于徐州"①。臧克家在1937年7月到1939年期间创作了大量的抗战诗歌,他随军到过许多城市,参加过多次战地采访,说到对一座城市要"保卫"的,独此一首《保卫大徐州》,足见此诗在臧克家诗歌创作中的分量。遗憾的是在臧克家的诗歌评论以及臧克家研究中,却很少人论及这首诗,因此作为徐州人就不能不特别重视这首诗了。

全诗32行,不分节,不押韵,不齐整,是一首自由体的诗。正因其"自由"才不受拘束地抒发热烈的情感。从内容上看,诗虽不分节,仍可分为三段。从开头到"在它的心中"是第一段,写徐州地理位置的重要性。徐州是一座"伟大的古城",有津浦、陇海两条铁路大动脉在此交汇,就连上天也知道"徐州"的重要,以至"用半截手臂"的"老黄河"来"环护着"它。从"登上高岗"到"引退乌江"是第二段,写徐州的现实与历史。徐州虽地处苏北,却也是有"鲜的鱼",有"白的盐",有"载不尽的富源";有"青山",有绿水,有"往返的火车";大自然尚知道用"老黄河""环护"它,那么作为我们人类面对如此富饶美丽的山河,更"要三十万大军,/把守在里边"。如果不能保卫好徐州,那么就会重演历史的悲剧:"子房山头/仿佛箫声还在响,/楚歌四面,/扛鼎的霸王/领起残骑/引退乌江。"臧克家在写这句诗时,后来

---

① 臧克家:《臧克家文集》,第1卷,251页,济南,山东文艺出版社,1985。

特地作了个注:"引用子房项羽的故事,意在证明徐州之重要,历来争天下者,失此则大势已去。于今正在百里附近与敌人作殊死战,昨日登上千古战场的'云龙山',北望烽烟,情感之悲壮,莫可形容!"①似乎是一个预言,是一个警告,李宗仁的军队在取得台儿庄战役胜利后,未能一鼓作气,乘胜追击,致徐州于南京之后于5月19日失守。从"徐州城"到"丰沛萧砀从古多英雄"是第三段,再次写徐州在战略上的重要性。臧克家以历史的眼光,从历史的故事中,看到了"徐州之重要",现在又正是中日在徐州大会战之时,因而,"这次津浦北线的大会战,对于全盘战局,有着重大的决定性。胜利与败挫,关系着中华民族的死灭和新生"②。徐州的重要性已把诗人的心弦绷得紧紧的了。他看清了日寇的企图,从"去岁年尾敌下南京后,他第二步的棋眼就是徐州。这意义很鲜明,攫得徐州,打通津浦路,使华北华中连成一线……进一步会战中原,攻取武汉,予中国以致命的打击"③。臧克家以诗人敏锐的眼光看到了战争未来的形势。所以,他再吁请最高军事当局严肃地关注,"徐州城,/是中华的左心室,/它的脉络/关连着中华整个的生命"。臧克家用"左心室"来比喻徐州,据《清一统志》:"徐州府之铜、萧、丰、沛五县,为房、心分野,大火之次。邳、宿、雎一州二县,为奎、娄分野,降娄之次。"④此即"左心室"的来历。他还用"大脑"来比喻过徐州,都说明了他对徐州的十二万分的关切。诗人已把自己的生命与一个地方的命运联系在了一起,因为这个地方"连着中华整个的生命"。诗人起而呐喊:"保卫它,/用血用肉!/保卫它,/丰沛萧砀从古多英雄!"臧克家并不因"徐州城,/它正受着四面的围攻"而畏惧、胆怯,相反,他看到徐州的"丰沛萧砀的人民以强悍名于今古",他们是大汉刘邦的后代,他们一定能够"在此民族生死存亡之秋,烽火照眼之际"发挥出让日本鬼子气慑胆寒的"伟大力量"⑤。

全诗气势宏大,"登上高岗/可以对着东海吐气";激情飞扬,"保卫它,/用血用肉!"用历史警醒今人,"扛鼎的霸王/领起残骑/引退乌江"。用现实激励战士,"要三十万大军,/把守在里边"。呼唤丰沛萧砀的健儿,振发古代英雄的豪气,继承古代英雄的精神,"用血用肉"筑起的长城来"保卫大徐州",守住自己

---

① 臧克家:《臧克家文集》,第1卷,251页,济南,山东文艺出版社,1985。
② 臧克家:《津浦北线血战记》,见《臧克家文集》第5卷,285页,济南,山东文艺出版社,1994。
③ 臧克家:《津浦北线血战记》,见《臧克家文集》第5卷,285页,济南,山东文艺出版社,1994。
④ 转引自冒广生补笺:《后山诗注补笺》,上册,411页,北京,中华书局,1995。
⑤ 臧克家:《津浦北线血战记》,见《臧克家文集》第5卷,288页,济南,山东文艺出版社,1994。

可爱的家乡。

第三节 《津浦北线血战记》

1938年2月初,北方正是"大雪纷飞"①的季节,臧克家与他所在的抗敌青年军团随第五战区司令长官部迁移到河南潢川,工作到3月,即由于与妻子关系破裂,两人似不便在一处(当时他妻子王慧兰也在青年军团,是女生中队指导员),就辞职离开了潢川,去武汉。他在徐州的第二段生活也随之结束。

也仅仅过了半个多月,他又第三次踏上了徐州这块战火纷飞的土地。从4月4日到4月22日,他在徐州,在台儿庄共住了近20天时间。

当他在武汉的旅馆里住不几天时,李宗仁的"政治灵魂"第五战区政治部主任韦永成就给他送来了邀请的函件。4月3日这天,臧克家去武汉的一家大旅馆璇宫饭店见他,韦永成非常客气,但又不兜圈子开门见山地说:"台儿庄正在作战,请你赶快回前方去,写点报道文章,鼓舞军心也鼓舞人心。"②韦永成也不容臧克家分说,就用肯定的口气说:"就这么决定吧!"并且把李宗仁的一封介绍信和去徐州的路费给了他,要他"明天就动身"。这一次的任务十分明确,是做李宗仁的秘书,到台儿庄前线去采访作报道。到这时,臧克家也就没有什么犹豫的了,简单地"把一些零用的日常必需品,填满了一小皮匣"③,于4月4号的早晨乘车赶赴津浦北线的血战之地——徐州。

两个月不见,徐州的现况是怎样的呢?

臧克家把4月份的徐州与两个月前的徐州作了个比较。他写道:

> 在一月的末梢,我曾在徐州勾留过一些时日,那时候,社会的情况,人民的心理,都陷在凌乱与恐慌之中……有钱的,有力量的都离去了,商店多半上了门,在门板上贴一个红条,上面写一行挡人眼目的好看的字眼。有的,门半掩着,在打货底,应付着客人。别的不必提了,袜子、牙膏……一类的日用品也都成了缺货。旅社里挤满了人,都是从四方八面流亡过来的,都带一副悲

---

① 臧克家:《回忆录》,见《臧克家文集》第4卷,688页,济南,山东文艺出版社,1994。
② 臧克家:《回忆录》,见《臧克家文集》第4卷,690页,济南,山东文艺出版社,1994。
③ 臧克家:《津浦北线血战记》,见《臧克家文集》第5卷,288页,济南,山东文艺出版社,1994。

伤的面孔,在谈论着,计划着逃难的路线和个人安全的问题。一提到抗战的前途,大家摇摇头,叹口气,最后来一个会心的苦笑。一句话,两个月以前的徐州,是笼在一团不安的气氛里。①

这是臧克家在1938年1月底,也就是他第二次到徐州,在去潢川之前所看到的徐州城的景象。当时的徐州是凌乱,是恐慌,是不安;写在人们脸上的是悲伤,是苦笑;旅馆里挤满的是逃难、流亡的人群;商店里开着门的也是缺货。那么两个月之后呢?随着台儿庄战役胜利的消息不时传来,人们看到了希望,臧克家也恰好赶上了,他不无兴奋地说:

这次重来,徐州给了我一个新的姿态,出乎意外的。市面很繁荣,商店都大开着门,门口不断地吞吐着人群。新的货物在木架上,在玻璃窗中向着人投媚眼,而价目比武汉来得更便宜。旅舍里人照样是挤,大都是有任务的,各军留守办事处的人员,或者是各省的游击队负责人来领饷械,好转回去打击敌人。此外,中外名记者来"徐州观战"的也都在旅馆中开一个房间,接见关系方面的人,采访新闻,当他们在前方时,这个房间,还是"虚床以待",水牌上仍然留着一个白字的名字。②

臧克家用诗人的笔,为我们写下了20世纪的1938年1月与4月,徐州的两幅城市社会大图景,这两帧极其现实的城市影像,很有社会学研究的意义。

臧克家到徐州的第二天,就奔赴前线台儿庄,开始了紧张危险的战地采访。试看他的战地生活。

"到了徐州的第二天,恰恰是前方胜利消息一日数传的时节,怀着一腔狂烈去拜会李司令长官。"(《李白两将军亲赴前方》)"到了徐州的第二天"大约是六号,因当时打仗的原因不能当天到。又"第二天晚上八点钟,司令长官部有电话来"(同上),这是"到了徐州第二天"后的第二天,当是四月七号左右。然后就有准确的日期了。

"夜半时,车停在车辐山站上了。这天是八号。次日清早,汽车把我们送到了

---

① 臧克家:《津浦北线血战记》,见《臧克家文集》第5卷,287页,济南,山东文艺出版社,1994。
② 臧克家:《津浦北线血战记》,见《臧克家文集》第5卷,288页,济南,山东文艺出版社,1994。

离车辐山车站二十(十八)里路的一个小村落(杨楼)中。"(《李白两将军亲赴前方》)

"十日,火车耕开了黑暗。"(同上)

"十日午后……去访此次血战台儿庄的名将——卅一师池峰城师长。"(《徒步韩佛寺访池师长》)

"十一号的早晨,一串马蹄把我带到了台儿庄南站,我寄身的那个卧车载着我的行囊开回了徐州。"(《再吊台儿庄》)

十二号那天二十六军的何参谋对作者介绍台儿庄的战斗情况时说道:"昨晚(十一号)又下令……"(《何参谋按地图纵谈全盘战局》)

"十三日,夜宿陈庄……次日十时,敌机四架轰炸我某村炮兵阵地……与阎君缓步运河堤上……我们从运河堤上走回来时二十七师的于秘书拍着我的肩膀……'台儿庄一走好吗?'……'好,三吊台儿庄去!'"(《三吊台儿庄》)

"从台儿庄回到陈庄,……第二天一早司令长官叫了我去……午饭后我向他辞别……当我们回到别来八日的徐州城时……"(《告别司令长官》)这一天从台儿庄回徐州的时间是十四号。

臧克家在前线真是马不停蹄,人不下鞍,有时宿在火车上,有时就宿在庄子上,接触了前线的指挥官李宗仁、白崇禧、孙连仲、张金照、池峰城,也采访了基层的干部屈处长、阎站长、何参谋、于秘书,更与普普通通的士兵、战地服务团人员和老百姓进行了交谈,写下了一组通讯:《李白两将军亲赴前方》《徒步韩佛寺访池峰城师长》《民族解放的先锋队——三十一师战地服务团》《小灯照人作夜谈》《夕阳马上听士兵抗战闲话》等共17篇。在这些文章中,臧克家写出了无论是将军还是士兵民众,都具有的那种为国家而勇于献身的精神。"抗战是军人的本分。"(《隆隆炮声中走马访孙总司令及黄张两师长》)①"我们的武器虽然比不上敌人,然而我们的血肉可行!我们拿血肉拼敌人的武器。"(《徒步韩佛寺访池峰城师长》)②将军说。"这次打日本鬼子,我们这一师牺牲得可老了。"但"这牺牲是有伟大的代价的"(《小灯照人作夜谈》)③,士兵说。"先生你看,抬伤兵的全是老百姓……现

---

① 臧克家:《津浦北线血战记》,见《臧克家文集》第5卷,322页,济南,山东文艺出版社,1994。
② 臧克家:《津浦北线血战记》,见《臧克家文集》第5卷,299页,济南,山东文艺出版社,1994。
③ 臧克家:《津浦北线血战记》,见《臧克家文集》第5卷,310页,济南,山东文艺出版社,1994。

在的老百姓也变了,全是帮着军队干。"(《夕阳马上听士兵抗战闲话》)①这是民众。正因为有这样的将士与人民,才有台儿庄战役的胜利。臧克家用笔记录下了他们精彩的人生。

作为一个诗人,臧克家的前线通讯虽是散文,虽是采访后的急就章,然仍不乏诗味。"十日,火车耕开了黑暗,在晨曦中,我们立脚在台儿庄南站上了。"(《李白两将军亲赴前方》)②用一个"耕"字,多么讲究练字,他在一首诗《兵车向前方开》中也用过:"耕破黑暗,/又驰去白日。"像这样炼字成诗,以写诗来写通讯的例子在这本《津浦北线血战记》中还有很多。如"地上铺一片月光,远处炮声还在隆隆作响"(《徒步韩佛寺访池峰城师长》)③的"铺"字,"带着很高的太阳"的"带"字(《民族解放的先锋队——三十一师战地服务团》)④。有的本身就是诗句,"树皮上开满了枪弹的花"(《再吊台儿庄》)⑤。"小灯照人作夜谈",是标题,也是诗句。虽然是在战争中,臧克家也不忘描写一番战地的宁静的风光,表达着诗人对和平生活的向往与渴望。"古道夕阳,晚风送到炮声隆隆。阳光渐淡,黄昏已近,策马疾驰,回到陈庄时,太阳刚刚沾地。"(《何参谋长按地图纵谈全盘战局》)⑥"春地上一片片小草,野菜,像一块块绿色的补丁。"(《三吊台儿庄》)⑦"好一个幽致的小村落。左手一条小河,岸上绿柳垂条,柳荫下几个士兵在洗衣服。水清得一眼到底,水面上飘着几只白鹅。"(《隆隆炮声中走马访孙总司令及黄张两师长》)⑧多么安宁的乡村景致,多么幽静的田园风光,可是,这一切的美,一切的安宁,都被日本帝国主义的侵略破坏了,人民不得不拿起武器来保卫。

臧克家在战地采访了8天,体验到战地生活"一切都是新鲜的,紧张的,健康

---

① 臧克家:《津浦北线血战记》,见《臧克家文集》第5卷,326页,济南,山东文艺出版社,1994。

② 臧克家:《津浦北线血战记》,见《臧克家文集》第5卷,293页,济南,山东文艺出版社,1994。

③ 臧克家:《津浦北线血战记》,见《臧克家文集》第5卷,300页,济南,山东文艺出版社,1994。

④ 臧克家:《津浦北线血战记》,见《臧克家文集》第5卷,308页,济南,山东文艺出版社,1994。

⑤ 臧克家:《津浦北线血战记》,见《臧克家文集》第5卷,316页,济南,山东文艺出版社,1994。

⑥ 臧克家:《津浦北线血战记》,见《臧克家文集》第5卷,326页,济南,山东文艺出版社,1994。

⑦ **臧克家:《津浦北线血战记》,见《臧克家文集》第5卷,328页**,济南,山东文艺出版社,1994。

⑧ 臧克家:《津浦北线血战记》,见《臧克家文集》第5卷,320页,济南,山东文艺出版社,1994。

的"(《告别司令长官》)①。他要把这些赶快记录下来,"把个人在前方眼看耳闻的一些惊心动魄的血的事实向大家来个忠实的报告。"②4月14日,他从台儿庄回到徐州来写作整理他的这部采访报道。从4月15日到4月21日,他住在"一个独院"里,"幽居僻处闭门谢客"③,用了一周的时间,终于完成了《津浦北线血战记》这部报告文学集,为了尽快把它送到读者手里,让全中国人民看到这里血战的红光,血战的希望,看到"象征了抗战与民族前途的光明和伟大"(《徐州现况》)④的台儿庄,以增强人民抗战必胜的信心,臧克家于4月23日辞别李宗仁,登上"向前方开"的兵车,去武汉,联系书的出版。很快,汉口的生活书店负责人邹韬奋决定把它作为"最快件"付印。1938年5月,凝结着臧克家心血,借着"大家的助力"⑤的《津浦北线血战记》就面世了。

这是抗日战争开始后最早出现的一本反映抗战伊始中华民族儿女与日本军国主义者浴血战斗的具体场面的介乎新闻与文学之间的小册子。它记录了台儿庄大会战的情况。⑥

在抗战期间,报告文学骤然繁荣,可以说是一枝独秀,臧克家的《津浦北线血战记》是启了报告文学的头,开了报告文学的花,在中国现代文学史与现代报告文学史上占有一席重要之地。

在徐州的这段时间,臧克家还为抗战以来所写的一些抗战诗歌编成一部诗集《从军行》,共收诗12首,其中即有《保卫大徐州》,这是臧克家在抗战后编的第一个诗集,且是在徐州所编。他在《自序》中说:"在炮火连天的时候,在距离血肉纷飞的火线不远的这地方,在极度慷慨与悲壮的情绪下,编就了这一本薄薄的诗集",当"中国正在演着一幕伟大的历史剧"时,当"前线上战士壮烈的牺牲,沦陷

---

① 臧克家:《津浦北线血战记》,见《臧克家文集》第5卷,332页,济南,山东文艺出版社,1994。
② 臧克家:《津浦北线血战记·序言》,见《臧克家文集》第6卷,807页,济南,山东文艺出版社年版,1994。
③ 臧克家:《津浦北线血战记·序言》,见《臧克家文集》第6卷,808页,济南,山东文艺出版社年版,1994。
④ 臧克家:《津浦北线血战记》,见《臧克家文集》第5卷,289页,济南,山东文艺出版社,1994。
⑤ 臧克家:《津浦北线血战记·序言》,见《臧克家文集》第6卷,807页,济南,山东文艺出版社年版,1994。
⑥ 张惠仁:《臧克家评传》,113页,北京,能源出版社,1987。

了国土上同胞们被惨杀的血迹;流亡道路中的难民的眼泪;遍地民众为保卫家乡而作的血战;青年男女为国忘身的伟大精神",使臧克家既感到"兴奋",又"止不住悲壮的热泪"。于是,他虽感到"有点不安与抱愧",还是把它"呈献给这大时代中的读者",以便让"每个中国人"读着它的时候,"可以使得诗句逐着行动向前跨进一步"①。臧克家写这篇自序时,是在4月7日,这是他刚刚从"千古战场的云龙山"②下来,白天"北望烽烟"的情景仍历历在目,而灯下"时津浦北线正展开空前的血战"③。这本诗集一编完,他就奔赴台儿庄,为准备写作《津浦北线血战记》作采访报道了。

臧克家从1937年底到1938年4月,先后三次来徐州,合共在徐州有一两个月的时间,虽算不上长,可也不算很短。臧克家此后没有再来过徐州,但他在徐州期间留下的业绩仍是可圈可点的。作为宣传科的人员,他积极从事抗战宣传活动;作为战地记者,他创作了抗战文学史上最早的报告文学作品《津浦北线血战记》;作为诗人,他编了自己第一部抗战诗集《从军行》,特别是他为徐州写下了壮丽的诗篇《保卫大徐州》。

---

① 臧克家:《从军行·自序》,见《臧克家文集》第1卷,584—585页,济南,山东文艺出版社,1985。
② 臧克家:《臧克家文集》,第1卷,251页,济南,山东文艺出版社,1985。
③ 臧克家:《从军行·自序》,见《臧克家文集》第1卷,585页,济南,山东文艺出版社,1985。

第六章

黄樵松将军与徐州

第一节 黄樵松与台儿庄战役

卢沟桥事变后，中国伟大的全面抗日战争爆发。1938年3月，第二集团军第27师师长黄樵松率部随第二集团军开往台儿庄。3月23日，日军矶谷10师团濑谷支队自峄县沿台枣铁路支线南下，猛攻台儿庄。此时黄樵松的27师正由徐州的贾汪星夜徒步向台儿庄集结。3月24日晚，当日军与31师池峰城部激战时，黄樵松的27师则在斐庄、前后枣庄、孙庄一带与敌展开拉锯战。3月28日，日军调集兵力，从西北角冲入台儿庄内。黄师分向刘家湖、邵家庄、前园村、坟上等处进攻，并占领邵家庄，迫近刘家湖。3月29日，矶谷率师团主力自峄县附近南下，坂垣师团之坂本支队从临沂南下，一起猛扑台儿庄。黄樵松27师与张金照30师分左右两翼出击。4月2日，黄樵松挑选奋勇队员250人，从台儿庄东北角攻入，延至东门，乘势向西北扩展；30师攻进西北角。4月3日，庄内日军向我军发起总攻，集中炮火向东南角轰击，黄师始由庄内撤出。4月6日，我军对台儿庄发起全线反攻，黄师分向纪庄、王庄猛攻，进抵沧汪庙、东庄、李庄、陶沟桥等处。敌军溃逃，晚11时将各村占领。我大部随即向前后刘桥、刘家湖进击，肃清各村之敌。此时池师等部也将庄内日军肃清，从而取得台儿庄战役胜利。

第二节 黄樵松的《台儿庄祝捷歌》

台儿庄大捷，震惊世界，历史将永远记住1938年4月6日这一天。指挥参加台儿庄战斗的黄樵松师长在硝烟尚未散去之时，欣笔写下了《台儿庄祝捷歌》，为未来留下了一曲浩气长存之歌。

在《祝捷歌》之前或同时,黄樵松还写了一封信,称台儿庄战役的胜利"是精神战胜物质的铁证",他写道:

> 强暴的飞机大炮坦克是打不开我们血肉筑成的长城——台儿庄,敌寇所恃的机械化的壁垒和毒瓦斯的恶魔营阵,卒被我们用大刀手榴弹前仆后继的死拼战术冲得粉碎而败溃了!
>
> 这是精神战胜物质的铁证,我们要在这现实底下,再接再厉的拼去干去,一直干到失地收复,民族复兴为止!
>
> 黄樵松
> 二七·四·七
> 于台儿庄前线①

信写于刚刚取得大捷之时,此时,台儿庄的军民正举行热烈的祝捷活动。曾参加台儿庄战役的 27 师的中士班长郑玉良回忆说:"当时气氛非常热烈,没有鞭炮就放枪炮,没有锣鼓就敲盆,整个台儿庄内外响声一片……师长黄樵松还编了一首战歌,教我们唱。"②这首战歌就是《台儿庄祝捷歌》:

> 二十七师血战功,奋勇歼寇运河东。绕击敌侧背,攻占前后彭。
> 师长督战陶沟桥,切断潘岔敌交通。肉搏又冲锋,血染山河红。
>
> 微山湖畔麦青青,台儿庄上血腥腥。成仁王景山,取义董玉清。
> 击溃坂垣刘家湖,大败矶谷燕子井。马喋寇枭心,取笑鬼子兵。
>
> 运河北折东南流,台庄十日建奇猷。粉碎敌人梦,洗尽民族羞。
> 完成先烈未尽志,誓将大节报国仇。恢复旧神州,豪气壮千秋。

这首诗原本无题,是郑玉良回忆所写。在黄樵松的遗诗中亦未见,是一首难得的佚诗。虽隔了几十年,郑玉良说:"这首歌的歌词仍在我脑中记忆犹新",可见在当时传唱之响,印象之深。

诗三章。首章写 27 师取得的战绩。黄樵松的 27 师到达台儿庄,守备台沂公

---

① 盛成:《盛成台儿庄纪事》,132 页,北京,北京语言大学出版社,2007。
② 郑玉良:《台儿庄抗日前线亲历记》,见《徐州文史资料》1985 年第 5 辑。

路东侧,离台儿庄东北约5公里。在27师的右翼是张金照师长的30师,左翼是池峰城师长的31师。黄樵松率领的27师主要是在前彭、后彭、陶沟桥等地作战。运用侧击战、肉搏战、冲锋战等多种"死拼战术",把日寇歼灭在运河之东。这次战斗,黄樵松身临一线,亲自指挥"督战",部队伤亡巨大,一仗下来,所部仅编为一个旅。故黄樵松在诗中说:那山河是为无数战士用鲜血染红的。

次章歌颂27师的两个壮烈殉国的英雄。王景山、董玉清是27师的两个营长,黄樵松的部下,他们取义成仁,为国而殉,英名长存,永垂不朽。可以告慰英雄的是,侵略台儿庄的坂垣、矶谷已被击败。据《盛成台儿庄纪事》记载黄樵松27师与坂垣、矶谷作战情况:"我二十七师黄师与增援坂垣师团在岔路口以东地区之×庄疆石沟展开二次主力血战,飞机轰炸于上,大炮猛射于左右,战车绕攻于周围与矶谷部队东西呼应,以密集炮火向我夹击,我整营整连阵亡。"但最终的结果是击溃了坂垣,大败了矶谷,"敌伤亡在千五百人以上"①。日本鬼子不可战胜的神话只能给全世界人民留下笑柄。

三章写台儿庄大捷一洗民族之羞。自全面抗战爆发以来,北平、天津、上海、南京等大城市相继陷落,一时悲观气氛笼罩全国,而日本帝国主义则狂妄叫嚣要在三个月内灭亡中国。然而,台儿庄一战,"粉碎敌人梦",中华民族之羞,也以热血洗尽,国仇得报,神州将复。

全诗情怀激烈,豪气勃发,一派英雄气概。不仅仗打出了中国人的威风,而且,诗也写出了将士们的凌云之志。诗用七七五五句式,取词牌《菩萨蛮》上阕,或为《武陵春》七五七五式的变格,三章章章换韵,一章一韵,声调铿锵有力,既有诗味,又有词风。

黄樵松1901年出生于河南省尉氏县蔡庄乡,尉氏县附近有朱仙镇,是宋朝岳飞大败金兵的古战场。镇内有岳王庙,民间有"岳母刺字""马踏番营"的故事。黄樵松在少年时代常来凭吊,深为岳飞"驱逐胡虏,还我山河"的壮志雄风所感动。所以,也就不难看出他的"马喋寇枭心,取笑鬼子兵"诗句有岳飞《满江红》的"壮志饥餐胡虏肉,笑谈渴饮匈奴血"的气势。

黄樵松虽是一名军人,却有浓厚的诗人气质。"他是精明活泼爱好文艺的一个人","他很爱好文艺"②。他的两个部下钦佩地说。黄樵松自己也说:"平生酷爱艺术。"③黄樵松并不有意为诗,但每于战斗之时,情不自禁,都会有诗流出。台

---

① 盛成:《盛成台儿庄纪事》,157页,北京,北京语言大学出版社,2007。
② 盛成:《盛成台儿庄纪事》,227页,北京,北京语言大学出版社,2007。
③ 黄樵松烈士遗书,原件存太原双塔烈士陵园。

儿庄之前的娘子关战斗,黄樵松的部队击毙敌大队长中岛利男、少佐鲤登及其以下官兵三百余人,黄樵松即赋诗讴歌:"陈兵娘子关,壮志薄云天。笑斩鲤登头,放歌大阪山。"①也是一派豪情。在率师赶赴台儿庄的路上,他看到祖国山河破碎之象,心头难抑悲愤之情,吟出了"救国寸肠断,先烈血成河。莫忘山河碎,岂能享安乐"的诗句。当大战之时,黄樵松亦已预感到了这次战斗的惨酷与激烈,虽早已抱定"与日倭决一死战!他不死,我便亡,最后关头便是今日"(《给妻子王怡芳信》)的决心,当台儿庄开战,黄樵松又留下了七绝《榴花》:"昨夜梦中炮声隆,朝来榴花满地红。英雄效命咫尺外,榴花原是血染成。"以为绝笔之诗。

英雄当"效命"于疆场,然而,黄樵松打败了日寇,却惨死于国民党反动派之手。1948年11月,黄樵松起义未果,密泄被害;山河失色,举国同悲,悼念这位为国家独立,民族复兴而献身的英雄——一个杰出的将军诗人!

---

① 臧克家:《追记黄樵松烈士的一些往事》,见《山西文史资料》第33辑。

第七章

史迪威将军与徐州

约瑟夫·史迪威(1883—1946),美国佛罗里达州巴拉特卡市人,是中国人民的朋友。他曾五次来华,也曾五次经留徐州。1911年11月,恰好是中国辛亥革命时,他第一次踏上中国的土地,主要是在上海、广州、香港等我国的南方城市游历。1926年5月底6月初,他第三次来华,出任美国驻天津步兵第15兵团营长期间,于1927年5月,他受美国公使馆派遣,到徐州考察军情,这是他第一次到徐州来,待了半个多月。1935年7月至1939年5月,他第四次来华,担任美国驻华使馆上校武官,分别在1936年6月、1937年12月、1938年1月和4月,曾四次来到徐州。之后,1942年3月,第五次来华时,他已是中国战区总参谋长,中缅印战区美国总司令,四星上将了。他的主要任务是蒋介石的高级参谋,与率领军队在缅印打仗,未再来过徐州。在目前有关史迪威的研究文章中,更多的是他后期即第五次来华被蒋介石任命为盟军中国战区参谋长,负责指挥中国的入缅部队作战,于史迪威在徐州的经历,虽有提及,却少知其详。本章拟作勾勒,并述徐州对史迪威将军个人的重要意义。

第一节 徐州任务

1926年8月,史迪威第三次到中国来,任美国驻中国天津的第15步兵团少校营长,代理参谋长。正当此时,中国北伐战争已经开始。革命的形势如火如荼,北伐军由于受到人民的拥护,一路势如破竹,在史迪威刚到中国的9月份,即已拿下了长江上的重镇汉口,而从开始发动的6月份不过3个月时间。然后,北伐军继续北上,1927年3月占领南京,发生了意外的报复外国人事件。到5月份,北伐军已抵近徐州。据守在徐州的是军阀张宗昌。这个形势使美国人感到了担心。一旦徐州被攻破,山东难保,紧接着北伐军就会打到天津,那么待在天津的外国人首先是美国的妇女和儿童要不要撤出?北伐军的进攻会发展到什么程度?"若攻势这样发展下去,就不大可能召集我们的居民向海上逃跑。若不是这样,甚至我们这些身在北方通商口岸的人,也遭到侵犯,那时该怎么办呢?谁来为一次南京事件的重演负责呢?"①史迪威在日记中很担心地写道。美国的公使馆急于要了解北伐军的情况,以掌握北伐军真实兵力的第一手资料,史迪威奉命执行到徐州去的任务。这是史迪威第一次到徐州,且是执行一个重要的徐州任务。

史迪威这次是专程到徐州。从 1927 年 5 月 26 日到 6 月上旬,大约有半个多月的时间一直待在徐州。那么,他看到了些什么?他的任务完成得怎样呢?

1927 年 5 月 26 日晚,史迪威与一个姓赵的中国仆人搭晚车赶赴徐州,27 日天黑之后到徐州,下车找不到旅馆,就住在基督教青年会总干事唐先生的家里,然后开始了他的工作。史迪威到徐州的第一件事是去见驻徐督军张宗昌,向他递交自己的证件。早在 1925 年 3 月,北洋政府任命张宗昌为苏鲁皖豫四省剿匪督办,督办公署即设在徐州花园饭店。1926 年 1 月,张宗昌组成直鲁联军,自任总司令,到 12 月,张宗昌又被张作霖任命为安国军副总司令兼直鲁联军总司令。当北伐开始后,张宗昌的司令部也是设在徐州的花园饭店,花园饭店成了张宗昌的私人公馆②。史迪威即是去那儿见张宗昌的,但是未能求见得到,从这个号称"三不知"的人那儿当然也弄不到有价值的东西。

从张宗昌的寓所出来,这是他到徐州的第二天,5 月 28 日,史迪威走上了徐州的大街,对这个古老的城市进行了一番近距离观察。呈现在史迪威这个美国人眼前的徐州是怎样一幅情景呢?

20 世纪 20 年代的徐州,因战争与饥馑,已是"一片废墟"。史迪威看到的是:大街上挤满了携带各色武器的大兵和愁眉苦脸的白俄,是露宿街头的无家可归的人,是十几个相互牵着手在转悠的瞎子妇女,是穿着破衣烂衫的难民,是倒在地上已经死去的尸体⋯⋯史迪威目睹了这一幅幅人间苦难图,以一种悲悯同情之心写下了这么一段话:"他们的大车和牲口被军队抢走,儿子被抓去当兵,粮食被蝗虫般的士兵吃光,房屋被拆去当柴火,妇女被蹂躏,孩子们走散。这真是中国战争最悲惨的情景。"③

---

① [美]巴巴拉·塔奇曼:《逆风沙——史迪威与美国在华经验 1911—1949》,汪溪等译,133—134 页,重庆,重庆出版社,1994。
② 参见苏全有《张宗昌全传》,105、209 页,北京,经济日报出版社,2007;文斐编《我所知道的张宗昌》,148、149 页,北京,中国文史出版社,2004;丁爱华编著《徐州史话》,281、282 页,北京,中华书局,2005。
③ [美]巴巴拉·塔奇曼:《逆风沙——史迪威与美国在华经验 1911—1949》,汪溪等译,136 页,重庆,重庆出版社,1994。

作为一名军事观察员,史迪威更关注的是部队的情况,而这正是他此行的任务。他在大街上除了看到难民图外,还看到"俄国骑兵队"的骄横。在北方的军阀部队有为督军效劳的"俄国佬骑兵",他们身穿深绿色的军服,脚蹬长筒皮靴,佩戴着整套武器,长矛、毛瑟枪、砍头大刀,在大街上疾驰,这是些"我看到过的最凶恶的浑蛋"①,史迪威厌恶地写道。在徐州车站的停车场里,史迪威还发现了200节车厢、20辆机车和3辆有俄国司乘人员的装甲运兵车。那些士兵,许多人年龄不足14岁,人也很脏,有的打着赤脚。这样的乌合之众,"作战时除逃跑还能干什么"呢?② 史迪威以一个军事观察员的眼光一眼就看出北洋兵是不能打仗的。他注视着军队大调动的动向,计算着枪支和枪炮的数量,记录下运兵车的数字,试图从混乱中推测出张宗昌正计划着什么行动。冯玉祥因北洋军各种违约行为,他的军队攻占了郑州,张宗昌的北洋军退守到黄河以北,徐州失去了屏障,张宗昌不得不从徐州撤退。这一消息很重要,史迪威想马上到电报局向公使馆发电报,但已太晚了,电报局关门,报务员早走了。

5月31日,是史迪威到徐州的第4天,就这几天,他已经把军情完全弄清楚了,张宗昌的军队正在撤走。一旦张宗昌的军队撤走,紧接着南方的北伐军就要到来,有了上次的"南京事件"前车之鉴,史迪威本能地觉得南军来了,会对外国人处以死刑。所以,他想和随行的赵姓仆人一起溜走,但是没有成功,只好还是在基督教青年会唐总干事家里躲起来,以防不测。尽管是在那样一种混乱的情况下,史迪威都没有忘记他的孩子,他在6月1日的日记中记下他大女儿南斯的生日,用对女儿对家人的思念来减轻可能被抓的恐惧。6月2日,张宗昌奉张作霖之命放弃徐州,乘装甲车撤往韩庄、临城,北伐军乘胜进占徐州。即在此时,唐总干事来报告,北伐军已经到了徐州,但并不像想象的那样,他们行为规矩,没有打人,没有抢劫。但史迪威还是躲着没出来,用作画、跳木马的办法来消磨时间。躲了五六天后,他和仆人赵走上街头,看到"市里挂满了国民党旗帜和欢迎标语,商店已重新开业,妇女又出现在街头,木瓦匠们在忙着修理破损的建筑物"③。看来,国民党的部队也就是南军并不如他预期的那样凶暴。事不宜迟,他当即决定乘车南下去上海。经过一番惊险后,大约在6月的中下旬,他与舍命相保的中国仆人

---

① [美]巴巴拉·塔奇曼:《逆风沙——史迪威与美国在华经验1911—1949》,汪溪等译,136页,重庆,重庆出版社,1994。

② [美]巴巴拉·塔奇曼:《逆风沙——史迪威与美国在华经验1911—1949》,汪溪等译,136页,重庆,重庆出版社,1994。

③ [美]巴巴拉·塔奇曼:《逆风沙——史迪威与美国在华经验1911—1949》,汪溪等译,140页,重庆,重庆出版社,1994。

赵到了上海,然后登上"匹茨堡"号巡洋舰回到天津,徐州任务总算完成了。

史迪威到了天津即向公使馆提交了这次徐州之行的考察报告。尽管他因北伐的南军到徐州受到惊吓,但在报告中对北伐军还是给予很客观的评价,认为北伐军士气高,信心高,军纪严明,服从命令,很受群众欢迎。张宗昌的北军除了一帮为钱而效命的俄国兵外,则没有什么战斗力,不过是些乌合之众,"在我看来,南军只要坚决进袭张的部队就会垮台"①,史迪威在报告中说。同时,史迪威还根据他的观察预测,由于南军仅靠马车或畜驮运输补给品,没有运输车辆过长江,北伐只能打到徐州,就会停止了。此后果然证实了他的预料。

美国公使馆对史迪威的陈述和报告,非常高兴,认为这是对当时局势的第一手可靠的情报,具有极高的价值。史迪威也因此受到公使馆卡斯特纳将军很好的评价:"战斗中有战友伴随时表现勇敢是常见的,但任何个人要完成史迪威完成的事情——孤单无助密切地接触数百名冷漠、敌对而又排外的两个相互斗争的中国军队——就需要大得多的勇气。"②美国著名传记作家巴巴拉·塔奇曼后来在写到史迪威这一段经历时,抑制不住地激情赞扬道:"史迪威可能是能够完成徐州任务而返回的仅有的一位把军事知识、中文知识和'较高的勇气'结合起来的人。"③

与其说史迪威执行的是一次徐州任务,不如说是史迪威的一次徐州历险。不但是"红枪会"让他害怕,还有俄国人,史迪威说"使我怕得要命"④。当在火车上准备离开徐州时,旅客们都盯着他,生怕有人会突然叫他"老毛子"把他赶下车或把他揪起来枪毙。这虽然没有发生,但周围敌对的行动还是发生了。雨伞向他戳来,茶渣泼到他身上,腻痰吐到他脊背上,只是想刺激他,只要他稍一反抗,就给人以借口,立马就会被人杀害。史迪威靠着忍耐与克制,总算是逃过了这一劫。

在史迪威此前的中国游历中,所到的地方不少,不过都是经过式的,走马观花式的,所见所闻也都还是比较浮浅的。独这一次的专到徐州来执行任务,一待即有十来天,直接地近距离地观察了中国社会最底层的状况,人民的困苦,战争的灾

---

① [美]巴巴拉·塔奇曼:《逆风沙——史迪威与美国在华经验 1911—1949》,汪溪等译,143页,重庆,重庆出版社,1994。
② [美]巴巴拉·塔奇曼:《逆风沙——史迪威与美国在华经验 1911—1949》,汪溪等译,143页,重庆,重庆出版社,1994。
③ [美]巴巴拉·塔奇曼:《逆风沙——史迪威与美国在华经验 1911—1949》,汪溪等译,143页,重庆,重庆出版社,1994。
④ [美]巴巴拉·塔奇曼:《逆风沙——史迪威与美国在华经验 1911—1949》,汪溪等译,138页,重庆,重庆出版社,1994。

难,军阀的霸道,俄兵的凶恶,到处是饥饿、污秽与疾病,"这座城市的景象太可怕了"①,史迪威一直是提心吊胆地在恐惧之中在徐州度过了十几天。由此,他对中国的观察,对中国人民的感情就是很不一样了。他对中国的老百姓很关心,他在后来的文章中写道:"人民不堪重税,生命、财产受到威胁,铁路被倾覆,商业遭破坏,遍地是土匪,到处遭饥荒,没有一省人权得到尊重。"②对北伐军的总司令蒋介石,史迪威也有了初始的印象了,他认为蒋介石只是一个派系的头目,而不是一个党的领袖。他领导的北伐"列队游行的成分多于出征"③,这也是他后来担任蒋介石的总参谋长时,不能合作得好的原因。

总之,史迪威的徐州任务不仅很好地对美国公使馆有了交代,而且,他的历险,使他对中国社会的混乱,中国人民的苦难,南北军队的状况等有了比较直观、清晰、深刻的认识。徐州,可以说是史迪威认识中国的一个观察点。

第二节 徐州考察

在中国抗日战争爆发的前一年,1936年6月,史迪威为了弄清蒋介石政府是否有对日本作战的准备进行考察,第二次到了徐州。

自九一八事变后,日本侵华的企图愈来愈明显,田中奏折已表明了欲吞并中国的意图。美国虽然想同日本的关系建立在一种少冒危险的基础上,但日本咄咄逼人的态势使得美国也不能坐视不顾了。中国的前途,日本的扩张,会对美国产生什么影响?蒋介石要用武力抵抗日本的决心何在?真实性如何?中国能否真的采取积极抵抗的政策?而美国的处境又将是怎样的?所有这些都必须对中国的军事准备情况有所了解才能提供这些问题的答案,而这是属于武官职责范围内的事。恰好,史迪威是美国驻华大使馆的武官,他于1929年4月任满回国后,又于1935年7月被任命到中国来,这是他第四次到中国来。这时他已晋升为上校,任期4年,到1939年5月结束。

史迪威受命后,于1936年4月先到两广作了考察,在南宁第一次见到了李宗

---

① [美]巴巴拉·塔奇曼:《逆风沙——史迪威与美国在华经验 1911—1949》,汪溪等译,140页,重庆,重庆出版社,1994。
② [美]巴巴拉·塔奇曼:《逆风沙——史迪威与美国在华经验 1911—1949》,汪溪等译,148页,重庆,重庆出版社,1994。
③ [美]巴巴拉·塔奇曼:《逆风沙——史迪威与美国在华经验 1911—1949》,汪溪等译,148页,重庆,重庆出版社,1994。

仁,为他后来在徐州再次与李宗仁相会有了一个铺垫。6月份,他再次出行,就到了徐州进行实地考察。

这次不像上次的专到徐州,而是同时还去了开封和洛阳等地,徐州乃是他沿陇海铁路到河南北部去的经过之地。史迪威重到徐州,已隔十年,1927年的徐州留给他的是一幅"可怕的景象",现在看到的徐州却是一派"生意兴隆",与十年前因战争而"一片废墟"大大不同了。为了对蒋介石在长江以北的军队部署计划做出评估,史迪威对徐州城未及细细流连,就从徐州乘陇海铁路上的火车出发,向西穿过平坦而肮脏,到处是尘土沙石的河南北部的开封、洛阳,然后又折回到徐州,乘船从大运河北上,回到北平,结束考察。

同样的,史迪威向美国陆军部提交了考察报告说:"没有证据表示对日本进一步的进犯已作出有计划的防御。部队没有增加,甚至没有想到要增加,没有进行军事操练和演习。"史迪威进一步推测道:要么是中国人已作了军事准备,而"比任何军事强国懂得更巧妙地进行伪装掩盖,要么他们根本未作任何安排"[1]。史迪威这份徐州考察报告除了送交军事情报处,驻华美国大使约翰逊还把一份抄件送给了国务卿。中国的徐州,应该是随着他的这份报告也到了美国。当徐州会战的台儿庄大捷传至那里,美国人对徐州这个地方是另眼相看了。

1937年12月初,史迪威到汉口。由于北平、天津相继陷落,南京开战在即,国民政府决定从南京向汉口撤退,外国的使团随之西迁。因来自北平的火车被战火堵住了,史迪威乘船绕过山东半岛,经陇海路到郑州,大约在12月三四号,他到了徐州。这是他第三次到徐州,但未作过多停留,也没有什么考察任务,而是匆匆来去。在徐州,他与一群逃难流亡的人登上了火车,走了两天两夜才到目的地汉口。刚到不久,12月13日南京就失守了。日本想乘势打通津浦线,从南北两线夹击徐州。顿时,徐州成了全中国乃至全世界瞩目的焦点。史迪威的这一次徐州私行,更与他的个人命运紧紧地联系在了一起。

第三节 徐州私行

史迪威随使馆到了汉口,行动却受到限制。原因是史迪威与他的上司情报处的负责人麦凯布上校不睦。麦凯布指责他乱花经费,不准他擅自行动,气得史迪

---

[1] [美]巴巴拉·塔奇曼:《逆风沙——史迪威与美国在华经验1911—1949》,汪溪等译,194页,重庆,重庆出版社,1994。

威想要马上退役,毕竟他当时已是55岁了,军衔还只是个上校,如果没有特别之处,晋升到将官是没有可能的了。好不容易,在1938年1月,史迪威经反复要求,终于获准到外地去,而徐州是他此行想去的一个地方。史迪威与驻防河南的20军团司令官商震有旧谊,因商震的关系,他到了陇海路的西头郑州和东头的徐州,这次是商震陪同他一起前往徐州,看到了前线的部队,时正是冬天,天气十分寒冷。旅途劳顿,他一个礼拜没有脱衣服鞋袜,怕脱下来就穿不上去,以致把双脚都冻僵了,疼痛了好几天。只是此时徐州会战还在备战期,临沂之战、台儿庄之战都未打响。史迪威想要去安徽前线汤恩伯所率的军队去,如果那样的话,当台儿庄战役打响时,汤恩伯作为增援部队,史迪威就会和他的部队一起去台儿庄了,那对一个军人能直接到前线观察真正的战况,该是多么难得的机会。可是,陆军部命令他停止此行,从开封到兰州去一趟,任务是考察苏联在那里的空军基地和苏联的援助物资是怎样到达中国的。史迪威对此十分恼火,他想不去兰州,甚至想拒绝听命,无奈,陆军部要求他执行任务。这样他也就错失了随行汤部增援台儿庄的机会。一直到4月15日,史迪威从兰州回到汉口,台儿庄胜利的消息已传遍中国,并迅速传遍世界各地。史迪威的第四次到徐州,得力于商震将军的陪同看了前线的部队,对中国军队恢复了信心。

台儿庄大捷,说明了日本不是不可战胜的,这是自抗战以来中国取得的一次重大的胜利,增强了全国人民抗战必胜的信心,也给世界上一切支持同情我国的国家带来了新的希望。同所有支持中国的人一样,史迪威也想找到乐观的理由,他在日记中写道:朋友们都说他们认为中国会打赢,"我也这样想"[1]。但远在汉口,不知实情,对一个军事观察员来说,仅凭报道或传言是不够的,必须到前线去一探究竟。史迪威没有得到这个命令,只能私自行动,单身潜往徐州了。

史迪威虽然到了徐州,由于是个人行为,又不能以驻华武官的身份直接去见第五战区司令长官李宗仁。而且,还由于当时有几个意大利的记者到前线去窃取军事情报,国民政府军事委员会政治部随即下令给各战区司令长官,外国人一律禁止到前线去。所以,史迪威虽到了徐州,只能困在徐州,无法到前线去。史迪威来不受命,到不许往,一阻而再阻。但是,上天似乎特别垂顾史迪威,终于还是给予了史迪威以机会,且这一机会的获得,从而改变了史迪威的命运。

这个给予史迪威机会的人就是盛成。

1938年4月6日,台儿庄大捷。作家盛成作为中华全国文艺界抗敌协会和国

---

[1] [美]巴巴拉·塔奇曼:《逆风沙——史迪威与美国在华经验1911—1949》,汪溪等译,236页,重庆,重庆出版社,1994。

际宣传委员会的代表与郁达夫一起奉命到徐州来劳军。4月21日到徐州,住在著名的花园饭店。恰好史迪威也住在这里。4月23日早上,盛成回忆说:

> 我们住在花园饭店1号。房间对面是走廊,走廊下是一个大院子,阳光充足。后院住着史迪威上校。在穿堂里有两把椅子,早上起来时,我坐在其中一把椅子上,看见一个外国人走来走去。忽然他停了下来,用法文对我说:"你是不是《我的母亲》的作者?"我惊讶地问:"你怎么知道?"他说他听说的,我问他如何称呼,他说,他是史迪威上校,是使馆的武官。①

盛成早年留法时,曾以法文出版了一部自传体小说《我的母亲》,这本书由法国大诗人瓦乃理作万言长序,著名作家罗曼·罗兰等极力推介,以至被用法、德、意、西等16种文字翻译,在世界多个国家出版达100万册,盛成因此而名动全球,故史迪威能由书识人。盛成接着又写道:"我们坐下交谈,我意识到这是一个重要的时机。当时,因为意大利的新闻记者在前线拍了情报送回去,被我们发现,政治部下令外国记者不得去前线。所以,史迪威来了好久,一直待在旅馆动弹不得。"②但是,此时中国的抗战需要美国。盛成在1932年"一·二八"事变后,在十九路军作政治部主任,曾亲到战场,对战争,对军事,盛成还是很有眼光的。他曾写过一篇《德苏必战论》的文章,写作此文时,德苏正签订《互不侵犯条约》,然而不久即爆发了战争。他还有一篇《美日必战论》,此文发表不过一星期,日本即偷袭了珍珠港,美国随即向日本宣战。两文影响甚大,以至有人说他是"预言家"。所以,史迪威的来到徐州,盛成马上即意识到"我们现在正需要美国,这是一个大好机会"③,他立刻去找郁达夫,因为郁达夫是政治部的代表,外国人不能到前线去是政治部下的密令。而郁达夫也不是一个墨守成规的人,他听了盛成的讲述,"也认为这是一个极重要的情况"④,当即拉着盛成去见第五战区司令长官李宗仁,向李宗仁反映了史迪威的要求。这样才有了史迪威与李宗仁的相见,以及其后到台儿庄去考察。

那么,史迪威此后的情况是怎样的呢?

首先,史迪威在司令长官公署见了李宗仁。两年前,史迪威到两广考察,在南

---

① 盛成:《盛成回忆录》,110页,太原,山西人民出版社,2012。
② 盛成:《盛成回忆录》,111页,太原,山西人民出版社,2012。
③ 盛成:《盛成回忆录》,111页,太原,山西人民出版社,2012。
④ 盛成:《与达夫一起去台儿庄劳军》,见陈子善、王自立编《回忆郁达夫》,434页,长沙,湖南文艺出版社,1986。

宁曾会见了李宗仁,这是第二次见面了。李宗仁非常热情地接待了他,并对他有挺好的印象,觉得他有战将气概,可以作一个猛将,而非一般的参谋人才①。抗战前史迪威即考察了中国的许多地方,发现中国对日本没有作什么准备,这次见到李宗仁他流露了对中国抗日前途悲观的情绪。李宗仁认为他是受西方物质文明的影响,崇尚唯武器论,没有看到中国的抗战完全是被动的,这实质上是一场反侵略的战争,日本虽强,中国虽弱,但中国地广人众,敌人想速战速决,中国则准备打长期的消耗战,以困敌于泥沼之中。就欧洲形势来看,希特勒很快要发动欧洲大战,日本将对美国不宣而战,那时,美国被迫与中国站在一起,并肩作战,最后胜利必定是属于我们的。李宗仁进一步向史迪威建议,希望美国能贷款给中国以便购买作战物资。李宗仁向史迪威强调说:"美国提早贷款援华,确是为美国将来在远东战场上减少子弟牺牲的不二法门。"②史迪威当时听了并没有马上答应,只是外交辞令地说:假使我是罗斯福总统或国会议员,一定同意李司令长官的主张③。

其次,是获准去台儿庄。在李宗仁的安排下,史迪威与郁达夫、盛成一起去台儿庄,受到前线总指挥孙连仲和驻军台儿庄的31师师长池峰城的热烈欢迎。史迪威立刻到前线视察。"史迪威在视察时,每事必问,对台儿庄战役的经过情形,李宗仁新军的组成和战斗能力等,都作了详细的调查。"④调查的结果使史迪威感到遗憾的是,"中国因为没有乘胜追击而失去了良好的战机",中国人"头脑里装不进去发动进攻的主张"⑤。

第三,与池峰城师长会谈了解详情。史迪威不仅要亲眼所见,而且还要亲耳听听。从台儿庄回到徐州,盛成又为他安排了一次与池峰城师长的会见。池峰城是这次台儿庄战役正面战场的指挥员,他从3月23日台儿庄战斗打响,到4月7日结束,一直都在前线指挥战斗,因而对整个作战过程是了如指掌,能够"随时回答史迪威的疑问"⑥,使得史迪威不仅对池峰城的勇敢善战称赞不已,更对中国的军队敢于打仗有了认识。他认为:

中国士兵是出色的材料,他们比日本鬼子好。

---

① 李宗仁:《李宗仁回忆录》,548页,上海,华东师范大学出版社,1995。
② 李宗仁:《李宗仁回忆录》,550页,上海,华东师范大学出版社,1995。
③ 李宗仁:《李宗仁回忆录》,550页,上海,华东师范大学出版社,1995。
④ 盛成:《与达夫一起去台儿庄劳军》,见陈子善、王自立编《回忆郁达夫》,435页,长沙,湖南文艺出版社,1986。
⑤ [美]巴巴拉·塔奇曼:《逆风沙——史迪威与美国在华经验 1911—1949》,汪溪等译,236—237页,重庆,重庆出版社,1994。
⑥ 盛成:《盛成回忆录》,111页,太原,山西人民出版社,2012。

>>> 第七章　史迪威将军与徐州

他们吃苦耐劳,忍受生活物质的匮乏。普通白人在这种情况下会无能为力,我们大书特书的行军,他们却觉得没有什么了不起。他们能靠一个白人无法吃的食物而活得挺好。他们知恩图报,并遵从他们对其有信心的上级。①

第四,是史迪威由此撰写了一篇有关台儿庄战役的军事方面的文章。有第五战区最高司令长官的介绍,有一线指挥官的有问必答,更有前线的实地视察,史迪威掌握了大量第一手资料,于是,他写成了文章。因为这次到徐州来是私自行动,他特别嘱咐郁达夫和盛成为他保密,所以也就无须写军情考察报告,只能写成文章了。他对盛成说:美国还不知道这里的情形,他要写一篇文章登在美国军事杂志上②。史迪威的文章不仅用事实向世界证明了中国必胜,日本必败,而且也为自己真正"找到了乐观的理由"。史迪威的文章也确实引起了美国政府和军方的很大反响,"促使他们重新考虑改变对华观望的政策,决定援助中国"③。

史迪威这次到徐州,具体日期尚不得知,不过大致是可以知道的。盛成他们是4月21日到徐州的,4月23日早上在花园饭店见到史迪威,盛成说,"史迪威来了好久,一直待在旅馆",说是"好久",那应在20日左右。至于史迪威离开徐州的时间,大约在4月30日以后,因为4月29日下午4时,盛成曾陪他去见池峰城师长④。由此可知,史迪威这次徐州私行前后大约在十天半月之间,除到台儿庄,即住在花园饭店。

史迪威的徐州私行究竟有何意义呢?

一是美国改变了对华政策。1938年是中国全面抗战第二年,日寇的侵略来势汹汹,中国的北京、天津、上海、南京等大城市相继陷落,日本人疯狂叫嚣三个月内灭亡中国。一时国人看不到抗战的前途,悲观气氛笼罩全国。美国在这样一种情况下不愿卷进来,害怕陷入中日冲突。这以美国国务卿赫尔为代表,他要求美国保持中立。正是史迪威的文章扭转了这一局面。史迪威在徐州看到了这次战斗,中国军队歼敌一万多人,击毁日军坦克40辆,装甲车70辆,机动车100辆,还有许多大炮和其他武器。他从中看到了中国人民的力量,确信中国的抗战必然要胜利。正是他的这一信

---

① [美]约翰·伊斯特布鲁克:《史迪威在中国的早期经历》,黄开蒙译,见《百年潮》2002第4期。
② 盛成:《盛成回忆录》,111页,太原,山西人民出版社,2012。
③ 盛成:《与达夫一起去台儿庄劳军》,见陈子善、王自立编《回忆郁达夫》,436页,长沙,湖南文艺出版社,1986。
④ 盛成:《盛成台儿庄纪事》,62页,北京,北京语言大学出版社,2007。

心,坚定了美国的信心,坚定了美国总统罗斯福对中国的支持。

二是这一支持表现在对华的经济援助。史迪威从徐州回到汉口后,1938年8月30日,美国财政部驻华代表洛辛·巴克听取了史迪威对中国军事形势的介绍,有关台儿庄战役的情况,史迪威特别向巴克提到李宗仁的关于建议美国政府应向中国提供大笔贷款以使中国购买作战物资的观点,史迪威对此也表明自己的态度,美国应使中国有钱买武器,这对美国自己也是有好处的。洛辛·巴克表示赞同,在写给财政部长摩根索的报告中说:

> 史迪威上校……认为我国政府应当采取更为积极的政策。我国给予中国财政贷款和军事装备形式的援助,对我们本国也是更好的防御措施,这比我们只生产自己的防务装备要好得多。即使把出产本国防务装备费用中的极小一部提供给中国,会更加有效得多。①

摩根索接到洛辛·巴克的报告,尽管他对中国的事情了解得很有限,但他对中国的抗日战争这样的大事业有着强烈的信念,因而摩根索也很同意史迪威的观点。很快就在当年的12月,美国政府通过进出口银行给了中国2 500万美元的贷款,此后,又在1940年9月、11月,连续两次共给中国6 000万美元的贷款,极大地支持了中国的抗战。

三是史迪威的个人命运由此改变。史迪威于1935年来华任驻华武官,已经是53岁了,军衔只是个上校。这个年龄要想升迁是无望的了,更何况他的性格与其上司麦凯布不和呢?然而,恰恰就是在徐州,史迪威抓住了他生命中的一次重要的机会,他获得了去台儿庄前线的视察,并撰写了文章,"史迪威因为这篇文章升了少将"②。有了少将的军衔,史迪威在第五次来华时,走向了他人生的辉煌期,他是中国战区总参谋长,中缅印战区美国总司令,东南亚盟军司令部副司令,中国驻印军司令等重要职务,最后又于1944年获得4星上将军衔。这一些耀眼的光环不正是奠基于徐州吗?

可以肯定地说,如果没有徐州台儿庄之行,那一切荣名都将与他无缘,而到1939年他56岁任满回国,就只等退役,告老还乡了。因此,徐州是史迪威生命的转折点,徐州是史迪威辉煌的起始点,徐州是史迪威在中国漫漫之旅的一座里程碑。

---

① [美]巴巴拉·塔奇曼:《逆风沙——史迪威与美国在华经验1911—1949》,汪溪等译,240—241页,重庆,重庆出版社,1994。
② 盛成:《盛成回忆录》,111页,太原,山西人民出版社,2012。

第八章

关于徐州《动员日报》

第一节 徐州《动员日报》小考

1937年七七事变,中国的抗日战争随之全面爆发。当时的国民政府为适应对日战争的需要,把中国划分为六大战区(后又划分为十大战区、十二大战区),第五战区即以徐州为中心,包括山东南部和江苏北部地区,司令长官部设在徐州,李宗仁将军为第五战区司令长官,他成立了以自己为主任的第五战区民众总动员委员会,为了宣传的需要,创刊了《动员日报》。

据《民国时期徐州报刊》一文所说:"抗战前夕,以李宗仁为司令长官的第五战区司令长官部在徐州创办发行《动员日报》,四开四版,沙尧隆为主编,宗苏民为主笔,出版不久,因徐州沦陷而停刊。"①此文未署作者名。经查是依据1981年《徐州文史资料》第1辑钱云五的遗作《抗日战争胜利前徐州报业概况》之说,文字上有所调改,如钱文说:"抗战前夕,一九三六年徐州设立第五战区……"这两说实为一说,都在报纸的创刊时间上有误。

一是"抗战前夕"通常是指1937年7月7日卢沟桥事变前,而此时,《动员日报》尚未创刊。

二是"抗战前夕,一九三六年徐州设立第五战区……"也不对。第五战区是抗战爆发后于1937年8月设立的,李宗仁是1937年10月到任徐州司令长官部的。

三是李宗仁于1937年底(12月)成立了第五战区民众总动员委员会,这才有与名相称的《动员日报》的创刊。

据《盛成台儿庄纪事》收录的《动员日报》1938年4月29日的一篇《一个划期的文化人座谈会——五战区文化运动的基础将由此建立起来》报道说:"汪止豪先

---

① 见《徐州历史文化丛书·徐州掌故》,309页,北京,中华书局,2004。

生……报告：一，《动员日报》创刊三个月由五百份销到四千份……"那么，从1938年4月29日往前推三个月，应该是1月份。由此可知，《动员日报》的创刊时间应是在1938年的1月左右，也恰好说明是在李宗仁于1937年底（12月）成立第五战区民众总动员委员会之后，而非"抗战前夕""一九三六年"。至于停刊的时间，则早在5月19日徐州沦陷之前的5月14日，敌机轰炸徐州，正在云龙山上召开中国青年新闻记者学会第五战区分会的汪止豪与洪雪村，匆匆从山下赶到，即"向大家宣告：'这次炸得很凶，报社已全部炸毁'"了①。

《动员日报》的主编与主笔，《民国时期徐州报刊》的作者也是依据钱云五所说是沙尧隆与宗苏民，此两人具体情况不详，在《盛成台儿庄纪事》一书中，以及所收录《动员日报》的那篇报道中，也都未见这两个人的名字。倒是盛成在《徐州慰劳报告》（载《盛成台儿庄纪事》）中提到汪止豪、洪雪村是《动员日报》的记者。如：

（四月）二十一日……午后到第五战区司令长官部……得识……《动员日报》记者洪雪村先生。②

（四月）三十日，上午九时，中国青年记者学会徐州分会筹备会在云龙山下一家风凉的茶楼上，聚集一群战地记者开会……汪止豪、洪雪村（动员日报）……等十二人。……并决定五四纪念日召开成立大会。负责筹备人为洪雪村……③

第五战区民众总动员委员会设计委员会委员名册　汪止豪　动员报社　洪雪村　同上……"④

这几处都明指两人是《动员日报》的。再据陆诒《追记徐州突围》一文所说：

(1938年)5月14日上午到徐州郊外的云龙山举行首次座谈会，商量如何进一步加强协作，做好战地新闻工作。正当会议进行之际，敌机猛烈轰炸徐州东关和北关一带，等敌人炸后离去，《动员日报》的社长汪止豪和总编辑洪雪村从山下匆匆赶到……⑤

---

① 陆诒：《追记徐州突围》，见《新闻研究资料》1985年第1期。
② 盛成：《盛成台儿庄纪事》，23页，北京，北京语言大学出版社，2007。
③ 盛成：《盛成台儿庄纪事》，63—64页，北京，北京语言大学出版社，2007。
④ 盛成：《盛成台儿庄纪事》，82页，北京，北京语言大学出版社，2007。
⑤ 《新闻研究资料》1985年第1期。

陆诒是老新闻工作者,当年是汉口《新华日报》的记者,在徐州前线搞采访报道,并与汪止豪一起参加了那次《一个划期的文化人座谈会》,他说汪止豪是《动员日报》的社长,洪雪村是《动员日报》的总编辑,并没有提到沙尧隆与宗苏民。因而,陆诒的说法应是正确可信的。

第二节　硕果幸存唯此章

80年前,这份《动员日报》,发表了一篇题为《一个划期的文化人座谈会——五战区文化运动的基础将由此建立起来》的报道。现在,《动员日报》已不存在,但这篇文章却因《盛成台儿庄纪事》一书而完整地保存了下来,因而显得弥足珍贵。

这篇"文化人的座谈会"报道,作者为谁,盛成在书里没有说,只是标注该文发表的时间是"中华民国二十七年四月二十九日《动员日报》第四版"。

那么,这次"座谈会"何以如此重要,被称之为是"划期"的呢?

首先,是参加会议的人员。他们是包华国(司令长官部人员,文中说他是新近由欧洲回国来参加抗战的)、汪止豪(动员日报)、宗祺仁(不详)、郁达夫(作家)、胡定芬(中央社记者)、陆诒(武汉《新华日报》记者,采访部主任)、晁庆昌(五战区长官部秘书)、唐秉光(中共党员)、夏次叔(中共地下党,李宗仁的秘书)、陈江、盛成、张语还、张剑心(《扫荡报》记者)、解方、苏芗雨(国民党中央宣传部人员,时为孙连仲、池峰城顾问)等共15人,其中包华国、晁庆昌、陈江等人是司令长官部负责文化的人,郁达夫、盛成则是大名鼎鼎的作家,他们共受军事委员会政治部、国际宣传委员会、中华全国文艺界抗敌协会之命,作为代表来徐州劳军,应邀参加了这次会议。

其次,即是这次大会的内容。文章的副标题是"五战区文化运动的基础将由此建立起来",也就是说它是关系到第五战区的文化运动的。在这次座谈会上,大家围绕着战时的文化问题各抒己见,正是在这次会议上,苏芗雨说:"运用《动员日报》推动战区文化运动,发动后方文化人,多写稿在《动员日报》上发表。"汪止豪回应说:"感谢苏芗雨先生对《动员日报》的关切与重视。"然后报告《动员日报》创刊后的发展情况以及稿源的缺乏。因这一次的座谈会,而后有了第五战区文化界抗敌协会的成立。所以,才有上面那样一个揭示意义的副标题。

第三,是郁达夫的总结发言。郁达夫奉命与盛成一起从武汉到徐州劳军,在4月27日给妻子王映霞的信中说:"来徐州已将四五日,前两天去了中国打倭寇划一时代的台儿庄……本来打算上山东曹县去一走,但因时间不许可,对于那一线的战士,只能遥致敬意与慰劳,拟于今晚动身到开封去。"①但事实是郁达夫4月27日的"今晚"并没有走,而是参加了第二天的"一个划期的文化人的座谈会","最后,大家请郁达夫发表这次来前方观战的感想"。郁达夫说:

> 五战区军纪好,军民合作,一切皆生气勃勃。必能阻止敌人打通津浦的企图。我方士兵抗战情绪极高,毫无畏怕的心理,反之日军则异常厌战怯战,从曹聚仁先生那里看到一本日本军官的日记,是一个彻底法西斯蒂曾参加"二二六"事变的青年将校所遗失的。内容记载非常强硬顽固,但是他写的"这次调为守备军,总算有了回家的希望"这么一句,却无形中暴露了他怕死的心理。

当"郁先生的话说完后,已经是十一点钟了,大家很严肃而愉快地离开了奎光阁"②。郁达夫这一篇讲话在目前各种郁达夫全集、选集、文集、年谱、年表中都没有,因而相当难得,是郁达夫研究重要的必不可少的一则资料,具有极高的文献价值。

还值得一提的,是这次会议是在敌机的狂轰滥炸下举行的,"二十八日晨八时敌机三十二架飞徐狂炸,共投弹八十七枚,死伤男女二百三四十人,焚毁民房四百余间"③。所以,记者在报道的一开始就说:"今天是自抗战以来,敌机轰炸徐州最疯狂、投弹最多的一天。就在这个下午,十几个留在这里的文化人,在奎光阁举行了一个极严肃的座谈会。"可见,这不仅是"划期的",而且是"极严肃的"。它一方面揭露了日寇侵华的暴行,同时也反映了中国的知识分子不畏日寇敌机的轰炸,为了民族的解放,为了民族的新生,把个人的生死置之度外,用文化人手中的笔作枪进行英勇战斗的精神。

---

① 郁达夫:《郁达夫全集》,第6卷,282—283页,杭州,浙江大学出版社,2007。
② 盛成:《盛成台儿庄纪事》,54—55页,北京,北京语言大学出版社,2007。
③ 盛成:《盛成台儿庄纪事》,51页,北京,北京语言大学出版社,2007。

主要参考文献

1. [宋]曾巩:《曾巩集》上、下册,中华书局1984年版。
2. 李震:《曾巩年谱》,苏州大学出版社1997年版。
3. 李震编:《曾巩资料汇编》上、下册,中华书局2009年版。
4. 孔凡礼点校:《苏轼文集》第1—6册,中华书局1986年版。
5. [清]王文诰辑注:《苏轼诗集》第1—8册,中华书局1982年版。
6. [宋]苏辙:《栾城集》上、中、下,上海古籍出版社1987年版。
7. 陈宏天、高秀芳点校:《苏辙集》第4册,中华书局1990年版。
8. 孔凡礼:《三苏年谱》第1—4册,北京古籍出版社2004年版。
9. 薛瑞生:《东坡词编年笺证》,三秦出版社1998年版。
10. 刘尚荣校点:《黄庭坚诗集注》第1—5册,中华书局2003年版。
11. 刘琳、李勇先、王蓉贵校点:《黄庭坚全集》第1—4册,四川大学出版社2001年版。
12. 周义敢、程自信、周雷编注:《秦观集编年校注》上、下,人民文学出版社2001年版。
13. 徐培均:《秦少游年谱》,中华书局2002年版。
14. [宋]张耒:《张耒集》上、下册,中华书局1990年版。
15. [宋]陈师道:《后山居士文集》上、下册,上海古籍出版社1984年版。
16. 冒广生补笺:《后山诗注补笺》,中华书局1995年版。
17. 郑骞:《陈后山年谱》,台北联经出版事业公司,1984年版。
18. 《全宋文》第126册,127册,131册,上海辞书出版社,安徽教育出版社2006年版。
19. 《全宋诗》第16册,北京大学出版社1995年版。
20. 《二十五史》第7、8册《宋史》,上海古籍出版社1986年版。
21. [宋]魏庆之辑:《诗人玉屑》,上海古籍出版社1978年版。

22. [宋]何薳:《春渚纪闻》,中华书局1983年版。

23. [宋]王明清:《挥麈三录》,中华书局1961年版。

24. [宋]王正德:《余师录》,《丛书集成初编》,中华书局1985年版。

25. [元]方回:《桐江集》,江苏古籍出版社1988年版。

26. [元]方回:《桐江续集》卷三十二,四库全书影印本。

27. [清]黄宗羲:《宋元学案》第1册,中华书局1986年版。

28. [清]何文焕辑:《历代诗话》上册,中华书局1981年版。

29. 唐圭璋编:《全宋词》第1册,中华书局1965年版,2011年重印。

30. 吴文治主编:《宋诗话全编》第2、3、4、7、9册,凤凰出版传媒集团、凤凰出版社1998年版。

31. 朱易安等:《全宋笔记》第2编,大象出版社2006年版。

32. 孔凡礼点校:《唐宋笔记史料丛刊·曲洧旧闻》,中华书局2002年版。

33. 傅璇琮编:《黄庭坚和江西诗派资料汇编》上、下册,中华书局1978年版。

34. [明]宋濂等撰:《元史》卷一百四十五列传,中华书局点校本1976年版。

35. [明]嘉靖本《沛县志》,《徐州古方志丛书》第7册,中华书局2014年版。

36. [明]万历本《沛志》,《徐州古方志丛书》第7册,中华书局2014年版。

37. [民国]柯劭忞撰:线装本《新元史》卷二百三十八,中国书店1985年版。

38. 吴文治:《中国文学史大事年表》(中),黄山书社1993年版。

39. 杨镰:《元代文学编年史》,山西教育出版社2005年版。

40. 殷孟伦、朱广祁点校:《雁门集》,上海古籍出版社1982年版。

41. 周双利:《萨都剌简谱》,中华书局1993年版。

42. 周双利:《萨都剌》,中华书局1993年版。

43. 郁达夫:《郁达夫全集》第3、6、7、9卷,浙江大学出版社2007年版。

44. 陈子善、王自立编:《回忆郁达夫》,湖南文艺出版社1986年版。

45. 王自立、陈子善编:《郁达夫研究资料》,天津人民出版社1982年版。

46. 陈子善、王自立主编:《郁达夫研究资料》,香港三联书店香港分店,广州花城出版社1986年版。

47. 刘炎生:《郁达夫传》,百花洲文艺出版社1996年版。

48. 陈其强:《郁达夫年谱》,浙江大学出版社1989年版。

49. 郭文友:《郁达夫年谱长编》,四川人民出版社1996年版。

50. 盛成:《盛成回忆录》,山西人民出版社2012年版。

51. 盛成:《盛成台儿庄纪事》,北京语言大学出版社2007年版。

52. 盛成:《盛成文集》(散文随笔卷),安徽文艺出版社1998年版。

53. 臧克家:《臧克家文集》第 1、4、5、6 卷,山东文艺出版社 1985 年版。

54. 张桂兴编撰:《老舍年谱》,上海文艺出版社 2005 年版。

55. 徐德明编:《老舍自述》,湖北人民出版社 2006 年版。

56. 张惠仁:《臧克家评传》,能源出版社 1987 年版。

57. [美]巴巴拉·塔奇曼著,汪溪等译:《逆风沙——史迪威与美国在华经验 1911—1949》,重庆出版社 1994 年版。

58. 李宗仁:《李宗仁回忆录》,上海华东师范大学出版社 1995 年版。

59. 王梅堂:《廉惠山海牙生卒年小考》,《西域研究》2002 年第 4 期。

60. 赵兴勤:《博大苍凉　激烈深沉——萨都剌〈木兰花慢·彭城怀古〉赏析》,《古典文学知识》2013 年第 3 期。

61. 段海蓉:《萨都剌〈雁门集〉(十四卷本)辨误》,《新疆大学学报·哲学人文社会科学版》2015 年第 6 期。

62. 杨光辉:《萨都剌佚作考》,《文献季刊》2003 年第 3 期。

63. 许宗元:《盛成·郁达夫·李宗仁》,《新文学史料》2002 年第 2 期。

64. 臧克家:《追记黄樵松烈士的一些往事》,《山西文史资料》第 33 辑。

65. 郑玉良:《台儿庄抗日前线亲历记》,《徐州文史资料》1985 年第 5 辑。

66. 钱云五:《抗日战争胜利前徐州报业概况》,《徐州文史资料》1981 年第 1 辑。

67. 陆诒:《追记徐州突围》,《新闻研究资料》1985 年第 1 期。

68. 田炳鄂等著:《徐州历史文化丛书·徐州掌故》,中华书局 2004 年版。

69. [美]约翰·伊斯特布鲁克著,黄开蒙译:《史迪威在中国的早期经历》,《百年潮》2002 年第 4 期。

后 记

　　本人的研究以现代文学与编辑学为主,已出版专著《思与诗——郁达夫研究》(中国文史出版社 2011 年版)《思想家型的编辑家——章炳麟　梁启超　鲁迅研究》(光明日报出版社 2013 年版)《中国现代作家型编辑家研究》(中国文联出版社 2014 年版)与《思想者诗人郁达夫论》(中国书籍出版社 2017 年版),但还没有一本以地域为中心的文史性的著作,一直以来想写一本有关徐州又不局限于徐州的书,现在总算完成了。

　　在写作的过程中,深感内容的宽泛与范围的阔大,难以把握,文与史、古与今、中与外、战争与文化等等,这样庞而大的课题,实在不是我的能力和水平所能驾驭的。研究时感觉最难的是在其中找到一个契合点,而找到了契合点,却又难于作较深入的研究,因为涉及的面太大了。还有就是资料的匮乏,这也是一个不小的问题。如《后山居士文集》至今还没有一个现代版的点校本,晁补之亦还没有现代版的文集,而国外(有关史迪威)的资料更难搜集。本人是独立研究,没有研究经费购买相关的资料与外出作必要的考查,这也极大地限制了研究的深度。对一代大诗人陈师道,也只是作了点基础性的研究,至于更深入的研究,只能有待日后了。

　　书稿由我院科研处送外审,承蒙专家厚爱,给予好评,深表感谢。感谢图书馆的王玮老师给予借书和查阅资料的大力帮助。感谢所有帮助过我的人。感谢我的工作单位徐州工程学院给予基金资助,使拙著得以出版。

蒋成德
2018 年 2 月 28 日于徐州